37816.

LES DOVCES EXTASES DE L'AME SPIRITVELLE.

Rauie en la consideration des perfections de son diuin Espoux.

Ou exposition mystique & morale du Cantique des Cantiques de Salomon.

Vtile à toutes personnes pour la pratique de la vie Chrestienne, & qui donne plusieurs belles & diuerses pensées aux Predicateurs pour toutes sortes de sujets.

Composées par CLAVDE HOPIL Parisien.

A PARIS,
Chez SEBASTIEN HVRE', Ruë sainct Iacques au Cœur-bon.
M. DC. XXVII.

Auec Priuilege & Approbation.

A MESSIRE BON FRANCOIS BROE, SEIGNEVR DE LA Guette, Conseiller du Roy en son Conseil d'Estat, Cour de Parlement, & President aux Requestes du Palais à Paris.

MONSIEVR,

Ayant demeuré plusieurs années sans oser mettre la main sur ce grand & sublime sujet du Cantique des Cantiques de Salomon, enfin ce diuin Esprit qui souffle où il luy plaist, & quand il veut, m'ayant inspiré auec efficace, m'a fait non seulement entreprendre cet ouurage (qui seroit di-

EPISTRE.

gre d'estre expliqué par vn Ange) mais m'a fait resoudre auec les persuasions de quelques sainctes ames, à le communiquer au public, pour la gloire de Dieu, & pour leur consolation. Il est parlé dans cet excellent Cantique, des amours, vnions, baisers, extases, & transformations de l'ame en Iesus-Christ son Espoux, & toutes les paroles de cet epithalame des nopces celestes ne sonnët & signifient autre chose que mysteres, sacremës & rauissemens: l'Espoux & l'Espouse (qui sont IesusChrist & l'Eglise) & les sœurs & compagnes de l'Espouse (qui sont les ames sainctes & les Anges) y chantent d'vn air glorieux les doux & rauissans motets du Paradis. Plusieurs graues

EPISTRE.

docteurs anciēs & modernes ayās traicté ce sujet dignement, confessēt qu'ils n'en ont encore sceu trouuer l'entiere & parfaicte intelligence. Qu'ay-ie donc fait icy? moy dy-ie qui ne suis qu'ignorāce au regard de ces soleils de doctrine & de piete? Certes ie n'ay pas (à vray dire) exposé les paroles des Cantiques, mais ie me suis seulement expliqué moy-mesme par les paroles des Cātiques, afin que mes pensées & conceptions spirituelles paroissant plus belles & plus precieuses dans ces vaisseaux sacrez, ie puisse chāter auec le Psalmiste Royal : Cōfitebor tibi in vasis psalmi veritatem tuā Deus, psallam tibi in cithara sanctus Israël. Ayant donc (Monsieur) pris ceste

ã iij

EPISTRE.

resolution de mettre en lumiere ce traicté (si excellent & magnifique pour son suiet) ie n'ay pas eu de la peine à choisir vn obiet digne de lui; la cognoissãce que i'ai de vôtre qualité, de vos vertus & merites, & les grãdes obligatiõs que ie vous ay, m'ont faict aussi tost enfanter, que cõceuoir le desir & la resolution de vous l'offrir & dedier, cõme à celuy que i'honore parfaitement, & auquel ayãt consacré tous les vœux de mon ame, ie n'auray point de plus cheres pensees que celles de prier le celeste Espoux qu'il vous cõble de ses graces, & me donner le pouuoir de corespondre au desir que i'ay d'estre eternellement,

MONSIEVR,

Vostre tres-humble & tres-obeïssant seruiteur, HOPIL.

AVX LECTEVRS.

MEs chers Lecteurs, le Cantique des Cantiques de Salomon estant remply de si grand mysteres (cõme sçauent les Theologiēs) oblige les escriuains à parler d'vn style tout mysterieux, & tout amoureux; c'est pourquoy ie vous coniure par le celeste Espoux (lequel faict sa demeure entre les lys) d'aporter en la lecture de ce discours vne intention toute pure & toute chaste, afin de receuoir la vraye intelligēce des mysteres contenus en iceluy: ce faisant vous apprēdrez, & pourrez mesme esprouuer (auec la grace de Dieu) les douces & sainctes inquietudes que ressentent les ames eprises de son amour; Ce que ie dis icy en François, est conforme à ce que les Peres ont escrit en leur langue, les delicatesses de l'esprit qui se trouueront en ce traicté, estans bien entenduës, ne vous apporteront aucun dommage, ains beaucoup de consolation. Ie m'asseure que si vous prenez la peine de le lire auec attētion, & de bien mediter les secrets & sacrements cachez sous les fueilles des paroles, vous en retirerez quelque fruict & contentement spirituel: ce qui vous obligera d'admirer l'infinie bonté de Dieu, les delices duquel (comme dit le mesme Salomon) sont d'estre auec les enfans des hommes, & de conuerser & parler familierement auec les simples, comme il fait en ce Cantique, lequel n'est autre chose qu'vn amoureux Colloque de Dieu auec l'ame, & de l'ame auec Dieu, qui parlant à elle luy cause mille sainctes extases.

IN CANTICA CANTIcorum Authoris.

Grandia quæ nobis Salomon oracula texit
  Luce tua fulgent, ac reuelata premunt:
Vincimur, & nullo pectus tractabile ferro est
  Quod pius haud sacræ lampadis urit amor,
Scilicet alta citis sic urgent scripta fauillis!
  Et prius ignoras uritur an legitur.

C. COTIN.

Ceste diuine Chanson du Cantique des Cantiques est enseignée par la seule onction, & apprise par la seule experience,   S. Bern.

Retirez-vous bien loin (prophanes) de ce liure
De l'ame & du Tres-haut c'est l'amour sur-humain,
Vn Cherubin le garde auec vn glaiue en main,
Qui les sens faict mourir, & les ames fait viure.

LES DOVCES EX-TAZES DE L'AME SPIRITVELLE,

Rauie en la consideration des perfections de son diuin Espoux.

Ou exposition mystique & morale, du Cantique des Cantiques de Salomon.

CHAPITRE PREMIER.

Osculetur me osculo oris sui.

Qu'il me baise du baiser de sa bouche.

VNE AME touchee de la fleche d'or du saint Amour, ayant quitté les vices, & les vaines compagnies du siecle, & sçachant qu'elle ne peut d'elle mesme se rendre agreable au diuin Espoux,

A

pour estre nouuellemét sortie de la maudite extase de l'amour du monde, elle desire passionnément esprouuer celle de Dieu, lequel estant le Sainct des Saincts, sanctifie & rauit heureusement le cœur & l'ame qu'il possede : c'est pourquoy elle s'écrie auec vne clameur interieure, *Qu'il me baise du baiser de sa bouche.* Il y a deux sortes d'extazes ; l'vne bonne, & l'autre mauuaise. En voicy vne bonne qui prouient de Dieu, *Ego dixi in excessu meo, omnis homo mendax,* Psal. 115. En voicy vne mauuaise, qui prouient du peché de l'hóme. *Ego dixi in excessu meo, proiectus sum a facie oculorum tuorum,* Psal. 30. Mais il me semble que ces paroles dónent vne grande coniecture de quelques autres termes d'amour que l'Espouse a desia tenu à son Espoux, ou bien des souspirs amoureux qu'elle atirez du plus intime de son cœur, par l'excez du desir qu'elle a d'estre vnie auecques luy ; laquelle vnion est proprement signifiée par le baiser, aussi bien que les autres consolations, recueillemés, amours & faueurs de Dieu. Et laissant à dire que c'est la voix & le desir des Peres qui demandoient auec de grandes clameurs la venuë du Messie au móde, pour

du Cantique des Cantiques.

donner le baiser d'amour à la nature humaine, au ventre de la Vierge; (car le premier baiser du Pere eternel est son Verbe qu'il engendre, tant par la cognoissance qu'il a des perfections infinies de son essence, que des personnes de la Trinité, & de toutes les creatures possibles.) Quant au baiser incomprehensible qui se donne entre les persones de la tres-saincte Trinité, nous le pouuons entendre sous ces trois noms, l'Amant, l'Aymé, l'Amour: Or le Pere eternel est l'Amant & le baisant; le Fils l'aymé & le baisé; le sainct Esprit, l'amour & le baiser de la bouche eternelle & souueraine; de sorte que l'Espouse n'eust pas bien parlé de dire, *qu'il me baise de sa bouche*, car le Verbe est la bouche du Souuerain, lequel Verbe estant baisé du Pere, ce baiser qui procede des deux est le sainct Esprit; Mais l'Espouse parle proprement, disant: *Qu'il me baise du baiser de sa bouche*, c'est à dire, Que le Pere me donne les consolations de son amour par le sainct Esprit, qui est le baiser de la bouche, lequel inspire les ames à tout bien, les recueille, les illumine & les enflâme au desir des choses eternelles. Sainct Bernard dit que la bouche

A ij

baisant est le Verbe prenant l'humanité: le baiser est la chair qui est prise: Mais le baiser qui se faict ensemble, tant du baiser comme du baisé, c'est icelle personne composée de l'vn & de l'autre, assauoir le Mediateur de Dieu & des hommes, vr. homme IESVS-CHRIST. Les Docteurs mystiques exposent ainsi ces paroles, *Qu'elle me baise* (assauoir la saincte Trinité) *du baiser de sa bouche*, c'est à dire par vne vnion delectable infuse doucement en mon Esprit par la grace du sainct Esprit, qui est le baiser de la bouche, laquelle est la sapience eternelle. O paroles plus pleines de mysteres que de lettres : *Qu'il me baise du baiser de sa bouche*: Qui dit cela? (demande sainct Bernard) c'est l'Espousé; qui est elle? c'est l'ame qui a soif de Dieu; laquelle sçachant que ceste bouche sacrée est le fleuue impetueux de la Cité de Dieu, & le torrent de volupté qui sanctifie son tabernacle, elle desire auec vn grand excez estre vnie auec elle, ou receuoir de sa plenitude, disant auec la Samaritaine, Seigneur, donnez-moy ceste eau, & auec le Prophete, comme le Cerf desire les fontaines des eaux, ainsi mon ame vous souhaitte & vous cherche, ô mon Dieu!

du Cantique des Cantiques.

MAIS PREN GARDE à ce que tu dis (ame devote) de souhaitter le baiser de la bouche du Roy, ie dy du Roy des Roys, & du Monarque des Anges : Il est vray (repart elle) que ce desir excede infiniment mon merite, mais l'amour est aueugle & n'a point de bornes en ses desirs, il est sans iugement & sans honte dans l'excez de sa passion : A la verité ie confesse que mon Espoux m'a fait de grandes faueurs, d'auoir permis que ie luy aye baisé les pieds auec la Magdeleine, & m'ayant donné le baiser de la paix en me pardonnant mes offences, ie confesse qu'il m'a beaucoup honorée de me laisser baiser ses diuines mains, par les loüanges & remerciemens que ie luy ay rendus en recognoissance de tant de graces ; Mais mon cœur tout embrasé de son amour, ne peut auoir aucun repos iusqu'à tant *qu'il me baise d'un baiser de sa bouche*: Mes yeux desirent fort de le voir, mes oreilles d'ouïr sa voix qui est tres-douce à mon intelligence, mon odorat veut courir apres la douceur de ses parfums, ma bouche & mon palais desirent gouster & sauourer ses gousts & saueurs mysterieuses, & mon attouchement (dont la vertu est transmise en mon cœur) respire ses doux embrassemens, & halette apres l'amoureuse vnion de mon Sauueur. Ma memoire est toute recueillie en sa beauté, mon entendement le contemple sans cesse, & ma volonté brusle & languit dans le feu d'vn desir violent d'estre vnie auec cét Espoux admirable: c'est pourquoy ie le coniure, non de m'escrire par ses Anges, ny par ses amys, mais de venir (en la persóne de son esprit salutaire) visiter mon ame malade & languissante d'amour pour luy: O beaux Anges, Pages d'honneur de ce grand Roy, annoncez à mon bien-aymé que ie languis d'amour; dites luy qu'il me vienne voir luy-mesme, afin que sa douce presence me console, & *qu'il me baise du baiser de sa bouche*; Alors mon cœur sera content, mon ame sera guerie, & mon esprit ioinct à son Paradis: Car qu'est-ce que l'vnion de l'ame auec Dieu, sinon le paradis de l'ame? puis que Dieu est le vray paradis, & l'vnion (accomplie au baiser de Dieu) l'introduction de l'ame en son paradis? Les Docteurs disent que l'Espouse parle en ceste sorte: *Qu'il me baise du baiser de sa bouche*, à cause de l'absence de son

Espoux; & disant, *Car tes mammelles sont meilleures que le vin*; elle signifie la presence de son Espoux qui la contente, la repaist, & la rauit sainctement. Il semble que ceste ame nouuellement sortie du celier de l'Espoux, demande sans respect le baiser de la bouche de son cher Amant, estant doucement contrainte par l'amour à faire ce souhait plein d'audace; ou bien que l'absence de son Espoux la rendant inconsolable à tout autre qu'à luy seul, luy tire ces paroles du cœur, *Qu'il me baise du baiser de sa bouche*. O baiser amoureux, vnifique & deifique! bien heureux qui te peut gouster & sauourer! heureux qui peut iouyr de tes faueurs & saueurs precieuses! heureuse l'ame qui morte aux affections de la chair & du monde, souhaite seulement de viure pour respirer les doux extazes & rauissemens du baiser de l'Espoux, lequel a veritablement plusieurs sortes de baisers, tous delectables, pour donner aux ames, & les enamourer de sa beauté, qui est la Sapience. C'est pourquoy quelques-vns font ainsi parler l'Espouse, *Qu'il me baise d'vn baiser de sa bouche*. Sainct Bernard dit qu'il faut que le goust de la presence diuine se change selon les diuers desirs de l'ame, & que la saueur infuse de la celeste douceur du cœur qui desire choses diuerses, donne diuers plaisirs au palais. Or ces diuers baisers marquent les diuers dons de Dieu, qui prouiennét d'vn seul & mesme esprit; ou bien les diuerses consolations de l'ame, ou les diuers estats & degrez de la vie spirituelle, ou bié la diuersité des amours, eslancemens & passions que l'ame deuote & Religieuse esprouue dans ce corp miserable, ou bien les diuers degrez d la beatitude qu'il fait gouster à ses esleus en l'vnion de la gloire eternelle. En fin les baisers de Dieu sont tousiours souhaittez de l'ame fidelle en ceste vie, & se peuuent tous comprendre en trois especes qui sont, le baiser de l'amour, le baiser de la grace, & le baiser de la gloire. Le baiser de l'amour est celuy que demande icy l'Espouse, assauoir les faueurs & consolatiós spirituelles & diuines: ou bien la grace & l'amour sont les deux leures dót l'Espoux baise amoureusement son Espouse. Le baiser de la grace est celuy que souhaitte seulement l'ame qui est en estat de perfection, se contentant de plaire à son Espoux, sans iouyr des sentimens de son amour. Le baiser de la gloire se donne de la bouche de Dieu, non pas seulement aux puissances, mais principalement à l'essence & substance de l'ame, comme l'enfant qui succe le laict de sa mere, ayant le tetin à sa bouche, est comme conjoinct & vny à sa propre substance: Et c'est de ce baiser qu'entend parler l'Espoux, quand elle dit ces paroles à son Espoux, *Qui vous donnera à moy (mon frere) succant les mammelles de ma mere, que ie vous trouue dehors tout seul, & que ie vous baise sans que personne nous voye*: En fin l'ame deuote & Religieuse ayme tellement son Espoux qu'elle ne le quittera iamais, iusqu'à ce qu'elle l'ait introduit en la maison de sa mere, c'est à dire qu'elle soit introduitte par son amour en la maison eternelle, qui est l'Eglise triomphante.

Quia meliora sunt ubera tua vino, fragrantia unguentis optimis.

Vos mammelles sont meilleures que le vin, & mieux odorantes que les meilleurs parfuns.

CES MAMMELLES DE L'ESPOVX signifient le sein de IESVS-CHRIST, & son sang versé pour nous, le laict de ces sainctes mammelles; mais il y a deux especes de sang, le sang des veines qui n'est versé que par force & violence, & le sang des mammelles qui coule volontairement & naturellement; le sang de IESVS-CHRIST qui est le laict de son amour allaicte & repaist admirablement l'ame fidelle, lequel sang n'est pas respandu par force, mais volontairement & amoureusement par vn excez de sa charité parfaicte. Or les Docteurs remarquent, que le vin prouient de la plante, qui est morte en soy, & le laict de l'animal ayant vie, & selon ce sens litteral, *les mammelles de l'Espoux sont meilleures que le vin*: Et quicon-

du Cantique des Cantiques.

que succera le laict sacré, il sçaura reprouuer le mal & eslire le bien, qui est sauourer le souuerain laict de la sapience. Mais le sens mystique nous enseigne que les consolations de Dieu sont plus excellentes que les plaisirs de la terre, entendus par le vin qui blesse le cerueau, l'estomac & autres parties nobles du corps, principalement lors qu'il est pris outre mesure, au lieu que le laict sauoureux des benedictions & consolatiõs diuines conforte le corps & l'ame: c'est vne huile qui oingt suauement le cœur; vn laict qui adoucit les sentimens & vn baulme qui consolide & console l'ame. Et non seulement ce laict des mammelles de l'espoux est plus doux que le vin du monde, mais il est plus odorant que les meilleurs parfums. Ces parfums signifient les plus grands plaisirs & contentemens de la terre, les honneurs, les richesses & les delices du siecle, qui sont de mauuaise odeur à l'ame qui ayme Dieu, laquelle esprouue de si grandes & parfaictes ioyes en l'vnion de son Espoux, qu'elle tombe en vn enyurement spirituel, & tous ses sentimens sont embaumez de l'odeur aromatique de son amour, qui se plaist & se paist entre les lys

A vj

& les roses des ames pures & amoureuses de la beauté diuine. Il faut remarquer que quelques-vns traduisent, *Vos amours sont meilleures que le vin.* Pour nous enseigner non seulement que les consolations de Dieu sont parfaictement aymables, mais aussi que l'amour pur (qui est la grace diuine) est encor meilleure & plus souhaittable à l'ame que ses faueurs & consolations, exprimées par le laict de ses mammelles : Ainsi l'ame qui ayme Dieu parfaictement, ne souhaitte pas tant sa propre complaisance que de complaire à Dieu, n'ayme pas tant les consolations que le consolateur, ne desire pas tant les benedictions de Dieu que le Dieu de grace, de salut & benediction.

Si vovs considerez (cheres ames) la vanité des ioyes & delices mondaines, au respect des consolations Angeliques & diuines ; Si vous considerez combien les parfums de l'Espoux sont doux & charmans, mais combien il est plus suaue, plus aymable & plus rauissant luy-mesme : Si vous considerez LES BEAUX PAS DES AFFECTIONS DES AMES SAINCTES ET DEVOTES qui ont couru apres les onguens de leur Espoux

& de leur Roy, auec vn si grand mespris des vanitez du monde, ayant éprouué les doux baisers de sa bouche ; & qu'il n'y peut auoir nulle vraye ioye, consolation & repos qu'en Dieu: Certes (mes cheres ames) estans inuitées par l'odeur de ces exemples admirables, & encore plus par les parfums excellens de l'Espoux, vous vous eslancerez deuers le ciel, & coniurerez Iesvs par le merite de son sang (qui est le laict de la charité diuine) de vous tirer apres luy, & de vous faire gouster icy bas le laict des mammelles de sa misericorde, & là haut le laict de sa sapience, de son amour & de sa gloire.

※※※※※※※※※※※※※※※※

Oleum effusum nomen tuum, ideo adolescentulæ dilexerunt te nimis.

Vostre Nom est vne huile répaduë, Pource les ieunes filles vous ont aimé.

LES DOCTEVRS CONTEMPLATIFS remarqvent que Iesvs-Christ mourant en la Croix, a baissé la teste, cóme pour faire honneur à son nom diuin qui estoit contenu dãs ceste inscription, IESVS N. R. I. Notez aussi que IESVS-CHRIST n'a guery les malades de son ombre; & sainct Pierre les a gueris inuoquant le sainct Nom de IESVS; lequel pour ceste mesme raison promit à ses Apostres qu'ils feroient les mesmes miracles qu'il faisoit, & encor de plus grands, en la vertu admirable du tres-sainct Nom de IESVS. Et tout de mesme que l'huile monte au dessus des autres liqueurs: ainsi le sainct Nom de Dieu est par dessus tout nom. Or le nom de IESVS est appelé nom de Dieu par excellence, comme S. Paul vaisseau d'election, & porteur de ce nom admirable, est nommé Apostre, à raison que ce Nom tres-sainct contient en soy toute puissance, toute sapience, & toute bonté: c'est vn nom de Majesté, nom de sagesse, & nom d'amour: c'est ce grand nom qui comprend en son estre toutes les vertus & l'efficace des autres noms diuins: c'est cét excellent nom que le Prophete sur-nomme sainct & terrible: c'est ce grand nom ineffable qui fait trébler le ciel, la terre, & l'enfer, de la grandeur de sa Majesté, & qui rauit les Saincts & les Anges de sa douceur & sua-

du Cantique des Cantiques. 18

uité nompareille : c'est ce beau nom viuant qui a esté respandu par toute la terre par la parole eternelle, & depuis par les langues des Apostres, & autres oracles de IESVS CHRIST : c'est cét onguent mysterieux de l'Espoux, qui guerit toutes les playes du peché : c'est ceste huile excellente qui adoucit toutes les amertumes du monde : c'est ce baulme precieux qui console les ames spirituelles, lors qu'elles semblent estre abandonnées du ciel & de la terre, des Anges & des hommes. Le sainct Nom de IESVS est l'huile odorante de nos cœurs, les adoucit, illumine & enflamme au diuin amour : sans ceste huile les lampes de nos ames n'auroient aucune lumiere de foy, ne vigueur de bonnes œuures; sans ceste huile la charité seroit esteinte & morte en l'ame. C'est pourquoy les ames esprises de l'amour de ce doux Nom de IESVS, s'escrient en courant apres luy, *Vostre nom est vne huile respanduë, pource les ieunes filles vous ont aymé* : c'est à dire, les vierges, les ames pures & nettes, simples comme des enfans, vous ont aymé tendrement, purement & chastement, comme celuy qui ayme à prendre son repas entre les lys des vallées. A la verité le nom de IESVS est si doux qu'il est du miel à la bouche, du laict en l'intelligence & du vin odorant au cœur remply d'amour. Aucuns traduisent aussi, *Vostre nom est le mesme vin respandu:* car non seulement il est la mesme douceur à la bouche, mais vn baulme admirable pour le cœur, & comme vn vin aromatique il conforte le cœur navré de l'amour de IESVS. Ainsi les ieunes filles suiuent l'odeur espanchée de ce doux nom, odeur plus odoriferante que les vins plus delicieux, ny que toutes les poudres plus excellentes du parfumeur. Ainsi les ames initiées au diuin amour, les ames vierges suiuent l'Espoux par tout où il va, à l'odeur de ses parfums, à l'odeur de l'huile parfumée de son sainct Nom. Ainsi les ieunes filles spirituelles ayment le celeste Amant, & le cherchent sans cesse pour l'affection qu'elles portent à son nom bien aymé, & ne veulent iamais quitter ceste plaisante recherche, pource qu'il leur fait gouster des douceurs & suauitez si grandes, qu'elles voudroient estre tout cœur pour les mieux sauourer, & puis toute langue pour en rendre graces au doux IESVS, le cher espoux de leurs ames.

MAIS D'AVTANT que plusieurs traduisent, *Les ieunes filles vous ont trop aymé*, disons que c'est comme le Prophete, qui dit, *Bien-heureux est l'homme qui craint le Seigneur, il aura trop de desir en la voye de ses commandemens*: l'vn & l'autre represente l'amour de Dieu, qui n'est autre chose qu'vn ardent desir de le suiure, & d'accomplir sa volonté; & ceste parole (trop) marque vn excez d'amour en l'ame qui ayme Dieu, laquelle a des desirs excedans ses forces naturelles, & cét excez vient de Dieu autheur de sa dilection sacrée, comme chante Dauid au Psal. 115. *Credidi propter quod locutus sum, ego autem humiliatus sum nimis.* Ainsi les ames nouuellement initiées au diuin amour par l'onction du sainct Esprit, desirent faire des penitences extremes, des actions de deuotion extraordinaires, souffrir les iniures, les opprobres, les afflictions, & le martyre, & mesme souhaittent (non sans quelque tentation) que toutes les ames soient spirituelles comme elles: Mais ces violences d'amour ne durent pas tousjours, ces des-reiglemens amoureux se changent ou se terminent en vn amour excellent & parfait, lors que l'Espoux les a fait entrer en ses celiers à vin, où elles disent auec l'Espouse, Il a ordonné en moy la charité.

✦✦✦✦✦✦✦✦✦✦✦✦✦✦✦✦

Trahe me post te, curremus in odorem vnguentorum tuorum.

Tirez-moy apres vous, Nous courrons & vous suiurons à l'odeur de vos parfums.

L'ESPOVSE DEMANDE ICY d'estre tirée de son Espoux, afin de courir apres luy : car elle sçait bien que la nature humaine tendante au mal, & au centre de la terre, à cause du peché originel, ne se peut esleuer d'elle mesme, sans la vertu de la grace; c'est pourquoy elle implore l'ayde & le secours de Dieu, afin d'estre esleuée au ciel, & d'aspirer aux choses eternelles; & tesmoigne qu'elle ne veut pas estre emportée par force & violence, mais que si elle est vne fois tirée de Dieu, elle consentira à ce traict amoureux, & suiura le desir de la premiere cause. Auquel passage nous voyons clairement le franc arbitre de l'homme,

du Cantique des Cantiques. 19

& le consentement qu'il doit donner aux inspirations celestes, comme il apparoit en ces diuins oracles, où Dieu & l'homme font vn Colloque ensemble, Dieu dit, *Conuertimini ad me, & ego conuertar ad vos:* & l'homme dit, *Conuerte me Domine & ego conuertar:* Dieu dit, *Aperi os tuum & ego implebo illud,* & l'homme respond, *Domine labia mea aperies, & os meum annunciabit laudem tuam,* Dieu dit, *Venite ad me omnes qui laboratis & onerati estis,* & l'homme respond, *Trahe me post te curremus in odorem vnguentorum tuorum.* Iacob vit vne eschelle où les Anges montoient & descendoient, & Dieu estoit au haut de l'eschelle, & qui sont ces Anges, sinon les ames deuotes & contemplatiues qui disent à Dieu, *trahe me post te curremus in odorem vnguentorum tuorum.* Tirez-moy apres vous, & nous courrons apres l'odeur de vos parfums. Comme si elle disoit, Si vous tirez mon ame apres vous (mon bien aymé,) nous vous suiurons mon corps & moy (comme il est veritable que le rapt ou vol d'esprit emporte ou enleue par fois le corps & l'ame,) ou bien, nous vous suiurons, mon entendement, ma memoire, & ma volonté d'vn bon accord ensemble ; ou bien,

rez à vous ma seule intention, & nous vo' suiurons, mes pensees, mes paroles, & mes œuures: ou bien nous vous suiurons, ma foy, mon esperance, & ma charité: ou bien (mon cher Espoux) s'il vous plaist tirer à vous mon ame, elle n'ira pas toute seule au ciel, elle en menera d'autres auec elle; & alors courant esperduë d'amour apres l'odeur de vos parfums, les ieunes filles vous suiuront auec moy, attirées par l'odeur de mon exemple, & encore plus par l'odeur de vostre tres-saincte vie, qui est le parfum plus excellent, & plus aromatique du Liban de l'eternité.

IL FAVT noter icy que l'Espouse vse de ce mot d'odeur, plustost que de celuy de goust, ou de quelque autre semblable, pource que l'odorat semble moins terrestre en son action, & plus approchant de la nature de l'esprit que les autres sens; aussi que l'odeur ne dégouste & ne lasse point le sentiment, au lieu que les autres dégoustent fort, & que les autres sens se lassent bien tost en leurs operations: ainsi les ames qui ayment Dieu, iamais ne se dégoustent, ny s'ennuyent en l'exercice de ce plaisant & salutaire amour, & l'eternité (par maniere de dire) leur sembleroit trop courte pour vaquer à la contemplation & iouïssance d'vn tel Espoux.

OR COMME il n'y a point de plus excellente odeur que celle de la misericorde, ainsi l'ame deuote court de grande violence apres ce parfum si delicieux, parfum & tymiame sacré, qui s'exhale du precieux sang de l'Agneau sans macule, sang tres odorant, qui estant ietté dans le feu du diuin amour, embaume le cœur & rauit l'ame deuote & religieuse.

Et puis que, selon le dire de S. Augustin, le cœur qui est fait pour Dieu, n'a point de repos iusqu'à ce qu'il soit vny à son principe; Hé! de grace (MON DOVX IESVS) tirez-moy de la terre au ciel, de ce Purgatoire en Paradis, & de moy en vous mesme qui estes le Paradis de mon ame. Et puisque vous auez promis, estant esleué sur la Croix, d'attirer toutes choses à vous, tirez, tirez mon ame à l'odeur de vos parfums delectables, à l'odeur des parfums de vostre misericorde, des parfums des merites de vostre vie & de vostre mort, des parfums de vostre sainct amour, qui charment toutes les peines de nos ames, & les rauissent de la mort à la vie, & de cette vie pleine d'esperance & d'o-

Exposition mystique & morale deuts admirables, en la vie substantielle de l'eternité.

❦❦❦❦❦❦❦❦❦❦❦❦❦❦❦

Introduxit me Rex in cellaria sua: Exultabimus & lætabimur in te, memores uberum tuorum super vinum. Recti diligunt te.

Le Roy m'a menée en ces celiers, Nous sauterons de ioye, & nous resioüirōs en vous, nous souuenāt de vos māmelles qui sont meilleures que le vin, les bons vous ayment & vous prisent.

L'ESPOVSE, pour enseigner aux ames la vertu d'humilité, & leur mōstrer que le respect doit tousiours accompagner l'amour dit à ses filles, *Le Roy m'a menée en ses celiers.* Elle l'appelle par fois son amy, son bien-aymé, son Espoux & son Amour, pour exprimer la tendre & sensible affection de son cœur; Mais elle n'oublie iamais le grand respect qu'elle luy porte, puisque dans l'excez de ses consolations, & dans le celier mesme, ie veux dire dans les sainctes iubilations qui enyurent l'ame de ioyes & de transports innenarrables, elle se souuient de l'appeller son Roy, nom de respect aussi bien que d'amour ; nom de respect, puis que nous en portons naturellement à nos Roys, & à ceux qui ont quelque charge & seigneurie sur la terre ; nom d'amour, ainsi que le tesmoignent les meres à l'endroit de leurs petits enfans, & les amans du monde à l'endroit de leurs aymées, les appellans leurs Roys, & leurs Roynes, comme vn nom de caresse, qui signifie vn excellent amour. Au reste l'Espouse se vante d'auoir esté menée dans les celiers de son Roy, où elle a esté introduite par luy-mesme, pour n'y pouoir entrer elle seule : car sans la grace & faueur de Dieu, les oraisons mentales, meditations, colloques spirituels, esleuations d'esprit, & autres exercices & mouuemens mysterieux de la vie contemplatiue, ne pourroient iamais esleuer l'ame à la chambre ou cabinet de l'Espoux, si luy-mesme ne la tiroit à luy par l'aymant de ses inspirations & illuminations Angeliques. C'est pourquoy Dieu dit par le Prophete Osée, *Ducam illam in solitudinem, & loquar ad cor eius, & lætabor eam. Nous nous resiouyrons en vous, nous souuenant de vos mammelles.* Notez que la memoire est aux mammelles de l'Espouse, mais la resiouyssance est en Dieu; pource que l'ame se doit ressouuenir des douceurs & consolations de l'Espoux, & se doit resiouyr en Dieu seul, ne s'arrestant pas au don, mais au donateur, à l'imitation de la saincte Vierge, qui disoit (apres auoir receu la souueraine grace d'estre faicte Mere de Dieu) Mon esprit se resiouyt: en quoy, aux diuins benefices? non, mais en Dieu mon salut. Et le Prophete Royal dit, *Ie me suis souuenu de Dieu, & me suis resiouy en luy par vn excez de ioye.* Reuenons aux celiers de l'Espoux, où sont cachez les excellens vins des delices du ciel, où (comme parle l'Apostre) tous les thresors de la sapience de Dieu; & disons qu'il y a quatre principales demeures chez l'Espoux. Il y a vn iardin pour les ieunes filles, vn celier pour celles qui sont plus grandes, vne chambre pour les Roynes, & vn cabinet pour l'Espouse, qui est l'vnique & la parfaicte. Or l'Espouse se vante en ce lieu d'auoir esté menée dans les celiers, pource que c'est là où le vin des iubilations & ioyes excessiues de l'ame, se donne à boire en abondance, là se donnent les gousts qui enyurent le cœur & les sens, là se boit le

vin

vin rauissant du sainct amour, qui possede l'ame d'vne saincte & tres-aymable folie; & c'est ce qui la fait escrier, *Nous sauterons de ioye & nous resiouyrons auec vous, nous souuenant de vos mammelles, qui sont meilleures que le vin*: ouy, car ce vin spirituel & Seraphique est infiniment plus doux & agreable que le vin des consolations de la terre, que les fausses ioyes du siecle, que les vaines delectations du monde; & au lieu que celuy-cy hebete les sens du corps & de l'ame, celuy-là nous faisant sortir de nos sentimens corporels, faict agir nos ames diuinement, ou plustost Dieu agissant en elles, elles souffrent les operations diuines, ce qui les agite d'vne saincte fureur, & les contraint doucemét de sauter & dancer deuant l'Arche comme vn autre Dauid, & de faire telles actiós de ioye & de iubilation, qui sont des effects d'vne feinte folie, & d'vne saincte & veritable sagesse, toute contraire aux loix du monde. Le celier est le sein de Iesus où dormit sainct Iean le iour de la Cene, ou bien c'est le Cenacle où le Sainct Esprit se manifesta aux Apostres, & les enyura du vin de son diuin amour.

MAIS POVRQVOY l'Espouse, dit-elle,

B

qu'elle sautera de ioye auec ses compagnes, en souuenance des mammelles de l'Espoux? car puis qu'elle est entrée dans ses celiers, c'est à dire, vnie par amour à ces diuines mammelles, pour les succer, & gouster les sainctes douceurs de Dieu; il semble qu'il est mal à propos de parler icy de souuenance, estant en possession de la chose aymée. Entendez (cheres ames) que l'ame enamourée du celeste Espoux, estant retournée à ses sentimens, & hors du celier à vin, où se donnent les gousts de ses graces & faueurs Royalles; ceste ame, dy-ie, venant à repasser par sa memoire les pensées & l'idée des douceurs de Dieu, se plonge tellemét en ceste pensée, que cela fait esmouuoir & renaistre vne saincte iubilation en son cœur: alors le diuin Espoux la prend par la main de sa volonté, & l'introduit dans ses caues celestes, où il luy fair gouster les vins delicieux des mammelles de sa bonté & misericorde, ce qui luy fait dire, en tressaillát d'aise & d'exultation (qui est vne certaine ioye qu'elle ne peut taire ny bien exprimer:) *Le Roy m'a fait entrer en ses celiers, nous nous resiouyrons en vous, de vos mámelles qui sont meilleures que le vin*, quant à ce qu'elle dit au nombre singulier, *Le Roy m'a fait entrer en ses celiers, & puis nous nous resiouyrons en vous*. C'est qu'elle veut signifier toutes les parties de l'homme, ou bien les puissances de l'ame, ou bien qu'elle veut mener au ciel des ames auec elle par le moyen de sa doctrine & de ses bons exemples, disant auec le Prophete, I'enseigneray aux meschans vos voyes, & les impies se conuertiront à vous, & auec la mesme Espouse: *Tirez moy, & nous courrons apres vous*. Et au lieu qu'elle pouoir dire auant qu'estre menée au celier, Ces meschans vous haïssent, elle pourra maintenant dire, *Ces bons vous ayment, & vous prisent*; en ce que de meschans & ennemis de Dieu, ils sont deuenus par sa doctrine, & par son exemple, hommes iustes & amis de Dieu. Il est veritable, que les seuls bons & iustes se peuuent dire amateurs de Dieu, pource qu'ils l'ayment, non pour la crainte de l'enfer, mais pour sa bonté infinie; ils l'ayment non d'vn amour de seruiteur ou de Iuge, mais d'vn amour de fille, & de celuy d'Espouse. Ou bien, *les bons ou droicts vous ayment*. Surquoy dit sainct Thomas. Aucun ne vous ayme s'il n'est droict, & aucun n'est

B ij

droict sinon celuy qui vous ayme ; De sorte que nostre parfaicte droicture consiste à aymer Dieu, non pour l'amour de ses faueurs, mais pour l'amour de luy-mesme.

Quant a ce que i'ay dit qu'il y auoit plusieurs demeures chez l'Espoux, S. Bernard escrit que les ames en plusieurs manieres trouuent l'entrée en la ioye de leur Seigneur. Vne femme penitente l'a trouuée auprés les pieds de Iesvs-Christ ; & la mesme a trouué le fruict de sa deuotion auprés du chef qu'elle a oingt d'onguens precieux : Sainct Thomas l'a trouuée au costé, S. Iean en la poitrine, sainct Pierre au sein du Pere, & S. Paul au troisiesme ciel. Et si vous voulez encore (cheres ames) auant que de finir ce Traicté, ie vous donneray vne briefue exposition touchant les quatre susdictes mansions des ames spirituelles. Il y a le jardin, le celier, la chambre, & le cabinet du Roy. Le jardin est pour les commençans en la vie deuote, & là les fleurs des vertus commencent à paroistre dans le jardin de l'ame, à l'aube de la grace de Dieu, qui arrose ce verger de ses delices. Le celier est pour les profitans en la vie spirituelle, & c'est où l'ame reçoit la diuine onction de l'espoux, ses consolations & sainctes benedictions, afin qu'estant nourrie & substantée du laict de sa grace & du vin de son amour, elle profite premierement à soy, & puis aux autres. La chambre du Roy est pour les parfaicts, c'est là où l'Espouse reçoit les amoureux extases & rauissemens de son Espoux, y goustant dés ceste vie les douces odeurs de sa couche nuptiale. Comme disoit l'Espouse. *Tenui eum nec dimittam donec introducam in domum matris meæ, & in cubiculum genitricis meæ.* Quant au cabinet Royal, c'est le lieu secret & sacré, où se donnent les visions & reuelations, où se communiquent les grands mysteres, & les amours & faueurs secrettes qui se peuuent dire purement admirables, & dont la langue se doit taire, & le cœur dire auec Esaye: *Mõ secret est pour moy*: Ce cabinet du Roy est destiné pour la mere de Dieu, & pour la seule Espouse, l'vnique, la colombe, la parfaicte, c'est à dire, pour l'ame, laquelle estant denuée de toute autre affection, ayme Dieu purement, vniquement & parfaictement, sans images, sans objet sensible, & sans moyen, à la façon

B iij

30 . *Exposition mystique & morale*
des Anges, &c'est aussi l'ame qui estant tirée de ce corps, est enleuée & rauie au cabinet de Dieu. Ie veux dire en sõ eternité, où il luy fait part des secrets de sa sapience & des sainctes extazes de son amour souuerain: Il est vray que saincte Catherine de Gênes & quelques autres se pourroient mettre en ce beau nombre esleu des ames parfaictes, parce qu'ils ne veulent auoir nul sentiment de Dieu, & ne veulent aymer & iouyr que de Dieu mesme, purement & parfaictement. Et ainsi l'adorer au fond de leurs ames rauies en esprit & verité à la façon des Anges, & des ames glorifiées.

※※※※※※※※※※※

Nigra sum, sed formosa, filia Hierusalem, sicut tabernacula Cedar, sicut pelles Salomonis.

Ie suis noire, mais ie suis belle maintenant (filles de Hierusalem) comme les tabernacles de Cedar, & comme les peaux de Salomon.

AVCVNS lisent, ie suis noire, mais plus belle que les tabernacles de Salomõ, Parce que l'ame (qui est raisonnablement animée & crée à l'image de Dieu) est plus belle & plus excellente que le firmament inanimé; entendu par les tabernacles de Cedar, & les peaux de Salomon. Il semble d'abord que ces paroles de l'Espouse: *Ie suis noire, mais ie suis belle*, impliquent contradiction, d'estre noire & belle tout ensemble; mais nullement: Au contraire (pour parler selon le sens literal, la noirceur & la beauté de l'Espouse ont vne grande conformité, puisque le plus souuent les personnes noires ou brunes sont plus agreables & plus aymables que les blanches, en témoignage dequoy le Prouerbe dit, les blancs sont les enfans des Dieux, & les noirs sont les enfans d'amour: Ce passage se pourroit aussi raporter à la lettre en faueur de la vierge Marie qui estoit parfaictement belle, mais neantmoins brunette, comme la depeint Nicephore. Mais recherchons le sens mystique & spirituel de ces paroles: *Ie suis noire, mais ie suis belle, filles de Ierusalem*, cõme les *Tabernacles de Cedar*, & comme *les peaux de Salomon*. Et pour commencer par vn ordre renuersé, disons que ces peaux de Salomon, & ces Tabernacles de Cedar estoient remplis de tant de beauté, d'artifice & d'excellence, qu'à bon droict la beauté spirituelle de l'Espouse, ou bien de l'ame penitente, leur est comparée: quant aux filles de Hierusalem, ce sont les Anges ausquels elle tient ce discours mysterieux, *ie suis noire, mais ie suis belle maintenant*; Comme si elle leur disoit, O sainctes & celestes intelligences, i'ay esté autresfois noire comme vn corbeau dãs les tenebres du peché, auec vne Magdelaine, mais ie suis maintenant belle, estant renduë par la contrition blãche comme vne Colombe lauée dans du laict; & ce laict n'est autre chose que le sang trespur de mon IESVS, le tres-Cher Espoux de mon ame. Regardez-moy donc (ô filles de Hierusalem) non plus en l'estat de ma premiere noirceur, mais en l'estat de ma blãcheur, beauté & pureté; Ne regardez pas ma nature comme en elle mesme, mais ayant la grace de Dieu en elle, & vous la trouuerez belle & agreable à vos yeux. Ou bien, si vous voulez, l'Espouse dit aux filles de Hierusalem. *Ie suis noire, mais ie suis belle*, c'est à dire, ie suis halée de trauaux, & noircie des grandes chaleurs des tribulations, mais ie suis belle aux yeux de mon Soleil, qui m'a donné le tein que i'ay, il veut que ie sois telle afin de l'imiter en quelque sorte, luy qui a souffert tant d'afflictions en sa vie, & en fin la mort de la Croix: Et si vous dites que les ieusnes, les veilles, les cilices, & autres penitences m'ont deffiguré le visage, il est vray, mon corps est noir & mal-agreable aux yeux du monde, mais mon ame est belle deuant Dieu, & i'ayme mieux aussi vous plaire (ô beaux Anges) par la pureté de mon cœur, que de plaire aux hommes par la beauté de mon corps, mortel & corruptible. Et en ce sens ce diuin oracle se peut icy approprier; la Cité du grad Roy est bastie, & ses pierres seront conuerties en saphirs, emeraudes, & autres pierres precieuses: car les Saincts en ce monde sont comme pierres communes, taillées & polies par le marteau de la tribulation : mais sont conuerties au ciel en pierres precieuses par l'amour & charité precieuse de IESVS-CHRIST.

Nolite me considerare quod fusca sim, quia decolorauit me Sol.

Ne prenez pas garde à ce que ie suis brune, le Soleil m'a donné le tein que i'ay.

L'ESPOVSE en poursuiuant son discours auec les Anges, ou bien auec ses compagnes & ses filles, qu'elle enseigne comme maistresse, & qu'elle console comme mere, les coniure de ne la point regarder de trauers, encor qu'elle soit brunette, pource que le Soleil luy a donné le tein qu'elle a. Et certes selon la nature, il arriue que le Soleil peut embrunir le tein du visage; mais selon la grace, il semble que l'Espouse ait tort de dire: *Le Soleil m'a donné le tein que i'ay*: mais nullement, car outre que ce traict cy se peut rapporter à l'aduantage de l'ame qui a beaucoup souffert de tribulations pour l'amour de IESVS-CHRIST, il faut dire que ceste noirceur ou ce tein brun de l'Espouse, signifie, qu'elle a tousiours en elle la concupiscence, appellée foyer de peché, dont son Espoux tout-puissant, & tout-sage ne l'a pas voulu entierement exempter, non plus que son Apostre esleu, le cher amant, & le bien-aymé de IESVS, voulant qu'elle garde tousiours en ceste vie ceste couleur noire ou brunette, c'est pourquoy elle dit, *Le Soleil m'a donné le tein que i'ay*, c'est à dire, il a permis que ceste tasche spirituelle soit demeurée en mon visage: Mais telle que ie suis, ie suis sa belle, & sa bien-aymée, & me suffit d'estre agreable aux yeux de celuy-là de qui ie tien l'estre, l'ame & la vie.

※※※※※※※※※※※※※※※※

Filij matris meæ pugnauerunt contra me, posuerunt me custodem in vineis, vineam meam non custodiui.

Les fils de ma mere ont combattu contre moy. Ils m'ont mis à garder les vignes, & la vigne que i'ay gardée n'estoit pas à moy.

ET NE VOVS IMAGINEZ PAS (mes filles) dit l'Espouse, que ceste tasche naturelle vienne de moy, ny moins de

B vj

Exposition mystique & morale
mon Soleil, sinon par sa prouidence admirable; *Les fils de ma mere ont combatu contre moy*, & ont remporté la victoire (à nostre commun dommage) en ceste bataille spirituelle: ie veux dire Adam & Eue, enfans aisnez de la mere nature, ou plustost du pere de la nature, ont contracté ceste tasche, & ceste couleur brune & noire par le peché, & moy ie la tien d'eux par contagion & originairement. *Ils m'ont mise a la garde des vignes*, c'est à dire pour auoir vn grand soin de mon ame, de peur qu'elle ne fust gastée & ruinée par les sangliers & autres bestes sauuages, & aussi par les petits *Renards qui gastent la vigne, lors principalement qu'elle est en fleur*. Toutes lesquelles bestes signifient les vices, & les deffaults qui ruïnent & alterent les vertus & puissances de l'ame: *Et la vigne que i'ay gardée n'estoit pas à moy*, d'autant que le peché originel vient & deriue de mes premiers parés, & non pas de moy, & neantmoins ie garde la vigne, c'est à dire, il faut que i'aye vn grand soin de mon ame, car si les bestes entrent dedans & la ruïnent, ou la gastent, il faudra que i'en rende bon compte à Dieu qui en est le Maistre, & le Souuerain, & que ie souffre les peines qui

sont deuës à ceux qui n'ont pas vn soin particulier de leurs ames.

Indica mihi quem diligit anima mea, vbi pascas, vbi cubes in meridie, ne vagari incipiam post greges sodalium tuorum.

O vous que mon ame ayme, enseignez-moy où vous paissez, & où vous couchez à midy, de peur que ie ne courre çà & là apres les troupeaux de vos compagnons.

L'ESPOVSE ne demande pas à voir la face de l'Espoux en ce monde : car il est impossible, elle demande seulement de voir le lieu de sa demeure. S. Gregoire dit, tout ce que l'humain entendement peut penser de Dieu n'est pas Dieu : mais quand auec la pensée il monte plus haut que toutes les choses, & croit que tout ce qu'il peut entendre de la lumiere interieure, & de la suauité, douceur, & delices spirituelles, est moindre que Dieu, à l'heure il paruient à vne lumiere, laquelle bien qu'elle ne soit pas Dieu, est neátmoins la demeure de Dieu. L'Espouse addresse icy sa parole à l'Espoux, & afin que personne ne doute de celuy à qui elle parle, elle dit, *O vous que mon ame ayme*; non celuy que mon corps ayme, non celuy que mes sens ayment, mais celuy que mon ame ayme ; car ie vous ayme (mon cher Espoux) d'vn amour spirituel, d'vn amour pur & parfait ; & non seulement de toutes les puissances de mon esprit, mais du plus intime de mon ame. Elle fait icy vne merueilleuse demande à son Espoux, c'est pourquoy pour mieux captiuer sa bien vueillance elle l'appelle son bien-aymé, & le bien-aymé de son ame : *Enseignez-moy* (dit elle) *où vous paissez, & où vous couchez à midy*. Enseignez-moy, de grace (mon cher Espoux, où vous prenez vostre repas à midy : N'est-ce pas au midy parfaict de la saincte Trinité, dont vous estes le milieu, ie veux dire la seconde personne ? N'est-ce pas là (mon cher Espoux) que vous vous repaissez de la vision essentielle & comprehension incomprehensible de la verité eternelle, qui est vostre viande intellectuelle, comme vous disiez estant sur la terre, que vostre viande estoit de faire la volonté de vostre Pere? Est-ce pas aussi (mon cher Espoux) en ce beau midy de l'essence diuine & paternelle, que vous prenez vostre repos, auec le Pere & le sainct Esprit? O repas intellectuel! ô repos eternel! Abraham vit trois Anges en sortant de son pauillon à la chaleur du iour, & les Interpretes disent qu'il n'en adora qu'vn. O midy mysterieux! qui pourroit parler de vous qu'à l'ombre de la foy, qui est ceste plante diuine laquelle croist au cours de l'eau de la sapience? O repas tout diuin! ô repos remply d'vn silence mysterieux, & d'vne paix admirable! Ie me tais, & vous admire auec tous les Anges & les saincts bien-heureux.

MAIS ie reuiens encor à vous demander (mon cher Espoux) si ce n'est point au midy du ciel empirée, & chez les Seraphins, que vous paissez & reposez à my iour? ou bien dans les ames pleines d'amour, de paix & de gloire? N'est-ce point là que vous paissez entre les lys & les roses? (ô beau soleil de mon ame) sans doute (mon Sauueur) c'est là que vostre cœur se repaist des amoureux consentemens de l'ame qui vous ayme, c'est là que vous reposez dans les consciences des iustes, qui sont les sieges de la sapience. Mais dites moy de grace (ô amour) où vous pourray-ie trouuer, inspirez moy ceste salutaire connoissance, *de peur que ie ne coure çà & là apres les troupeaux de vos compagnons.* Annoncez-moy (ô Pasteur de mon ame) vostre sejour ordinaire, de peur que ie ne m'esgare ou me perde dans le monde si remply de lacs & de tromperies, de peur que les mauuais Anges (qui se transforment en Anges de lumiere) ne figurent aux yeux de mon ame vn faux midy d'amour, de ioye & de repos, afin de me tromper, alors que ie croirois estre illuminé de vos yeux, & enflammé de vos rayons sur la montagne de la contemplation. C'est ce midy feint & dangereux, par lequel ils deçoiuent les ames simples: Ne le souffrez pas (mon cher Espoux) enseignez-moy plustost où vous paissez & reposez au midy de l'amour & de la contemplation de l'ame: i'entends le mystere que vostre Espouse m'a inspiré par ces paroles, *Ie suis à mon bien-aymé, & mon bien-aymé est à moy, lequel paist entre les lys.* Et vous-mesmes estes appellé *le lys des vallées.* Cecy nous enseigne (cheres ames) que si nous voulons trouuer l'Espoux, & qu'il vienne en nos ames pour les nourrir de sa grace, & les faire reposer au sein de son amour, il faut que nous soyons des lys & des roses des vallées; c'est à dire, que nous soyons purs, ardens, & humbles; purs & blancs d'innocence, comme lys spirituels de son paradis terrestre; ardans par charité, comme ces belles roses de ce iardin de plaisance, humbles comme des violettes, & aneantis en nous mesmes, afin qu'il se plaise dans nos ames, & qu'il les repaisse de sa grace en ce monde, & les face iouyr au ciel du repos de sa gloire.

Enseignez-moy, & me demonstrez (cher Espoux) où vous prenez vostre repas, & où vous reposez à midy. S. Bern. sur ces paroles dit que le Seigneur est vn bon Pasteur qui met son ame pour ses brebis ; il leur donne son ame, il leur donne sa chair, il donne celle-là pour le prix, celle-cy pour la viande, c'est chose merueilleuse, il est le pasteur, il est la pasture, il est la redemption. I'obserue vne grande perfection de l'Espouse dans ces paroles, *Ne vagari incipiam*, pource que non seulemét elle ne veut pas commettre de grandes offenses, mais ny mesme la moindre faute ou imperfection qui peut deplaire à son Espoux, auquel elle est si parfaictement vnie par vn pur amour.

Remarqvez (cheres ames) trois lieux particuliers où le sainct Espoux disne & se couche, où il paist & se repose, ou plustost, où il donne la viande à ceux qui ont faim, & le repos à ses bien-aymez, ainsi que parle le Prophete.

Le premier lieu est la Croix où il fut attaché à l'heure de midy, pour annoncer par sa mort viuifiante la venuë du soleil de iustice en l'ame de son Espouse, & l'orient de sa vie eternelle par le midy de sa charité parfaicte. O Croix, le midy de l'amour de Iesvs! ô Croix, table mystique où mangeant & beuuant le fiel & le vinaigre de nos offenses, nous sommes par luy repeuz du miel de sa sapience, & du sang de son cœur amoureux! O saincte Croix, lict mysterieux de l'Espoux, où dormant dans le sein de la mort, il fait reposer nos ames dans le sein de la vie, qui est son amour ineffable! Voila le premier lieu auquel l'Espoux couche à l'ombre de sa mort au midy de son amour.

LE SECOND LIEV auquel l'Espoux paist & repose au midy de sa charité, c'est la montagne de Contemplation, où il abbreuue les ames des soueraines liqueurs de la sapience, & les fait dormir sur les oreillers de ses bras delicieux, leur faisant dire en la personne de l'Espouse, *Que sa main gauche soit soubs mon chef, & que de l'autre il m'embrasse estroittement:* Et voyant l'ame endormie, il ne la veut point esueiller, au contraire il dit ces paroles en sa faueur à toutes les creatures, *Ie vous adiure, filles de Hierusalem, de laisser reposer ma bien-aymée tant qu'elle voudra.* Et ce repos de l'ame se prend encor à l'ombre, pource que l'homme ne peut icy voir sa diuine face, ains dire seulement auec l'Espouse, *Ie me suis reposée à l'ombre de celuy que ie desirois, &c.*

LE TROISIESME LIEV auquel l'Espoux repaist & repose à l'ombre au midy du souuerain amour, c'est au sainct Sacrement de l'Autel, auquel il est voilé des especes du pain, & où il repaist son Espouse de sa propre chair, & de son sang precieux, & la fait reposer en son sein delectable, qui est le paradis du sainct amour, luy disant, *Mangez & beuuez,* ma bien-aymée, mettez la bouche à mon costé sacré, qui est la fontaine d'amour, *& vous enyurez* de mon sang, qui est le torrent de la volupté souueraine : Alors toute rauie d'amour elle entre dans ces celiers delicieux, où elle est transformée en Dieu, morte en elle, & viuante en Iesvs-Christ, & reposant heureuse dans le sein de la Sapience; elle est, dis-je, viuante en Dieu & de Dieu, & non pas Dieu en elle ou d'elle : car en ce passage où il est dit, *Mon amy est à moy & moy à luy, lequel paist entre les lys*, il ne dit pas que l'Espoux se repaist des lys (qui sont les ames pures) mais entre les lys : car Dieu ne se peut repaistre & nourrir que de sa propre substance, mais il se plaist à demeurer entre les lys des ames pures, sainctes & nettes, qui sont les tabernacles de la Sapience. Il est vray qu'il mange amoureusement & salutairement les bonnes ames pour les transformer en luy-mesme, pour leur salut & la plus grande gloire de Dieu. Et si tu en desires (ma chere ame) apprendre de certaines nouuelles de la verité mesme, demáde luy auec l'Espouse, où il repaist & repose à midy, afin de le trouuer asseurement, & que quelque vain ou inconstant amour ne trompe point ta fidelle attente, en ceste amoureuse recherche. Monstrez moy (dit-elle par sainct Bernard) ce lieu remply d'vne si grande paix & lumiere, auquel le pere Iacob (encor hoste du corps) vit le Seigneur face à face, & son ame fut sauuée; ou comme Moyse le vit, non par ombrages & figures, comme les autres Prophetes, mais par vne maniere du tout excellente, & non encor experimentée, à luy seul cognuë & à Dieu: ou comme Esaye ayant les yeux de son cœur ouuerts, le vit sur vn siege haut & esleué, ou bien comme sainct Paul rauy dans le troisiesme ciel, ouyt des paroles ineffables, & vit de ses yeux illuminez son Seigneur IESVS-CHRIST. Ainsi, ainsi, mon Dieu, illuminez les yeux de mon ame, afin qu'en vostre lumiere ie vôye & contemple vostre lumiere, & vostre sapience admirable: Faictes qu'en l'excez de mon entédement ie merite de vous côtempler en vostre saincte lumiere, & que par vn excez d'amour ie vous embrasse & vous baise heureusement, prenant mon repas en vostre sapience, & mon repos au sein de vostre amour. Alors, alors (mó cher Espoux) je ne demanderay plus où vous logez, où vous paissez, où vous couchez; alors je ne vous iray plus cherchât, ayant la possessiô de tout ce que je desire au monde, alors j'esprouueray doucemét que vous demeurez en l'ame fidelle, & qu'elle demeure en vous par amour, alors j'esprouueray que l'ame n'a point de si douce viande, que de faire vostre saincte volonté, ny de repos si gracieux, que de vous aimer & vous complaire, & chanter eternellement l'hymne de vos loüanges, pour accôplir la fin de son estre, lequel alors n'a plus de fin pour estre eternisé dans la vie de Dieu qui n'a point de fin.

✿✿✿✿✿✿✿✿✿✿✿✿✿✿

Si ignoras te, ô pulcherrima inter mulieres, egredere & abi post vestigia gregum, & pasce hædos suos iuxta tabernacula pastorum.

Si tu ne te cognois, ô la plus belle des femmes, sors, & va suiuant les pas de tes troupeaux, & fay paistre tes cheureaux pres les loges des Pasteurs.

IL SEMBLE que l'Espoux vueille icy faire vne reprimende à son Espouse, &

du Cantique des Cantiques.

l'inuiter à r'entrer en soy pour mediter en son neant, & c'est possible pour la reprendre de sa trop grande curiosité, d'auoir demandé où il paissoit & reposoit à midy, lequel midy peut signifier l'essence diuine, laquelle est vn Soleil en son midy pour les ames, qui ne peuuent contempler ses lumieres inaccessibles, lesquelles sont pour nos yeux des tenebres espouuentables: c'est pourquoy le prophete Royal dit que Dieu a fait sa cachette aux tenebres, & puis son tabernacle au Soleil, car Dieu est tres-clair en luy-mesme, & n'est que tenebres aux yeux de la cognoissance humaine, comme nous desduirons en autre lieu.

C'est donc icy l'Espoux qui parle, & dit à l'Espouse, *si tu ne te cognois, &c.* comme s'il disoit, ô mon Espouse, bien que tu sois la plus belle des femmes, non tant par ta nature, que par le merite de ma grace, si tu n'entres en la cognoissance de tes miseres, de tes pechez, & de tes ignorances; si tu ne consideres la vanité de tô estre & ton neant, iamais tu ne seras digne de la lumiere de ma Sapience, & le midy de mon amour. *si tu ne te cognois (ame fidelle) sors & va suiuans les pas de tes troup-*

peaux; tu es de pire condition que les bestes qui cognoissent naturellement ce qui leur est propre & conuenable: Si tu ne cognois ta misere & ton indignité, *sui les pas de tes troupeaux*, car tu ne merites pas d'aller deuant eux, ny les mener & conduire: car pour gouuerner les bestes, il faut estre homme, & pour regir les hommes, il faut estre Dieu, ie dy par grace & par office, c'est pourquoy ie disois à Moyse, ie t'ay costitué le Dieu de Pharaon, & les Rois, les Magistrats & les Pasteurs de mon Eglise, sont appellez Dieux, pource qu'ils regissent & repaissent les ames, qui sont leurs petits aigneaux, comme eux-mesmes sont les brebis de Dieu, à raisõ qu'ils enfantent les ames spirituellement, & les nourrissent de mon pain sacré, & de ma parole salutaire. C'est pourquoy ie te dy (ma chere Espouse) *que si tu ne te cognois & n'as cognoissance de moy*, qui suis ton Createur, ton Redépteur, & ton Pasteur, sors dehors de toy mesme, esleue ton esprit sur tes sés, & suy les pas de tes troupeaux, ie veux dire, appren par le moyen des creatures à me cognoistre; interroge le ciel, les elemens, les planettes, &c. Et toutes ces creatures te diront qu'elles ne

se

se sont pas faictes elles-mesmes ; ains elles te diront par les leures de mon Prophete Dauid: *Ipse fecit nos, & non ipsi nos,* Psal. 99. Ainsi elles te meneront insensiblement par le sentiment à la cognoissance de ton Dieu. Ou bien (chere ame) si tu ne peux auoir par ce moyen la cognoissãce de mon estre, trop haut & releué sur tes debiles puissances ; *Fay paistre tes Cheureaux pres les loges des Pasteurs*, c'est à dire, meine tes puissances paistre dans les fertiles chãps de mon Eglise, auprès de mes Pasteurs, & Docteurs, ceux-là t'enseigneront où ie pais & repose au midy de ma verité, au midy de mon amour ; ceux-là t'enseigneront où tu trouueras la lumiere de la foy, & de l'intelligence ; ceux-là te monstreront le midy de ma charité parfaicte, & lors estant illuminée & enflammée de ceste lumiere & chaleur diuine, tu n'auras plus autre soin que de me suiure, moy qui suis la lumiere du monde, tu n'auras plus autre desir que de faire ma volonté, qui est la viande propre de ton ame, tout de mesme qu'estant au monde c'estoit la mienne, d'accomplir la volonté de mon pere.

C

*Equitatui meo in curribus Pharaonis assimila-
ui te, amica mea.*

Ma bien-aymée ie t'ay faict semblable à
ma genisse blanche attelée au chariot de Pharaon.

L'Espovx se met icy sur les loüanges de son Espouse, côme c'est le naturel de l'amant de loüer & d'exalter la
chose aymée, & laissant aux doctes à rechercher quelle est l'allusion que Salomon fait au chariot de Pharaon, qui deuoit estre fort riche & superbe: Disons
qu'il est veritable, selon le dire de sainct
Augustin, que l'ame du iuste est le siege
de la sapience, & mesme son chariot ardant & doré; comme les throsnes Angeliques sont les sieges de Dieu, & les Cherubins & Seraphins, son chariot triomphant. *Currus Dei decem millibus multiplex
millia lætantium, Dominus in eis in Sina in
sancto.* Psal. 67. Ainsi l'Espoux veut dire
qu'il a faict de son Espouse son habita-
tion, son chariot, son throsne & son Pa-

radis. O quel priuilege! ô quelle dignité! de porter en soy, non le Roy Pharaon, mais le Roy des Rois, & le monarque des Anges! Mais d'où luy vient vn honneur si grand & si magnifique? de la grace de son Espoux, lequel est la cause premiere, & souueraine de tout bien. *Or elle est vne genisse blanche*; genisse pour sa virginité; blanche pour sa foy receuë au baptesme, où elle a esté renduë plus blanche que neige par le sang de l'Agneau sans macule: mais elle pourroit estre ditte tauelée de plusieurs couleurs differétes, qui l'embellissent fort, & la rendent agreable aux yeux de son Maistre; ces diuerses couleurs sont toutes les vertus qui plaisent à Dieu, comme celle de qui le Psalmiste chante, *Astitit regina à dextris tuis in vestitu deaurato circundata varietate:* Elle est aussi le chariot de ce grand Roy, pource qu'en quelque lieu qu'elle aille, elle porte son Espoux auec elle, dans sa conscience pure & tranquille; ou plustost il la porte dans le sein de son amour, luy qui porte toutes choses par sa vertu efficace, comme estát le Verbe eternel, auquel a esté donnée toute puissance au ciel, & en la terre.

Pulchræ sunt genæ tuæ sicut Turturis, Collum tuum sicut monilia.

Tes jouës sont belles comme si elles estoient parées de quelque riche ornement: Ton col est beau cóme s'il estoir paré de quelque beau carquant.

L'Espoux continuant à loüer son Espouse, semble luy attribuer deux principales especes de beautez, assauoir la beauté de la nature, & la beauté de la grace, la beauté corporelle & la spirituelle, la beauté des puissances & la beauté de l'essence, entenduës par les deux iouës: car l'ame est belle de sa propre nature, la considerant au Paradis terrestre auant le peché; mais elle est encor plus belle par la grace de Iesvs-Christ, qui l'a reformée sur son diuin modele. Et l'Espoux disant, *Tes iouës sont belles comme si elles estoient parees de quelque riche ornement*: cela signifie la perfection de la nature spirituelle & corporelle de l'homme en son premier estat de perfection, auquel il n'auoit besoin d'aucun artifice ou ornement exterieur ou interieur, pour paroistre beau deuant Dieu & les Anges, pource que son Createur l'auoit fait & créé tel.

OR, LES PROPRES ioües de l'ame sont l'entendement & la volonté, qui sont agreables à Dieu lors que l'entendement recherche la cognoissance de sa verité par la foy, & sa volonté, l'vnion de son amour par esperance, & par charité; & ceste foy & ceste charité sont les plus beaux ornemens de l'Espouse, & la precieuse chaisne des vertus (comme l'obeyssance, la mansuetude, l'humilité, &c) est le plus riche carquan du col de l'ame, & tous ces ornemens nuptiaux rauissent le cœur de l'Espoux, comme il adouë luy mesme, disant, *Ma belle, ma bien aymee, tu m'as rauy le cœur auec vn traict de tes yeux, & auec le carquan de ton col.* Mais ayant dit que les ioües de l'Espoux sont la cognoissance & l'amour, & le carquan du col les vertus; n'oublions à dire que le col de l'Espouse est le canal sacré par où passent toutes les graces, faueurs & inspirations de Dieu en l'ame, & mesme ses diuines reuelations; ce col est le consentement du cœur, ou bien la pure intention de l'ame,

C iij

Exposition mystique & morale sans laquelle tous les ornemens des vertus ne seroient agreables à l'Espoux celeste.

Murenulas aureas faciemus tibi, vermiculatas argento.

Nous te ferons des bagues d'or, qui seront esmaillées d'argent.

L'ESPOVX n'est pas satisfaict d'auoir paré les joües & le col de son Espouse, s'il ne pare encor ses mains & ses oreilles, quant à ses mains, il dit, *Nous te ferons des bagues d'or, esmaillées d'argent:* qui dit cela? la saincte Trinité: Pourquoy? Pource que les trois personnes diuines operent indiuiduëment en toutes leurs œuures particulieremét en ce qui regarde l'ame. En la Genese: *Faisons l'homme à nostre image & semblance,* & aux Cantiques. *Que ferons nous à nostre sœur au iour qu'on doit parler a elle?* l'Espoux celeste respond au nom de toute la Trinité, *Nous luy ferons des bagues d'or esmaillées d'argent:* Il veut que les mains de son Espouse (qui sót ses œuures) soient enrichies de l'or de la charité, côme les siénes sont pleines de hyacinthes, *Manus illius tornatiles aureæ, plenæ hyacinthis.* Cant. 5. Et veut que ces anneaux sacrez (representez par les dix commandemens de Dieu) soient esmaillez d'argent, c'est à dire, seruent de bon exemple aux ames qu'elle a en charge. Et afin que ses oreilles, & de l'ame, & du corps ayent aussi leur ornement conuenable; vne autre version fait parler ainsi l'Espoux, *Nous te ferons des pendans d'oreille d'or, marquetez d'argent.* Cóme la foy entre par l'ouye, ces pendans d'oreille d'or, sont la foy & la cognoissance de Dieu, & de ses mysteres; qui sont d'or, pource qu'ils prouiennét de Dieu, signifié par l'or: Et ses diuins mysteres nous sont reuelez par les Pasteurs de l'Eglise, qui sont le riche esmail de cet or precieux & mysterieux. Ou si vous voulez, l'or des pendás d'oreille est l'interieure & viue croyance de Dieu, & l'esmail d'argent (qui signifie la parole) est la confession de foy, qu'il faut faire de bouche aussi bien que de cœur pour estre sauué.

Voila donc ceste belle Espouse, maintenant fort agreable aux yeux de son Espoux; ie craignois auparauant de la qua-

C iiij

Expofition myftique & morale

lifier telle, encor qu'elle fuft ornée de tât d'atours, d'attraits & de pierres precieufes: mais puis qu'elle a des pendans d'oreille, des carquans au col, & des bagues aux mains, ie la puis bien nommer Efpoufe, efpoufe par foy, efpoufe par fes vertus, efpoufe par fon amour, qui feul vnit l'amant auec la chofe aymée.

Dum effet Rex in accubitu fuo, nardus mea dedit odorem fuum.

Tandis que mon Roy eft en fa couche, mon parfum qui eft compofé de Nard l'embaumera tout de la foüefueté de fon odeur.

L'AME fainéte en la perfonne de l'Efpoufe ayant receu tant de diuerfes graces & faueurs de fon cher Efpoux, & mefme la faueur des faueurs, qui eft de luy eftre vnie par vn mariage fpirituel, n'a plus maintenant autre foin que de le contenter & luy complaire, luy rendant tout le refpect & l'amour qu'elle peut, & comme elle le fent amoureufement dans fon cœur, elle dit auec vn grand desir de luy estre agreable : *Tandis que mon Roy est en sa couche, mon parfum composé de Nard l'embaumera tout de son odeur.* Or qui est ce Roy, sinon le fils de Dieu? quelle ceste couche sinon le sein du Pere eternel, auquel demeure eternellement le Fils ? & qui est ce Nard, sinon l'humilité de la vierge Marie, laquelle a esté si agreable à Dieu, qu'il est venu en terre se faire homme en son sein virginal, humilité qui est la principale des vertus, ou bien qui presuppose toutes les vertus, comme le fondement d'icelle. Mais disons que l'Espouse l'appelle son Roy (comme nous auons exposé) par vn amour excellent & respectueux, qu'il faut laisser exprimer au sentiment de l'ame, & non point à la parole vaine, & semble qu'elle vueille dire, Tādis que mon Roy est dans mon cœur (qui est le lict & le lys où cet Espoux repose: *Mō parfum composé de Nard l'embaumera tout de son odeur.* Le nard (selō les Naturalistes) est le plus excellent parfum de tous, & celuy dont se seruit la Magdelaine pour parfumer IESVS, qui est le parfum mesme, *oleum effusum nomen tuum*. Mais quel est ce nard & ce parfum mystique de l'ame, sinon l'a-

C v

mour & l'humilité, qui la rédent si agreable à Dieu, & luy font embrasser les pieds de Iesvs Christ auec ceste fidelle amante? Elle demonstre son grád amour, en le nommant si souuent son Espoux, son cher amy, son bien-aymé ; elle témoigne icy son grand respect & son humilité, en l'appellant son Roy. O que la charité est vn baume precieux & agreable au diuin Espoux! ô que la mansuetude & la douceur est vne huille propre à oindre le chef de Iesvs Christ! ô que le nard de l'humilité est odoriferant aux sainctes narines de l'Espoux, lors qu'il est vny auec l'ame par vn excez d'amour.

Desirez-vovs (cheres ames) plaire à vostre Espoux, soyez parées de tous les ornemens des vertus excellentes: Mais luy voulez-vous rauir le cœur auec le baume de vostre cœur amoureux & mortifié, soyez pures, simples & humbles deuant sa face. Et croyez-moy (cheres ames) la Vierge qui conceut le fils de Dieu par l'operation du S. Esprit, estoit parée de tous les ornemens de la nature & de la grace, & son col estoit parfaictement orné du carquan des vertus heroïques: mais ce qui fit accomplir en elle ce grand mystere de l'in-

du Cantique des Cantiques.

carnation du Verbe, ce fut la seule humilité, *Voicy la seruante du Seigneur, &c.* De sorte qu'elle pouuoit dire alors en son cœur: *Tandis que le Roy est dãs sa couche, mon Nard a donné son odeur.* O humilité admirable! iugeons par là (cheres ames) quelle humilité nous deuons auoir au respect de ceste vierge tres-saincte & tres-pure, issuë de 14. Patriarches, de 14. Ducs, & de quatorze Rois, laquelle au lieu de s'enorgueillir comme le premier Ange, se voyant saluée de l'Archange, s'est humiliée au dessous de toutes les creatures, & ceste humilité est le Nard precieux qui a donné son odeur admirable au Roy de son ame, & au Dieu de son cœur: Ce fut aussi ce Nard excellent de l'humilité meslé auec le baulme de son amour, qui attira le Roy du Ciel en sa couche virginale, pour seruir de mystique Abisag au grand Dauid, comme il est escrit au troisiéme liure des Roys, s'estant faict homme en son ventre sacré.

*Fasciculus myrrhæ dilectus meus mihi,
inter vbera mea commo-
rabitur.*

Mon bien-aymé m'est vn bouquet de myrrhe, il demeurera entre mes mammelles.

L'ESPOVSE proteste icy qu'elle ne veut prendre consolation en autre chose qu'en son cher Espoux, qui est le bien-aymé de son cœur, l'odeur duquel cõsole son ame, comme vn bouquet bien odoriferant contente les sens de celuy qui le porte en son sein. Ainsi l'Espouse veut porter le doux IESVS en son sein, entre ses deux mammelles, qui sont la memoire, & la volonté; la memoire pour se souuenir de luy, & la volõté pour l'aymer: ou bien ces deux mammelles sont l'entendement & le cœur, l'entendemét pour le cognoistre & le regarder auec l'œil de la foy, & le cœur pour l'aymer & l'embrasser auec toutes ses affections, & de toutes les entrailles & moëlles de son ame.

MAIS comment pourras-tu (ame deuote) estreindre ce bien-aymé dans ton sein, entre tes mammelles? Penses-tu qu'il soit vn bouquet de fleurs odorantes? vn bouquet composé de lys, d'œillets & de roses? Non, non, (chere ame) c'est vn bouquet de myrrhe, qui est vne chose fort amere, & qui au lieu de te contenter, te donnera plustost de l'amertume que de la douceur: c'est vn bouquet qui se cueille au Caluaire, & non pas au iardin des delices. Ie le sçay bien (repart ceste ame enflámée du zele du S. amour) mais ie veux que mon bien aymé IESVS face sa demeure entre mes mammelles. C'est vn bouquet de myrrhe pour les ames froides & tepides en son amour, mais pour la mienne c'est vn bouquet composé des fleurs de toutes les vertus, & embaumé de tous les parfums, non de la terre, mais du ciel; ie le veux donc porter en mon sein, & iamais n'en retirer mon cœur, car c'est vn nard admirable qui l'embausmera tout de la souëfueté de son odeur precieuse. Sainct Bernard auoit en son oratoire vn faisseau de tous les instrumens de la passion, & l'appelloit, *Fasciculus myrrhæ, &c.* Ie veux à son imitation composer ce bouquet de myrrhe de tous les instrumens de la passion de mon Sauueur, ie prendray sa croix en ma main, & puis ie prendray sa couronne d'espines, ses fouets, ses clouds, sa lance, & arrouseray toutes ces fleurs du fiel & du vinaigre de sa passion : i'y adiousteray les fleurs de ses vertus heroïques, le lys de son innocence & pureté, la violette de son humilité & de sa patience, la rose de son amour, & les autres fleurs diuines, afin d'en composer vn bouquet de myrrhe, pour mettre dans le sein de mon ame, & iamais ie n'auray de contentement en ceste vie, qu'en la memoire de la mort & passion de mon Sauueur, de qui la passion est ma santé spirituelle, & la mort la vie de mon ame. Ce bouquet de myrrhe preseruera mon cœur de la corruptiõ du peché, il mortifiera tous mes sens & mes passions desreiglées, il m'inuitera à faire penitence de mes fautes, à tenir mon ame nette & incorruptible, en vertu de la myrrhe precieuse de la mort de mon Maistre, & fera que ie resisteray contre toutes sortes de vices & tentations mondaines, ne prenant plaisir qu'à mediter en la mort & passion de mon Espoux,

du Cantique des Cantiques. 63

à le contempler en la Croix couronné d'espines, cloüé de gros clouds tous sanglants, ayant le visage tout plein de crachats & de sang, la bouche pleine de fiel & de vinaigre, & le costé percé du fer d'vne lance, pour seruir de retraite salutaire aux ames fidelles & deuotes.

O MON DOVX IESVS mon amour, faites-moy ceste grace que i'entre dans vos sacrées playes, que i'y medite & contemple vos douleurs & mes douceurs, vos maux & mes biens, vostre mort & ma vie, vos passions & vos merites infinis: & puis qu'il vous plaist demeurer en mon sein, comme vn bouquet de myrrhe, faites que ie demeure en vostre costé precieux, comme vn bouquet de roses & de lys; que i'y sois vne belle rose rougissante par le merite de vostre sang; vn beau lys blanchissant par la candeur de vostre pureté tres-saincte, afin que ie sois en bonne & suaue odeur au Pere eternel, & que ie puisse dire auec sainct Paul, Nous sommes la bonne odeur de IESVS-CHRIST à Dieu. Et derechef, *Ie suis à mon bien aymé, & mon bien-aymé est à moy, lequel paist entre les lys & les roses.* & dans le secret de vostre cœur amoureux ie mediteray toute ma vie le mystere de vostre saincte mort, disant auec l'Espouse, *Mon bien-aymé m'est vn bouquet de myrrhe, il fera sa demeure entre mes mammelles.*

Botrus Cypri dilectus meus mihi, in vineis Engaddi.

Mon bien-aymé m'est vn raisin excellent cueilly aux vignes d'Engady.

L'ESPOVSE n'est pas satisfaicte d'auoir mis son bien-aymé dans son sein comme vn bouquet de myrrhe, si elle ne l'y met aussi comme vn bouquet de baulme, cueilly és vignes d'Engaddi, qui est vne bourgade située en la tribu de Iuda, où croist le baulme, laquelle est excellente pour la bonté des fruicts. Entendez que l'ame qui a long temps medité le mystere de la passion du fils de Dieu, doit aussi mediter celuy de sa saincte sepulture, & de sa glorieuse resurrection: la sepulture de nostre Seigneur est exprimée par le bouquet de baulme que l'Espouse veut mettre dans son sein, voulant

du Cantique des Cantiques. 65

mediter sur son sepulchre glorieux, & le voir embausmer par ses amys, & par sa chere amante Magdeleine : mais elle luy veut donner son cœur pour sepulchre amoureux & viuant, pource qu'il est le Dieu de la vie, l'ayant premierement embausmé des odeurs plus odorantes, plus souëfues & aromatiques, qui sont la foy, l'esperance, la charité, l'humilité, la chasteté, la patience, la mansuetude, & les autres senteurs & parfums qu'ayme son cher Espoux ; *Alors elle est à son bien-aymé comme vn bouquet de baulme* ; ou plustost, *son bien-aymé est pour elle vn bouquet de baulme*, parce qu'allant à son sepulchre auec la Magdeleine & les Disciples de IESVS, elle court apres la douceur de ses parfums, elle y va, non tant pour embausmer IESVS, que pour estre embausmée des odeurs de sa couche, non pour le faire reuiure par le baulme de son amour, mais pour ressusciter à l'odeur du baulme excellent de sa resurrection glorieuse. C'est pourquoy quelques-vns traduisent, *Mon bien-aymé m'est vn raisin excellent cueilly aux vignes d'Engaddi.* Ce raisin excellent & precieux, signifie la resurrection du fils de Dieu, lequel estant vn bouquet de myrrhe à l'ame par sa mort & passion, a esté fait pour elle vn raisin excellent par sa resurrection glorieuse: c'est pourquoy elle doit souuent mediter en ce tres-sainct mystere, afin que mourant auec IESVS, elle ressuscite auec IESVS, afin que mourant en elle, elle viue en luy, afin qu'estāt morte au monde, Dieu viue en elle & elle en Dieu, & qu'elle puisse dire auec l'Apostre, *Ie vis maintenant*, non ce n'est pas moy, *c'est Iesus-Christ qui vit en moy*; & derechef auec le mesme, *Ie suis morte, & ma vie est cachée auec Iesus-Christ en Dieu*. Ainsi sauourant interieurement ce doux raisin de la vigne celeste, elle pourra dire auec l'Espouse, *Mon bien-aymé est pour moy vn raisin excellent, cueilly aux vignes d'Engaddi*.

Ecce tu pulchra es amica mea, ecce tu pulchra es, oculi tui columbarum.

Voicy que tu es belle, ma mie, voicy que
tu es belle, tes yeux sont comme
ceux des Colombes.

L'Espovx ayant regardé son Espouse fort attentiue & recueillie en la meditation de sa mort & passion, & de sa resurrection, & autres mysteres, a commencé de luy parler au cœur par les inspirations de sa grace, & par les doux attraits de son amour, & là trouuant fort agreable à ses yeux, il ne sçauroit plus s'empescher de la loüer, disant, *Voicy que tu es belle, ma mie, voicy que tu es belle.* Ceste parole *voicy*, est fort energique, & comprend tousiours en l'Escriture de grands mysteres, & mesmes il la repete deux fois, possible pour marquer la beauté corporelle & spirituelle de son Espouse, la beauté de la nature & de la grace, ou bien la beauté qui resulte de l'action & de l'intention de l'ame, qui est l'ame de nos œuures. Et l'Espoux disant, *Voicy tu es belle, ma bien-aymée*, monstre non seulement que l'ame est belle, pource qu'elle est sa bien-aymée, (or elle est sa bien-aymée, pource qu'elle est en sa grace) mais il repete deux fois, *Tu es belle, tu es belle*, à sçauoir belle par creation, belle par redemption, belle en l'estat d'innocence, mais plus belle en l'estat de grace, où ie t'ay rachetée *& embellie* de mon propre sang, où ie t'ay parée des ornemens nuptiaux, où ie t'ay faicte par amour, non

Exposition mystique & morale seulement, ma fille & ma bien-aymée, mais aussi ma chere Espouse : O quelle beauté! ô quelle grace ! ô quelle faueur admirable!

L'E s p o v x adiouste encor, *Tes yeux sont comme ceux des Colombes* : Certes le diuin Espoux ne pouuoit mieux loüer les yeux de l'Espouse, que les comparant à ceux de la Colombe; laquelle estant posée sur la terre y seiourne fort peu de temps, & tandis qu'elle mange les grains qu'elle y recueille, il semble à chaque moment qu'elle s'en doiue enuoler en l'air, & mesmes en mangeant elle leue tousiours les yeux deuers le ciel. Ainsi l'ame amoureuse du celeste Espoux, ceste Colombe spirituelle, ne fait point son sejour en la terre, elle vole sans cesse dans le ciel, à la meditation & contemplation des diuins mysteres : & cependant qu'elle mange ou boit, ou dort, ou fait quelque autre actió necessaire à la vie humaine, elle a tousjours la pensée en son Espoux, elle a tousjours les yeux esleuez en celuy qui habite les cieux, & tousiours l'œil de son intention se tient fiché sur ce cher obiect de son cœur. *Ainsi les yeux de l'Espouse sont comme les yeux des Colombes.* Et mesmes cefte Colóbe myftique n'ayme à voler & se nicher QVE DANS LES TROVX DE LA PIERRE, qui eft IESVS CHRIST son Espoux, & dans *les cavernes de la mazure*, qui sont les sainctes playes du crucifié, c'eft son cofté precieux où cefte Colombe se repaift de son propre sang, c'eft son cofté qu'elle ayme vniquement, & qu'elle baise amoureusement, c'eft son sacré cofté qui eft la demeure de son cœur en ce monde, c'eft en ce lieu gracieux qu'elle a eftably sa retraicte ordinaire, disant auec le Prophete, I'ay veillé, & i'ay efté semblable au Pelican de la solitude, i'ay efté comme le Chathuan dans les mazures, & comme le Paffereau solitaire au toict, qui sont trois admirables retraictes pour la Colombe spirituelle, ausquelles elle peut exercer sa solitude, à l'imitation de son Espoux, lequel fut sur le mont Caluaire, comme le Pelican de la solitude, qui de son sang redonne la vie à ses petits ja morts: En sa Natiuité dans vne eftable deserte, il fut comme le hibou dans la mazure, pleurant & pleignant nos fautes & & pechez: Et au iour de son Ascension. il fut comme le Paffereau s'enuolant au ciel, qui eft comme le toict du monde.

Ainsi l'ame deuote & amoureuse de Dieu, ne doit point faire sa demeure en la terre, ains s'enuoler au ciel, où sejourne son Espoux, disant auec le Prophete, Qui me donnera des aisles de Colombe, & ie voleray dans le ciel, & me reposeray en Dieu, qui est le paradis de mon ame.

※※※※※※※※※※※※

Ecce tu pulcher es, dilecte mi, & decorus.

Voicy, ô mon bien-aymé, que tu es beau & de bonne grace.

TOVT le progrez de ce Cantique d'amour, n'est autre chose qu'vn Colloque de IESVS CHRIST auec l'Eglise, de IESVS auec MARIE, ou de Dieu auec l'ame. Or laissant bien souuent aux plus doctes le sens mysticque touchát l'Eglise & la Vierge, ie suiuray tousiours celuy qui concerne l'ame spirituelle & deuote, laquelle se voyant louée de son Espoux en la personne de l'Espouse qui luy a dit n'agueres: *Voicy tu es belle, ma mie, voicy tu es belle*, tes yeux sont comme ceux des Colombes: l'Espouse luy respond, *Voicy, ô* mon bien-aymé, que tu es beau & de bonne grace. Ce mot (Voicy) compréd vne beauté admirable en l'espoux: mais pourquoy est-ce qu'elle ne repete pas, Voicy tu es beau, Voicy tu es beau: Entendez (cheres ames) que dans les creatures, il y a plusieurs sortes de beautez, non seulement de la nature & de la grace, mais encor celles des vertus diuerses & autres dons qui tous procedét de Dieu: Mais en Dieu il n'y a qu'vne seule & simple beauté, qui comprend en son cercle infiny toutes sortes de vertus, graces & perfections: car Dieu est la beauté mesme, & la perfection mesme, & son essence est ceste beauté vnique, parfaicte, incomprehensible: c'est pourquoy l'Espouse sçauante aux diuins mysteres, dit seulement, Voicy mon bien-aymé, que tu es beau: Mais elle adiouste, Et de bonne grace, Possible pour signifier la beauté de son sacré corps, duquel parlant le Prophete, il dit, qu'il est beau sur tous les fils des hommes: Et certes le fils de Dieu (qui est la beauté mesme & la sapience eternelle, estoit si excellemment beau en son humanité venerable, & en tous les traicts de son visage Angelique & rauissant, qu'il ne pouuoit ietter les yeux sur vne personne humaine sans la transporter de ioye & d'amour, ou sans attirer son cœur à le suiure, ou bien sans accomplir des miracles en faueur du corps ou de l'ame, ou de l'vn & de l'autre ensemble. Et s'il est vray que la beauté humaine a vn tel empire sur les cœurs, que les hommes ont forgé vne Deesse de beauté & vn Dieu d'amour! hé quelle force merueilleuse deuoit auoir sur les cœurs cet admirable beauté: cet hôme Dieu, ceste sapience eternelle, ce grand Dieu d'amour, conuersant familierement auec les hommes?

O MON AME! que tu eusses esté heureuse de voir des yeux de ton corps ceste beauté rauissante! de voir de tes yeux ton Saueur, & l'embrasser comme vn autre Simeon, ha! quel souuerain bon-heur! quel excez de joye! quel transport & quel rauissement de voir celuy qui rauit tous les Anges à l'aspect de sa diuine face! Non, non, mon ame, n'en ayes point de regret, ou du moins te console en ceste pensée & croyance salutaire, que tu vois ceste saincte humanité dans le sainct Sacrement de l'Autel, tu la vois par les yeux de la foy, tu la touches auec les bras de tes
affe-

affections espurées, esperant la voir & l'embrasser vn iour au ciel en sa gloire.

AINSI l'Espouse disant à son bien-aymé, *Voicy que tu es beau & de bonne grace*; Nous marque la beauté de Dieu, qui est vne, simple & parfaite, & la beauté de son humanité sacree, laquelle est vn excellent object de sa beatitude: car les ames bien-heureuses auront la diuinité pour object beatifiant, & les corps glorieux, l'humanité de IESVS-CHRIST. Il est vray que ces deux beautez se peuuent exprimer par vn seul nom de beauté parfaite, à raison que le corps, l'ame & la diuinité conioints par hypostase, constituent vn seul IESVS-CHRIST, lequel selon la diuinité, est vne, simple & vniforme essence auec le Pere & le Sainct Esprit: & au lieu qu'au mystere de la saincte Trinité il y a trois personnes & vne seule nature ; au mystere de l'Incarnation il y trois natures & vne seule personne, qui est IESVS-CHRIST homme Dieu, *voicy, ô mon bien-aymé, que tu es beau & de bonne grace*. Ces loüanges que l'Espouse donne à l'Espoux luy sont fort agreables, d'autant qu'elle les profere de la langue du cœur aussi bien que de la bou-

D

che, laquelle loüange luy plaist merueilleusement. Ce qu'il sembloit vouloir tesmoigner, quand il disoit à l'Espouse: *Miel & laict est dessous ta langue*, pource qu'il ne suffit à l'ame d'aymer & loüer son Dieu de la langue, si elle ne l'ayme & le loüe en son cœur: verité qui me semble clairement demonstree en ce beau Cantique du Prophete Royal, où il inuite toutes les creatures du ciel & de la terre, de la mer & de l'air, à loüer Dieu le Createur, hors-mis le seul Arc-enciel, pour ce que ce n'est pas vne chose veritablement subsistante, & que ses couleurs sont fausses: Ainsi l'ame qui ayme Dieu, le doit loüer du profond du cœur esleué en luy, & non de la seule bouche, comme font les prophanes, de peur qu'vn oracle celeste ne fulmine contre elle ces paroles espouuantables; *Ce peuple m'honore des leures, mais leur cœur est bien loing de moy.*

Lectulus noster floridus, tigna domorum nostrarum cedrina, loquearia nostra cypreßina.

Voila nostre lict florissant, les cheurons de nostre maison sont de cedre & nos soliues sont de cypres.

Qvelques vns traduisent, nostre petit lict est florissant, pource que ceste saincte Amante parle à la façon des amans, en termes de mignardise, ou plustost à raison que Dieu seul doit estre vniquement aymé de l'ame, à laquelle il dict par son Prophete Esaye, *le lict est estroit*: Mais disons que l'Espoux est tellement à l'Espouse, & l'ame saincte si parfaictement vnie auec Dieu, qu'il ne faut pas trouuer estrange si elle parle en commun du lict & de la maison de son bien-aymé, puis qu'elle est tellement vnie à l'Espoux & l'Espoux auec elle, qu'elle peut dire, *Ie suis à mon bien-aymé & mon bien-aymé est à moy*, voila (dit elle) *nostre lict florissant*: or soit qu'el-

cieux de l'Espoux, ou de son lict Royal & glorieux, *c'est tousiours vn lict florissant*, il est tout parsemé de fleurs exquises, de lys, d'œillets & de roses, non pas de fleurs terrestres, mais des fleurs admirables de Paradis : ou si vous voulez, ces fleurs sont les vertus heroïques & diuines, si vous voulez ce sont les Anges, & si vous voulez c'est la saincte Vierge, ceste belle fleur de Iessé, ce beau lys Royal, & ceste rose d'amour, & tous les saincts & sainctes qui entourent le lict de l'Espoux: *Sa Maison Royale est de Cedre*, pource que c'est l'eternité : & celle de l'Espouse (entendue par son corps) *à ses solineaux de Cypres*, car il faut qu'elle meure & quitte ce monde & ce corps corruptible, auãt que d'entrer en la maison de Dieu, qui est l'eternité. Notez qu'elle dict *les solineaux de nostre maison*, pource que le corps de l'homme deuot est aussi bien le lict de l'Espoux que son ame. Mais disons mieux, que le lict de l'Espoux est son corps immortel, incorruptible & glorieux, *il est florissant*, car toutes les vertus s'y trouuent en leur perfection, & toutes les puissances Angeliques sejournent heureusement en ceste mystique maison,

du Cantique des Cantiques. 77

faite de Cedre, qui est vn bois incorruptible, pource que la mort ny la corruption n'a iamais peû s'approcher ny s'emparer du tres-sainct corps de IESVS, ie dy la mort & corruption du peché, ny de l'imperfection ny de l'ignorance: *son corps est un lict florissant*, où repose sa belle ame comme en vn Paradis, ainsi que ceste ame bien-heureuse repose au sein de la diuinité, à laquelle ce diuin corps est conioinct par hyposthase. Quant à la maison de l'Espoux, *faite de Cedre*, c'est la saincte Vierge qui a esté neuf mois la maison de IESVS-CHRIST, sans iamais auoir esté corrompue par aucun peché, ny par vne pensee impure ou parole vaine; & c'est celle de qui l'Eglise chante, vierge deuant l'enfantement, vierge en l'enfantement & vierge apres l'enfantement.

DISONS aussi que le lict de l'Espouse (qui est son corps) doit estre florissant, c'est à dire, parsemé & orné des fleurs des vertus, afin que son ame habite en ceste maison faite de bois de cedre, ainsi qu'en vn paradis, & que l'Espoux prenne son plaisir & ses delices dans ceste belle ame, qui est le lict de Dieu, comme le

D iij

corps est le lict de l'ame, tesmoin le Prophete, qui dit que les Saincts en la gloire de Dieu, se resiouyront en leurs licts, qui sont leurs corps glorifiez. Or le cœur chaste est proprement le lict de l'Espoux, c'est pourquoy il doit estre remply des fleurs odorantes des vertus: la foy, l'esperance, & la charité y doiuent estre, & fleurir en tout temps: l'humilité, la patience, la mansuetude, l'obeïssance, la pauureté spirituelle & les autres fleurs du iardin de la grace. Ainsi ce cœur plus Angelique qu'humain, estant paré de ces lys, œillets, roses, violettes, iasmins, & autres fleurs delectables, il sera le iardin des delices de l'Espoux, non pas vn Paradis terrestre, mais celeste, non pas vn iardin corporel, mais spirituel, ayant pour ses quatre fleuues les quatre vertus morales, les autres vertus pour les arbres & les fleurs du verger, & pour sa plus grande perfection & accomplissement, sera planté au milieu du iardin, l'arbre de vie, IESVS-CHRIST, personne moyenne en la tres saincte Trinité.

CHAPITRE SECOND.

EGO FLOS CAMPI,
& lilium conuallium.

Ie suis la fleur du champ,
& le lys des vallées.

Oicy vne loüange admirable que l'Espoux se donne luy-mesme, fort aduantageuse pour l'Espouse & les ames deuotes ses cheres compagnes. *Ie suis la fleur du champ* : Non, non (ma chere Espouse) non, non, mes cheres filles, ames simples, humbles & deuotes : Et vous encor (ames mondaines, & qui vous amusez apres les vanitez du siecle) Ne vous perdez point vainement dans les deserts de ce monde immonde, venez, venez toutes à moy, venez me cueillir au iardin de mon amour, au parterre de mõ Eglise, ie suis au iardin de mon amour, au moyé duquel ie me laisse prédre & cueillir

D iiij

par les mains de vos volontez desireuses de vostre salut; ie dis au par-terre de mon Eglise, qui est vn champ mystique où tout le monde aborde, & aucun n'en est rejetté; ie dy, toutes les ames qui veulent faire penitence de leurs fautes, & cueillir & les fleurs & les fruicts de mon amour. Ie ne m'appelle pas la fleur des iardins, pource que ie suis la fleur esclose d'vne Vierge, & de la verge de Iessé, sans peine & sans aucun trauail à l'enfantement: Mais ie me nomme *la fleur des champs*, à raison que ie me veux donner à tous ceux qui me voudront cueillir auec amour, pour me planter au sein de leurs ames. Ie me nomme, dis-ie, la fleur des champs, & non des iardins, pource que i'ay esté conceu du sainct Esprit dans la ventre virginal de ma mere, sans aucune œuure ny operation humaine ny charnelle, cõme la fleur des chãps germe sans aucune semence ny operation humaine, laquelle fleur a son Pere au Ciel, & sa Mere en la terre, comme Iesvs-Christ, selon la diuinité, a son Pere au Ciel, & selon l'humanité, sa Mere en la terre, qui est la Vierge, de laquelle le Prophete chante. *La terre a donné son fruict.* Mais sçachez aussi, que ie suis le lys des vallées: Ie ne permets pas aux orgueilleux de me cueillir, mais aux humbles; ie me donne franchement aux ames pures & nettes, qui sont les beaux lys de mon parterre celeste & les roses d'amour qui sont en bonne odeur à mon Pere eternel. Venez donc à moy (ames simples & deuotes) & ie vous donneray ma tres-saincte benediction qui vous fera produire les lys, les violettes & les roses, de la pureté, de l'humilité & de la charité, vertus qui me rendent vne ame parfaictement agreable.

OR D'AVTANT que plusieurs traduisent, *Ie suis la rose du champ, & le lys des vallées,* disons que c'est peut estre pour signifier les deux natures du fils de Dieu, à sçauoir sa saincte humanité par la rose, & sa diuinité par le lys, & mesmes par ces deux belles fleurs sa charité & son innocence admirable. Il est vray que nous pouuons dire auec quelques Docteurs, que par le lys est signifié l'vne & l'autre nature; à sçauoir la saincte humanité de IESVS par la blancheur du lys, & la diuinité par la fleur iaulne ou dorée, qui est comme cachée au milieu du lys, parce qu'elle ne se faisoit point voir & paroistre aux hommes, sinon par les miracles, &

D v

ne s'est manifestée qu'vne seule fois en sa vie en se transfigurant sur le mont de Thabor deuant trois Apostres.

O DIVIN ESPOVX la fleur du iardin de l'eternité, & le lys rauissant de mon ame, quand sera-ce que vous viendrez vous planter au milieu de mon cœur par la main de vostre amour? quand sera-ce (ô viuante fleur) que vous viendrez en la terre de mon ame, pour la rendre fertile en fruicts de iustice, de paix, & de charité? quand sera-ce (ô lys royal & diuin) que vous viendrez fleurir en mon cœur, ou bien faire refleurir mon cœur, & embaumer toutes mes affections & puissances de l'odeur de vostre grace? Et puis qu'il est vray (cher Espoux) que vous vous plaisez tant au *lict fleury* de l'Espouse; Venez, venez vous-en dans mon cœur, qui est le lict de vostre sainct amour, & vous y ferez refleurir les fleurs des vertus, que vostre absence a laissé fanir & flestrir. Reuenez, reuenez, mon soleil, redonner la vie aux plantes de mon ame, afin qu'elles vous rapportent des fruicts de iustice en ce monde, & de gloire en l'autre.

Sicut lilium inter spinas, sic amica mea inter filias.

Comme le lys est entre les espines, ainsi est ma bien-aymée entre les filles.

L'ESPOVX non content de s'estre comparé au lys des vallées, a comparé son Espouse au lys: pour enseigner aux ames (qui veulent espouser IESVS-CHRIST par foy & par amour, qu'elles doiuent estre de beaux lys, lys de chasteté, lys d'humilité, & roses d'esperance & d'amour, afin de se transformer par le moyen de ces belles vertus en leur Espoux tres-aymable: c'est pourquoy il dit, *Comme le lys & la rose est entre les espines, ainsi est ma bien-aymée entre les filles*; comme s'il disoit, Encor que l'ame qui m'ayme soit enuironnée de personnes vicieuses & meschantes (qui sont des espines) elle doit demeurer sans espines, c'est à dire, ne point contracter leurs vicieuses actions & inclinations mauuaises: mais demeurer tousiours vn beau lys entre les espines du vice & de la mort.

Ov BIEN si vous voulez vn sens plus selon mon cœur, c'est que l'ame qui ayme Dieu est *vn lys entre les espines*, en ce que pour viure deuotement & chastement, il faut necessairement qu'elle esprouue & ressente les espines des tentations, des tribulations & afflictions corporelles & spirituelles, & qu'elle souffre patiemment ces espines pour l'amour de son Espoux qui a enduré pour elle vne couronne d'espines en son chef, afin de luy monstrer l'exemple de faire de mesme, pour receuoir vn iour de sa main la couronne de gloire.

MAIS ie me plais si fort dans ce iardin spirituel, parmy ces beaux lys odorans de l'Espoux, que ie n'en puis sortir qu'apres vous auoir dit que ce beau lys qui est entre les espines, sans qu'elles endommagent ou alterent sa beauté, sa blancheur ny son odeur, c'est la saincte Vierge, mere de ce diuin Espoux, *Comme le lys est entre les espines, ceste bien-aymée de Dieu est entre les filles* : toutes les ames sainctes & deuotes sont des espines au respect de ce beau lys d'innocence & de perfection, en ce qu'elles sont conceuës en peché originel, & non ceste Royne du Ciel, par vn special priuilege de Dieu.

ET POVR sortir plus content de ce iardin de lys & de roses, permettez moy d'esclorre encor vne fleur de ma pensée, en faueur de ceste belle fleur virginale, sortie de la racine de Iessé: Ie veux dire que la Vierge Mere de IESVS, assistant à la mort tres-cruelle de son cher & vnique enfant, comme il enduroit vn martyre corporel, elle en souffrit vn spirituel en son cœur que le glaiue de douleur fendit par le milieu: les espines du chef de son fils estoient fichées dans son entendemét, ses clouds dans son imagination, toutes ses playes dans son ame, & le coup de la lance (qui fit ruisseler le sang & l'eau pour le bien de toutes les ames) fit seulement du mal à la sienne en luy perçant le cœur, lequel bien qu'il fust mort aux choses du monde, estoit bien viuant pour sentir les douleurs de sa mort & passion: Et combien qu'il y eust sous la croix du Sauueur plusieurs personnes, & notamment plusieurs Dames affligées de la mort de leur Espoux, si est-ce qu'au respect de la mere de IESVS, nous pouuons dire que leurs peines estoient des roses, & les siennes seulement des espines, c'est pourquoy le diuin Espoux eust bien peu dire d'elle,

Comme la rose est entre les espines, ainsi est ma Mere bien aymée entre les filles.

Sicut malus inter ligna siluarum, sic dilectus meus inter filios.

Comme vn pommier est entre les arbres des Forests, ainsi est mon bien aymé entre les fils.

L'Espouse seconde icy les loüanges de son Espoux, lequel vient de luy dire, *Comme la rose est entre les espines, ainsi est ma bien-aymee entre les filles*: & l'Espouse dict icy, *comme vn pommier est entre les arbres des forests, ainsi est mon bien-aymé entre les fils*.

Iesvs-Christ est nommé en l'Escriture fils de l'homme, non tant pour l'excellence & dignité de sa nature, estât parfaict en beauté (comme dit le Prophete sur tous les fils des hommes) que pour estre né de la vierge Marie, & aussi pour marquer l'humiliation de Dieu mesme. Or l'Espoux auoit accomparé son Espouse au lys ou à la rose, qui sont des fleurs de soüefue odeur, mais qui ne portent aucun fruict ; Pour nous enseigner que l'ame ne peut produire aucun fruict sans la rosee de sa grace & sans le Soleil de son amour. Mais l'Espouse à iuste cause compare icy son bien-aymé au pommier, d'autant qu'il est l'arbre planté au milieu du Paradis, arbre de vie rapportant en tout temps toutes sortes de fruicts, de iustice, de paix, d'amour & de gloire: Tout ainsi que le pommier signifie tout autre arbre, & la pomme toute sorte de fruict: Mais ce pommier mystique est (dit l'Espouse) *entre les autres arbres des forests*, qui ordinairement ne portent aucun fruict : pource que tous les Anges, les saincts & les ames fidelles sont des arbres des forests, sont des arbres infertiles, ils ne rapportent aucunes fueilles de sainctes paroles, aucune fleur de bonne pensee ny aucun fruict de bonnes œuures que par la grace de IESVS-CHRIST: Pommier mystique, lequel se peut dire seul absolument porter de bon fruict : ainsi l'Espouse loüe conuenablement son Espoux, disant, *comme le pommier est entre les arbres de la forest*, ainsi est mon bien-aymé entre les fils, comme si elle disoit, non seulement mon Espoux est tres-beau entre tous les fils des hommes, non seulement il est beau de corps & d'ame; mais il est le bel arbre de vie planté au Paradis de l'essence diuine, au milieu de la saincte Trinité: c'est l'excellent pommier rapportant toutes sortes de fruicts pour la vie eternelle des Anges & des ames bien heureuses, au respect duquel tous les autres arbres raisonnables & intelligibles (qui sont les saincts & les Anges) *sont des arbres des forests*, infructueux & inutiles au iardin celeste, sans sa grace & son amour, qui est la racine de leur iustice & de leur gloire.

Sub umbra illius quem desideraueram sed
& fructus eius dulcis gutturi meo.

Ie me suis reposee soubs l'ombre de celuy que ie desirois, & son fruict est doux à mon palais.

Qv'est-ce, qv'estre assis à l'ombre de Dieu, sinon estre mis en la garde du Tres-haut, comme le Prophete qui disoit, *scapulis suis obumbrabit tibi, & sub pennis eius sperabis*, & encores ailleurs, *vous les cacherez dans le secret de vostre face*, & comme l'ombre est l'effect du corps, ainsi la protection est l'effect de la grace de Dieu, qui est le Soleil de la gloire. Le Prophete Elie se reposoit à l'ombre d'vn genieure, & l'Espouse repose à l'ombre d'vn pommier, lequel est si excellent, si gracieux & si delectable, non seulement au goust, mais aux yeux de l'ame saincte, que l'Espouse le voyant & contemplant auec les yeux de son amour, est doucement contrainte de se coucher à son ombre aymable : ha quelle ombre fraiche contre la chaleur du iour ! ha ! quelle ombre gratieuse contre les ardeurs violentes de l'Esté ! N'est ce point cet ombre que souhaittoit l'Espouse, quand elle disoit à son Espoux, enseignez moy (ô le bien aymé de mon ame) où vous paissez & reposez à l'ombre à midy ? ha ! quelle ombre admirable pour l'ame, puisque c'est la grace du Tout-puissant, & ce pommier la Croix de mon IESVS ? ha ! ie ne m'estonne pas si ceste ombre luy plaist tant, puisque c'est le Verbe diuin obombré au ventre de la Vierge, lequel se nomme pommier, à cause de sa Croix où il a esté attaché comme le fruict de vie, afin que les ames se puissent reposer à l'ombre de cet arbre, & manger & sauourer le doux fruict de leur redemption, cóme le bó larron, qui estant touché & receuát l'ombre du corps de IESVS fut conuerty à Dieu. Ha, qu'il y a long temps que l'ame desiroit ce fruict ! & quel sera le goust & le plaisir qu'elle aura de le posseder & le manger, puisque l'exces du desir augmente la ioye qu'on a dans la possession de la chose aymee.

Ie me suis assise & reposee soubs l'ombre de celuy que ie desirois, & son fruict est doux à mon palais. Il estoit defendu à nos premiers parens de cueillir & manger la pomme de l'arbre de science au Paradis terrestre, de peur d'encourir la mort: Mais cette saincte Espouse peut & veut aussi cueillir & manger la pomme de vie en l'arbre de la Croix, qui est le fruict de la mort & passion du Redempteur du monde: *ie me suis* (dit-elle) *assise*, afin de me reposer, & me suis reposee en Dieu mon Sauueur & mon salutaire à l'ombre de sa misericorde, à l'ombre de celuy ie desirois tant, pource que sans luy mon ame ne pouuoit esperer de salut & de vie; *& son fruict est doux à mon palais*: fruict de vie, fruict d'amour & de consolation. Ie croy bien (chere Espouse,) car si l'ombre du pommier (qui est la grace & l'esperance fidelle) est si douce à ton cœur, au palais de ton ame, quel doit estre le fruict procedant de cet arbre de vie, qui est le merite de son sang, le merite de son amour & la douceur eternelle de Paradis?

QVE PENSEZ vous de ce mystere? (ames deuotes) pour moy, il me rauit hors de moy-mesme, & ne puis (bien que i'y pense souuent) trouuer vne autre porte de Paradis que le costé de mon Sauueur: Sçachez aussi, & l'esprouuez par experience, que la Meditation de la Croix & Passion du Fils de Dieu, est la plus seure voye pour arriuer à la montagne de la contemplation. C'est ceste montagne de myrrhe & cette colline d'encens, où monte l'Espouse auec son cher Espoux: c'est ce mont de Caluaire où les vrais amans de Dieu s'acheminent par les degrez de l'Oraison & par ceux des affections du sainct amour, afin d'aller apres l'Espoux au mont de Thabor, où ils seront spirituellement transfigurez auec luy. *Ainsi, cheres ames, le fruict qui semble si doux au palais de l'Espouse*, c'est la meditation de la mort & passion du Fils de Dieu, c'est le mystere de ses douleurs, qui engendrent en l'ame des gousts & des douceurs ineffables, ou bien c'est ce fruict amer à la bouche & doux au cœur; amer, dis-je, à sauourer en la bouche de la meditation, mais tres-doux en la bouche du cœur, dans la contemplation du Verbe eternel, qui engendre de tels gousts & contentemens au cœur

du Cantique des Cantiques.

de l'Espouse, qu'elle se vante incontinant apres, *que son Espoux l'a menee dans ses celiers à vin* : ces celiers sont les sacrees playes de IESVS, c'est son costé ouuert par la lance où elle gouste les vins de son amour, si excellens & si delicieux, qu'elle tombe dans vn enyurement spirituel, disant à ses filles, toute pleine de ioye & de saincte Iubilation, *il m'a menee en ses celiers, nous nous resioüirons en vous, en souuenance de vos mammelles qui sont meilleures que le vin.*

Introduxit me in cellam vinariam.

Il m'a monée au celier de son vin, & a desployé sur moy l'estendard de son amour.

LES GOVSTS du fruict de la passion du Sauueur, & les vins que l'Espouse a sauourez dans ses sacrées playes, sont si doux & si rauissans qu'ils engendrent des manies ou fureurs, & des changemens admirables en l'ame amante, & comme si elle estoit yure d'amour, elle parle ainsi à ses compagnes, *Il m'a menée au celier à vin, & a desployé sur moy l'estendard de son amour.* Ailleurs elle dit, *Le Roy m'a menée*; icy elle dit seulement, *Il m'a menée.* Dieu seul peut introduire l'ame dans le celier des diuins extazes. C'est aussi la coustume des amants de se figurer dant l'excez de leur passion, que toutes les personnes sçauent aussi biē qu'eux le nom de la chose aymée, comme la Magdeleine, laquelle pour s'enquerir où estoit son cher amant & son Maistre, disoit seulement, *Dittes moy où vous l'auez mis.* Et c'est comme le Prophete, qui dit, *I'ay aymé* (à sçauoir, mon Seigneur & mon Dieu) *& pource il exaucera la voix de mon oraison.* Et l'Espouse dit, *Il m'a menée au celier de son vin*, c'est à dire, il m'a donné des sainctes iubilations, des gousts à la bouche de mon cœur, & de si grandes ioyes à mon ame, que le vaisseau renuersant par dessus en a fait rejallir quelque goutte iusqu'aux sens, de sorte que ie pouuois dire auec le Prophete, *Mon cœur & ma chair se sont resiouys au Dieu de la vie.* L'Espouse dit aussi, *que son bien-aymé a desployé sur elle l'estandart de son amour.* Et quel est ce bel estandart sinon sa croix triom-

du Cantique des Cantiques. 95

phante, auec laquelle il a vaincu Satan & le monde? mesme il a imprimé le caractere de ceste saincte Croix dans le cœur de l'Espouse, afin que par ce signal de la vie elle peust vaincre la mort & l'enfer, afin que par ce glorieux estandart de la charité elle peust vaincre ses ennemys mortels & spirituels, ainsi que le grand Constantin surmonta les siens corporels, par le signe de la Croix apparoissant au ciel, par lequel il remporta sur eux la victoire. Ou bien si vous, voulez l'Espouse a receu dans son cœur l'estandart du sainct amour, le caractere de la Croix de Iesvs, comme receut vn iour la bien-heureuse Claire de Monte-falco, ou bien comme sainct François, ou saincte Catherine de Sienne: ou plustost elle receut ce glorieux signal de la mort de Iesvs, & de la vie de son ame, comme la saincte Vierge mere, laquelle estant sous la Croix, enduroit vn martyre spirituel en son cœur, en la contemplation de la mort & passion de son fils vnique & bien-aymé.

Mais auant que passer outre, faisons ie vous supplie, vne petite station auec l'Espouse dans ce celier de l'Espoux, afin de mediter sur les sacrées iubilations, qui sont les ioyes & delices des Anges, & les sainctes exultations des ames fidelles & deuotes. Le Prophete dit, Bien-heureux est le peuple qui entend la iubilatiõ. Le grand Prestre Hely l'entendoit bien, quand il disoit à la mere de Samuel qu'elle estoit yure, pource qu'elle prioit au Temple auec ferueur extreme. Certes l'ame religieuse estant entrée en ce celier de l'Espoux, est toute rauie de ioye & d'amour; elle deuient incontinent yure de ce vin delicieux qui possede les esprits d'vne saincte folie, alors ils ne sçauent ce qu'ils veulent & ce qu'ils disent; mais aussi (mon Seigneur) ils ne veulent autre chose que vous, puis qu'ils iouïssent si delicieusement de vous; ils ne disent autre chose en leur cœur, & ne veulent nommer (ô doux IESVS) que vostre tant beau & tant aymable nom, qui leur est du miel tres-doux en la bouche, & du vin amoureux en l'ame; ils vous conçoiuent bien dans leur cœur rauy d'amour, mais leur langue liée aussi bien que les autres sens, ne peut qu'auec peine proferer ce doux nom de IESVS, & cét aymable nom D'AMOVR, ils voudroient bien grauer ce saint nom dans tous les cœurs,

ils

ils voudroient declarer combien vous estes aymable, mais ils ne peuuent: ils voudroient crier tout haut, & annoncer clairement à tout le monde vos perfections, vos amours & vos bontez admirables & ne le peuuent faire: ils voudroient faire voir à tous combien ils vous ayment, ou plustost combien vous les aymez; mais leurs sentimens sont liez & rauis dans l'excez de ceste admirable consolation, leur langue est attachee aussi bien que leur cœur à l'aymant de vostre amour, qui leur empesche de le pouuoir dire, c'est beaucoup s'ils le peuuent seulement penser. O saincte & desirable folie! pleust à Dieu que mon ame en fust souuent possedee, pour n'auoir autre object en mon cœur que son sainct amour, en l'ame que l'admiration de sa gloire, & en la bouche que ses loüanges & benedictions: Ceux qui en sont viuement touchez iroient volontiers par toute la terre, preschans & anonças tout haut les loüanges, les amours & faueurs du Roy celeste, & c'est ce qui me faict moins estonner d'vn si grand nombre de martyrs, qui deuoient estre embrazez de ce grand zele d'amour: Ie le redis encor, ces personnes

E

ainsi touchees, mourroient volontiers en cet excez, pour la gloire de Dieu, elles mourroient constammét martyres du diuin amour, elles voudroient grauer dans toutes les ames ce sainct amour au prix de leur mort; ha! que ceste mort viuifiante leur seroit douce & gracieuse! Et comme les personnes enyurees de vin, souuent ne sentent pas les maux qu'on leur faict: Ainsi les ames enyurees de ce vin celeste, ont le sentiment si fort attaché à l'object de leur amour, que les plus grandes douleurs sőt pour elles des douceurs, & leurs corps (qui souffriroient aysement la mort & le martyre) sentent fort peu les peines de ceste miserable vie. Et quát à ce qu'elles ne peuuent declarer celles de leur amour, encor qu'elles s'efforcent de le dire à la saincte cause d'iceluy; c'est comme ces amans du monde qui disent brusler d'amour pour leur sujet aimé, & ne peuuët exprimer leur passió par la parole (ORDINAVIT IN ME CHARITATEM.)

OR D'AVTANT que la plus-part des Peres traduisent, *il a ordonné en moy la charité*, au lieu que i'ay dict, *il a planté en moy l'estendard de son amour*: disons quelque chose de ceste belle ordonnance diuine, laquelle l'Espoux a faite en l'ame amante dans le celier, & veut qu'elle la mette en œuure hors le celier, il a ordonné en moy la charité. Voicy l'ordre conuenable de la charité parfaicte, Aymer Dieu de tout son cœur & son prochain comme soy-mesme: or il faut premierement aymer Dieu, & toutes choses en Dieu, & Dieu en toutes choses; il faut disje premierement aymer Dieu, puis nostre ame, puis l'ame du prochain, puis nostre corps, puis le corps du prochain, puis nostre hôneur, puis celuy du prochain, puis nostre bien temporel, puis le bien du prochain; mais toutes ces choses doiuent estre aymees en Dieu, aymant Dieu seul pour l'amour de luy, & toutes choses pour l'amour de Dieu; afin que nous puissions dire auec l'Espouse, *il a ordonné en moy la charité*: Or ceste ame, au lieu qu'auparauant qu'estre introduitte dans le celier de Dieu, elle estoit comme vne personne yure, n'ayant soin que de son salut propre, alors comme vne personne prudente & illuminee de la sapience diuine, elle veut prendre vn soing pareil des autres, & sortir du celier de l'Espoux, pour aller dans le monde accomplir le ministere des Anges.

Il est vray (cheres ames) la montagne de contemplation est fort belle, agreable & fertile en fruicts de grace, d'amour & de vertus: heureux qui s'efforce d'y monter par les degrez de la meditation, mortification, & sur tout par l'efficace des inspirations diuines: plus heureux est celuy qui est arriué en ceste plaisante demeure & sacré tabernacle; mais tres-heureux est celuy qui ne demande pas d'y faire des tabernacles, comme sainct Pierre tout rauy hors de luy mesme: ains plustost auec vn vray zele d'amour pur, discourt auec Iesvs-Christ, du salut des ames, comme faisoient Moyse & Elie. Iesvs (mes cheres ames) fut transfiguré sur la montagne de Thabor, qui signifie la contemplation; mais il descendit apres en Hierusalem pour aller souffrir la mort pour le salut du monde. Ce n'est pas assez d'estre rauy auec Moyse sur la montagne, & parler à Dieu face à face; il faut descendre auec le mesme Prophete, pour aller communiquer aux ames le fruict sauoureux de ceste contemplation merueilleuse. L'Escriture dit que Marie auoit choisi la meilleure partie, qui est la contemplatiue, laquelle ne luy sera point ostée : il est vray, c'est la plus excellente portion ; mais celle de Marthe est bonne & vtile, qui est la charité entendue par la vie actiue, laquelle nous oblige par vn zele amoureux & parfaict, de prendre soin des ames, de procurer leur salut, de les illuminer, les purifier, les eschauffer des lumieres, puretez & sainctes ardeurs lesquelles il a pleu à Dieu nous communiquer sur la montagne de l'oraison & contemplation : C'est vn beau sacrifice que l'Oraison, par lequel l'ame donne son cœur à Dieu, mais celuy du zele & de l'amour du prochain est encores plus excellent, veu que par iceluy l'ame se donne aux ames pour l'amour de Dieu, aymant Dieu en elles & elles en Dieu, & comme dict vn grand Docteur de l'Eglise, le plus agreable sacrifice que l'ame puisse offrir à Dieu, est le zele des ames. Mais imposons silence à cet amoureux sujet, pour escouter la voix languissante de l'Espouse, laquelle ressentant l'effect de ceste passion sacree, demande des fleurs & des pommes à son Espoux, pour conforter & consoler sa pauure ame malade.

Fulcite me floribus, stipate me malis, quia amore langueo.

Entourez-moy de fleurs, & me confortez de pommes, car ie languis d'amour.

L'ESPOVSE ou l'ame deuote estant sortie du celier à vin, auquel son Espoux l'auoit menée, est tellement imbuë & enyurée des douceurs & suauitez de son amour, que le vaisseau de son cœur en regorgeant, & son ame estant doucement vaincuë par l'impuissance de demeurer en elle, languit & pasme d'excez d'amour, bref elle est malade de ceste passion sacrée. Et comme c'est l'humeur des malades & des amants, d'aimer les fleurs & les fruicts, il ne faut pas s'estonner si ceste saincte Espouse en demande icy, puis qu'elle est amante & malade tout ensemble, & malade du diuin amour. Et comme les amants du monde ont ordinairement toutes leurs actions malades, notamment aux premiers accez de leur passion: ainsi ceste amante sacrée est toute languissante, & semble qu'il ne luy reste plus de force qu'en la voix, pour luy faire dire à son bien-aymé, *Entourez-moy de fleurs, & me confortez de pommes, car ie languis d'amour.* Aucuns s'imaginent qu'elle parloit à ses filles, ce qui seroit plus vray-semblable au sens literal, il est vray que par ces fleurs elle leur demandoit possible quelques paroles de consolation, ou bien les coniuroit de luy nommer & redire souuent le sainct nom de son bien-aymé IESVS, qui est vne grande consolation pour celles qui ayment, d'entendre parler de leur cher object. Les autres veulent que l'Espouse parloit aux Anges, leur disant, *Annoncez à mon bien-aymé que ie languis pour son amour*, les coniurant *de l'appuyer de fleurs*, c'est à dire, de l'esperance de voir vn iour son bien-aymé, & de la conforter de pommes, par le mesme espoir de ioüyr vn iour des fruicts de son amoureuse vnion, qui sont la charité, la paix & la ioye au sainct Esprit. Mais il me semble qu'il est plus à propos de dire que l'Espouse parle à son bien-aymé, duquel ayant receu la playe amoureuse, elle en attend la guerison de luy seul, & ainsi s'addresse à luy & luy demáde des fleurs:

E iiij

Et comme la version ordinaire dit, *Appuyez-moy de fleurs*, ce sens nous fait cognoistre qu'elle ne cherche autre consolation qu'en son Espoux, *qui est la fleur du champ, & le lys des vallées*, desirant passionnement ESTRE APPVYEE SVR SON BIEN-AYMÉ, COMME CELLE QVI MONTE DV DESERT ABONDANTE EN DELICES. Et ces fleurs qu'elle demande, c'est aussi la grace de penser tousiours en luy, de l'auoir tousiours en sa memoire, & ne perdre iamais de veuë son amoureuse presence. Les pommes qu'elle luy demande sont les œuures de sa grace & de son amour, qu'elle souhaitte d'accomplir auec vn grand zele, & luy semble que son affection seroit contente, si elle auoit rendu quelque bon seruice à son cher Espoux, qu'elle appelle par fois son cher Maistre, à l'imitation de la Magdeleine, ceste parfaicte amante de IESVS CHRIST. Or ce desir de ces fleurs & de ces pommes augmente encore son amour, la rend malade & la fait languir : mais à parler sainement, ceste langueur n'est autre chose qu'vn grand & violent desir d'estre aymée de son Espoux, d'estre consolée de luy, d'estre recueillie en luy, de se reposer en luy d'estre vnie auec luy, & se rauir toute entre les bras de son Dieu, comme elle sera bien-tost: car la maladie s'est desia tournée en langueur, & ceste langueur se terminera sans doute en la mort: mais ne vous affligez point (ames deuotes, ses cheres & bien-aymées compagnes) ceste langueur n'est pas mortelle, ou bien ceste mort n'est qu'vn sommeil: Et comme disoit nostre Seigneur du Lazare, Il dort, parce qu'il deuoit estre par luy resueillé, & tiré du lict du sepulchre; ainsi ce mystique dormir est la guerison de l'ame aussi bien que du corps, bien que l'vn soit bien different de l'autre. Mais faisons silence de peur d'interrompre le doux sommeil de l'Espouse, qui toute languissante d'amour se laisse tomber comme esuanouye entre les bras de son Espoux, afin d'acheuer de mourir en elle, & commencer à viure en son sujet aymé. Or il faut remarquer qu'il y a difference de la pamoison spirituelle & corporelle: en la corporelle l'ame a perdu toutes les fonctions des sens & puissances: & en la spirituelle elle perd seulement celle des sens qui sommeillent, mais l'autre ne fut iamais si esueillée qu'elle est alors pour son Dieu.

*Læua eius sub capite meo, & dextera illius
amplexabitur me.*

Que sa main gauche soit sous mon chef,
& que de la droicte il m'embrasse
estroitement.

IL Y A DIVERSES opinions touchant les mains ou les bras attribuez à Dieu en ce lieu-cy; aucuns entendent par le gauche la misericorde, & par le droict la iustice, laquelle se ioignant par vn mystique baiser auec la paix, elles embrassent l'ame deuote en la personne de l'Espouse, tandis que le bras de l'amour ou de la misericorde sert d'oreiller à son chef, qui est la partie superieure de l'ame. Ou bien la main gauche de l'Espoux signifie les benedictions temporelles, & la droicte les spirituelles qu'il respand liberalement aux hommes. Ou bien il embrasse l'Espouse du bras dextre, lors qu'il luy fait produire & accomplir les œuures de la grace, dignes de la vie eternelle; & l tient son bras gauche soubs le chef de

du Cantique des Cantiques. 107

l'Espouse, lors qu'il la gouuerne de sorte par la main de sa misericorde, qu'elle se retire des occasions qui luy pourroient faire offencer son Espoux, pour l'amour duquel elle ne doit apprehender au monde nul autre enfer que celuy du peché. Aucuns estiment que par le bras gauche de Dieu sont entendues les afflictions & tribulations, desquelles il touche l'ame par vn excez d'amour; & par la dextre auec laquelle il l'embrasse, sont signifiées les consolations & ioyes spirituelles, desquelles ce bon Dieu fauorise l'ame sa fidelle Espouse, lesquelles afflictions sont plus salutaires à l'ame que les consolations, suiuant cét oracle de Dauid, *Cadent à latere tuo mille, & decem millia à dextris tuis, ad te autem non appropinquabit*; ou bien l'Espouse disant *Laeua eius sub capite meo, & dextera illius amplexabitur me*; elle souhaitte l'embrassement de son bienaymé, qui est l'extaze & le rauissement, ayant desia gousté quel est le repos spirituel, quels les gousts spirituels, l'enyurement, les langueurs, & l'allegresse spirituelle: & pour mieux sauourer les douces pasmoisons du baiser & embrassement de son Espoux, elle ne veut point d'autre lict

E vj

royal, ny d'autres oreillers de senteur que ses bras amoureux, & ainsi le coniure de l'embrasser de sa dextre, & appuyer son chef de la senestre, pource qu'elle defaut & languit, & meurt d'amour *si elle n'est appuyée sur son bien-aymé.*

⁂⁂⁂⁂⁂⁂⁂⁂⁂⁂⁂⁂

Adiuro vos (filiæ Hierusalem) per capreas, cernosque camporum, ne suscitetis, neque euigilare faciatis dilectam quoadusque ipsa velit.

Ie vous adiure, filles de Hierusalem, par les cheures & par les cerfs des champs, que vous n'éueillez ny faciez éueiller ma bien aymée, iusques à ce qu'elle le vueille.

L'Espouse estant doucement endormie entre les bras du celeste Espoux, dans le lict nuptial du sainct amour, il est luy mesme si content, voire si jaloux du bon-heur de son Espouse, qu'il defend à toutes les creatures de s'en approcher, ny de l'éueiller de ce sommeil amoureux & delicieux: car ce parfait amant estant

du Cantique des Cantiques.

par ce mystique dormir parfaitement uny auec elle, & elle auec luy, elle peut dire; *Ie suis à mon amy, & mon amy est à moy*: de sorte que Dieu estant venu en l'ame, l'ame s'est toute escoulée en Dieu, estant si intimement vnie auec luy qu'elle est faite vne mesme chose: car celuy (dit l'Apostre) qui adhere à Dieu, est fait vn mesme esprit auec Dieu. Ceste coniuration de l'Espoux faite par ces animaux champestres & solitaires, nous declare le bon plaisir que Dieu prend en l'ame qui ayme la solitude, & qui n'ayme que luy seul. Or tandis que ceste ame dort spirituellement, ie dy spirituellement pour le monde, elle est tellement esueillée pour son Dieu, qu'elle peut dire, *Ie dors, & mon cœur veille*: & ce dormir nous represente le plus grand repos qui se puisse imaginer au monde, c'est le repos des puissances de l'ame, & le veiller du plus intime de son essence: car les puissances sommeillent & n'operent point en l'ame, sinon pour Dieu qui luy faict gouster le fruict secret d'vn silence amoureux & d'vne paix profonde, laquelle communique mille sortes de biens à son cœur: Ainsi Dieu cognoissant absolument le grand profit que l'ame retire de ceste quietude, ne veut pas que l'on resueille son Espouse iusques à ce qu'elle le vueille, c'est à dire, iusqu'à ce qu'elle se resueille d'elle-mesme, ce qui se fait quasi insensiblement auec vne grande paix, douceur, & suauité, par la iuste permission de son Espoux, sans laquelle elle ne voudroit iamais s'éueiller d'vn sommeil si doux & si rauissant, lequel au lieu qu'il luy fait du bien par sa briefueté momentanée, s'il duroit plus long-temps la feroit sortir du corps selon l'essence, aussi bien qu'elle est esleuée & rauie en Dieu, selon la puissance de l'esprit & l'affection du cœur. O Dieu! quelle douce mort ce seroit pour ceste ame, d'estre separée de son corps pour viure en IESVS-CHRIST. O IESVS! quel glorieux changement, de changer l'estre naturel au sur-naturel, & la grace en la gloire! Mais il n'appartient pas à toutes les ames de mourir de la mort du baiser, ce priuilege est reserué pour la seule Espouse de Dieu.

Ainsi tandis qu'elle sommeille au lict du Roy, l'Espoux defend à toutes les creatures de l'esueiller iusqu'à ce qu'elle s'esueille d'elle mesme. *Ie vous adiure, fil-*

les de Hierusalem *, par les cheures & par les cerfs des champs, que vous n'esueillez ny faciez esueiller ma bien-aymee iusqu'à ce qu'elle le vueille.* O merueilles du diuin amour, de laisser à la disposition de l'ame, la liberté de dormir tant qu'il luy plaist entre les bras de Dieu! ouy, car elle est libre en ses operations, & le seul peché la peut separer de son souuerain bien.

Or l'Espovx parle icy aux filles de l'Espouse, ou bien aux Anges, & les coniure par les cerfs & par les cheures des champs, de ne la point resueiller: les cerfs signifient les Anges, qui demeurent dans les champs du ciel empyré & de l'eternité, & les cheures les Pasteurs de l'Eglise, ou bien les mesmes intelligences, qui sont promptes, legeres & subtiles en leurs operations, comme si elles auoient des aisles: Or l'Espoux adiure les filles & compagnes de l'Espouse par les Anges, de la laisser dormir entre ses bras, parce que ce sont bien souuent les Anges qui l'incitent & prouoquent à ce doux sommeil, & les y peuuent maintenir selon l'ordonnance de la premiere cause. Et d'autant que les mauuais Anges ou les passions humaines, ou les affectiõs, du monde pourroient interrompre le sommeil de l'ame, laquelle se diuertit aisement de la meditation & contemplation des choses celestes; c'est pourquoy l'Espoux coniure les Anges de ne la resueiller de ce dormir agreable & vtile pour son salut, & ne permettre aussi qu'elle soit esueillee par les mauuaises pensees & suggestions des mauuais Anges, ou de la chair, ou du monde.

O SOMMEIL delicieux de l'ame, quand Dieu le prouoque en elle par ses Anges ou par son esprit salutaire! ô sommeil la viue image de la mort! ô sommeil spirituel, la viuante representation de la mort du baiser, de la mort des saincts si precieuse deuant la face de Dieu! là les puissances de l'ame sont suspendues, & Dieu les fait sommeiller, pour mieux faire reposer l'ame en son sein bien-heureux; c'est pourquoy quelques spirituels l'appellent le sommeil des puissances: ô Dieu! quelles douceurs admirables vous faites gouster à ce cœur tout imbu de vous! ô Dieu, quelles consolations ineffables! ô Dieu, quelles amours enflamment le plus intime de ceste ame toute comblee de graces! c'est alors que le fleuue impe-

du Cantique des Cantiques. 113

tueux de vos delices souueraines res-jouyt la cité de Dieu : c'est alors que le fleuue de paix & benediction inonde ceste ame : c'est alors qu'elle n'agit plus en elle ny en vous, mais vous agissez diuinement en elle, & par ceste souffrance amoureuse & mystique, elle jouit de vos douceurs souueraines dans vn repos ineffable auquel elle peut dire, *ie dors & mon cœur vueille.* O bien-heureuse l'ame qui dort ainsi dans le sein de IESVS, quand c'est luy qui prouoque ce sommeil gracieux ! les grandes delices qu'il faict gouster à ceste ame ! & qu'elle est heureuse de dormir au monde & veiller en Dieu ! de dormir à ses sens & veiller en son cœur ! de sommeiller aux puissances de l'esprit, & veiller au fonds de l'ame, afin de donner (par vn acte amoureux & tranquile) vn secret consentement aux sainctes faueurs du Roy des Anges & du Dieu de son cœur.

Vox dilecti mei.

C'est la voix de mon bien aymé.

L'ESPOVSE dort & entend en dormant la voix de son bien-aymé. Dieu se communique ordinairement par ses visions & reuelations aux hommes en leur sommeil, comme l'Ange apparut la nuict en songe à S. Ioseph, pource que l'ame en ce temps-là est plus resueillée, & mieux disposée à l'intelligence des diuins mysteres.

L'*Espouse dort*, mais son cœur veille: car dans le mesme sommeil elle entend que son Espoux luy parle au cœur, ce qui luy fait dire encor toute endormie: *c'est la voix de mon bien-aymé*: qui dormoit donc en elle? le sens: qui veilloit en elle? son esprit, ou bien l'esprit de Dieu qui est le cœur de son cœur. En fin, qu'est-ce qui dort en elle en ce mystique sommeil de la contemplation? c'est la partie inferieure & sensuelle: Et qui veille en elle? c'est la partie superieure de l'ame, c'est le fonds de l'esprit, c'est la volonté, en vn mot c'est l'amour. S. Bern. dit aussi que l'amour diuin ne dort iamais en l'ame, il l'excite, il l'esueille quand il est temps pour r'entrer en ses sentimens, & vaquer aux œuures du salut des ames qu'elle a en charge. *Ie dors* (dit l'ame saincte en la personne de l'Espouse (*mais l'amour qui veille*, & qui me faict tenir les yeux de mon corps fermez, me fait ouurir la bouche de mon intelligence, pour dire: *c'est la voix de mon bien aymé* : Mais quelle est ceste voix secrette? c'est la voix de Dieu : Et quel nom a-elle? Elle en a plusieurs, selon les diuers effects d'amour qu'elle opere en l'ame : tantost elle s'appelle inspiration, tantost illumination, tantost recueillement, tantost repos du cœur, tantost sommeil des puissances, tantost vnion, tantost rauissement, tátost reuelation, qui semble le propre effect de la voix de Dieu, qui se faict encor entendre par ses intelligences. Or ceste voix diuine fait & produit tous ses effects admirables actuellement en l'ame : car ce n'est pas vne voix morte ny mortelle, mais viuante & viuifiante, c'est vne voix pleine de vertu, de grace & d'efficace; en parlāt

Dieu faict vn monde, en parlant il renouuelle la face de la terre, qui est l'homme, en parlant il cōble les ames de toutes benedictions eternelles & souueraines. Le deuot *S. Bern.* dit que la parole du Verbe est l'infusion de ses dons & de ses graces; & la parole de l'ame est vne actiō de graces & de remerciemēt qu'elle rēd à Dieu. Mais que fait l'ame, ayant dit ces paroles, *c'est la voix de mon bien-aymé*? Elle escoute ceste voix auec vn siléce admirable; silence de la langue, silence du cœur, silence des puissances, & silence de l'intelligence. Ouy (cheres ames) si vous voulez entēdre la voix de Dieu, il faut que vous faciez silence en vous mesmes, & que le monde se taise en vous, qu'en vous se taise la partie concupiscible, en vous se taise la partie irascible, en vous se taise la memoire & l'entendement & toutes les parties de ce petit monde animé: Quant à la volonté (qui est le premier mobile de l'ame) elle est arrestee & fixee en Dieu par l'aymant de son amour, qui la tient vnie auec son object, comme l'esguille d'aymant s'arreste droictement vers le Midy. Cecy me faict ressouuenir de ce grand silence de demy-heure, lequel (selō S. Iean & selon le

Sage)se fit au ciel, lors que la parole toute puissante sortit des sieges Royaux: pour nous enseigner le grand silence qui doit estre en l'ame, laquelle est le ciel du petit monde, lors que le Verbe diuin parle à elle en l'oraison & cõtemplation: Alors non seulement tous les Astres, qui sont les sens du corps, se taisent, car ils n'operent point; mais aussi les Anges, designez par les puissances de l'ame, font silence, ainsi les plus spirituels appellent la contemplation silence des puissances, car bien qu'elles agissent interieurement en quelque sorte, elles n'operent pas en l'homme, mais en Dieu, ou plustost Dieu agit & opere en l'ame cõtemplatiue, l'excellence & perfection de laquelle, dict S. Denys, est non d'agir en la contemplation, mais de souffrir les choses intellectuelles & diuines. Or l'Espouse dit bien, *c'est la voix de mon bien-aymé*: mais elle ne dit point encor quelle est la substance de de cet oracle: ayez patience (chẽres ames) car vous entendrez bien-tost ce que son Espoux luy veut, quand il luy dira, *leue toy, ma mie, ma colombe, ma belle, & t'en vien*.

Ecce iste venit saliens in montibus, transiliens colles, similis est dilectus meus capreæ, hinnuloque ceruorum.

Le voila qui vient aux montagnes, saillant & trauersant les colines. Mon bié-aymé est semblable à vn cheureuil & à vn faon de biche.

L'ESPOVSE ayant dit, *c'est mon bien aymé qui parle*, adiouste incontinent, comme si elle le vouloit monstrer au doigt & à l'œil, *le voila qui vient*; pour nous enseigner que la parole de l'Espoux est de telle vertu en l'ame spirituelle, qu'elle porte & produit à l'instant son operation en elle. Et quant à ce qu'il saute comme vn cheureuil, & trauerse les montagnes & les colines, puis tantost il se tient debout, & puis il regarde par les fenestres & les treillis: toutes ces actions de l'Espoux ne sont autre chose que les diuers mouuemens interieurs de l'esprit humain, les changemens & transformations du cœur, & les diuerses figures &

transports des affections de l'ame amante: changemens qui sont & se trouuent
seulement en elle, & non pas en Dieu,
qui seul est immuable en son estre, & ne
peut changer. Ou bien il faut dire auec
quelques Docteurs mystiques, que Dieu
ne vient pas en l'ame au commencement
de sa conuersion, posé & arresté, comme
il fait lors qu'elle a pris vne plus grande
habitude de spiritualité: il semble qu'il y
vienne seulement comme par saults &
par eslancemens: il semble que tantost il
vienne, & tantost il fuye, côme vn cheureuil, & côme vn faon de biche: & maintenant il se môstre, maintenât il se cache:
Or tous ces accidents arriuent par vne secrette prouidence de Dieu incognuë à
l'ame: car s'il se cache de son entendement, c'est pour luy communiquer d'a-
uantage de grace: s'il se cache d'elle c'est
pour l'inciter à l'amour, qui n'est autre
qu'vn desir de le chercher, pour le cherchant le trouuer, & le trouuant le baiser,
l'embrasser & le posseder; & toutes ces
recherches amoureuses, ces allées & venuës mystiques, ces baisers, ces embrassemens, & ces possessions, ne sont autre
chose que les actions du sainct amour,

que ses vnions, faueurs & consolations, qui pour estre pleines d'excez ne peuuent estre exprimées par les paroles.

MAIS voyons encor, s'il vous plaist, en particulier, que peuuent signifier ces paroles de l'Espouse, *Le voila qui vient aux montagnes, saillant & trauersant les collines.* *Le voila qui vient*: qui le voit? les yeux du corps? nenny, car Dieu est vn pur esprit: qui le voit? les yeux de l'ame, qui sont l'entendement & la memoire? nenny, mais la volonté ou la partie superieure de l'ame, laquelle sent d'vne maniere fort secrette la douce manifestation de son aymable presence: elle le sent, dis-je, & ne le voit pas; car le pur sentiment de l'ame est la vision de Dieu en ceste vie. *Tirez moy* (dit la mesme Espouse) *& nous courrons apres l'odeur de vos parfums*. Elle ne dit pas, *Nous vous verrons*, mais sans vous voir, nous courrons apres vous, à l'odeur des diuins mysteres, auec vne esperance fidelle de vous voir vn iour au ciel, ayant bien couru sur la terre auant que de vous trouuer: verité qui me semble confirmée par ce mot du Prophete, *Goustez & voyez que le Seigneur est doux*. Il veut que le sentiment de l'ame luy serue de veuë en ceste vie,

vie', ou bien que la saueur de la sapience precede la vision de la mesme sapience, & beauté diuine.

Ainsi l'Espovse parlant de son bienaymé dit, *le voila qui vient aux montagnes saillant & trauersant les collines*. Ces montagnes representent les ames des grands Saincts, qui paroissent excellens en la montagne de l'Eglise, ausquelles montagnes (eminétes par la perfection des vertus, & neantmoins basses par humilité) Dieu se plaist de faire son tabernacle, cōme sur des monts du Liban, de Cedres & lieux plus aromatiques; où l'Espouse (en la personne de l'ame deuote & nouuellement conuertie) renuoye humblement son Espoux, luy disant, *fuiez, fuiez, mon bien-aymé, & soiez semblable à vn cheureil, ou à vn faon de Cerf sur les monts des bonnes senteurs*. L'Espoux aime à faire vn long seiour auec ces belles & parfaictes ames, esprouuées, affinées au fourneau de la tribulation & repurgées au feu du sainct amour: là il faict son sejour ordinaire, comme en des tabernacles de paix, de iustice & de gloire. *Il vient donc aux montagnes sainctes*, qui sont les sieges de la sapience: & particulierement la saincte

F

vierge est appellée montagne, & montagne aromatique, pour les sublimitez de ses vertus, excellences parfaictes & qualitez admirables, dont elle est grandement releuée sur toutes les creatures; *Mõs Dei, mons pinguis, mons in quo beneplacitum est Deo habitare in eo.* Mais ce mesme Espoux *saute & trauerse les collines*: c'est à dire, demeure peu de temps chez les ames nouuellement initiées au diuin amour, qui sont les filles ou les compagnes de l'Espouse, il vient dis-ie en elles, comme par saults & par eslancemens, & comme nous auons dit, tantost il se monstre, tantost il se cache d'elle, assauoir par sentiment, & non par grace, qu'il n'oste iamais à l'ame que pour son peché, l'Espouse dit *que son bienaymé est semblable à vn Cerf, ou à vn faon de biche*, pource que ces animaux sautent & trauersent ordinairement de colline en colline, & ne demeurent pas long temps en vn lieu, non pour signifier quelque changement en l'Espoux, mais les diuerses mutations de l'ame, par les allées & venuës, ou par les manifestations de la presence de Dieu en elle.

En ipse stat post parietem nostrum.
Qui est celuy qui est caché derriere no-

stre paroy, sinon le fils de Dieu lors qu'il s'est fait homme, & qu'il a pris chair humaine? c'est là ceste muraille que Dieu a mise & opposée en faueur de l'homme au deuant de l'ire de Dieu, assauoir son humanité sacrée, *Ponetur in ea murus & antemurale, quoniam in me transierunt iræ tuæ*. Elle dit encor, *voila qu'il se tient derriere nos murs*. Ou bien ce mur, c'est le corps qui empesche que l'ame ne voye Dieu, au moins si manifestement: ou bien ceste muraille est nostre propre volonté, qui est cause que Dieu n'opere ses merueilleux effects dans nos ames. Mais l'ame voit pourtant son Espoux en quelque sorte, puis que l'Espouse dit, *le voila derriere nos murs*: ce qui se peut exprimer des choses creées (signifiées par les murailles) par lesquelles nous voyons Dieu comme au trauers d'vn espais nuage, & ces creatures sont les parties posterieures que Dieu permit à Moyse de voir, & Dieu en elles, au lieu de voir sa face.

Respiciens per fenestras, prospiciens per cancellos.

Quant à ce que l'Epouse dit que son Espoux regarde *par les fenestres & par les trellis* la vision des fenestres signifie vne mani-

F ij

festation plus claire & plus euidente de Dieu, laquelle il luy a pleu quelquefois donner à certaines ames, comme à Moyse ou aux autres Prophetes. La vision des treillis est plus obscure, & plus imparfaicte, & c'est celle de la foy, ou des ames qui ont les moindres sentimens de Dieu, bien que tous soient excellens au regard de leur obiect : ou bien, *l'espoux qui regarde par les treillis ou ialousies*, c'est Dieu qui voit & contemple toutes les ames du tres-haut ciel de son eternité, sans estre veu des yeux de leurs intelligéces ; & bien-heureuses celles qui le regardent icy bas des yeux de la foy, & de la charité, pour le voir là haut de l'œil de sa gloire.

En dilectus meus loquitur mihi, surge, propera, amica mea, Columba mea, formosa mea, & veni.

Voila mon bien-aymé qui m'appelle, & me dit, Leue-toy, ma mie, ma Colombe, ma belle ; & t'en vien.

L'ESPOVSE auoit dit n'agueres: *c'est la voix de mon amy*, & dit icy, *voyla mon bien-aymé qui m'appelle*. A la verité le parler de Dieu est vne tres-grande & tres-excellente chose, mais il semble que ceste vocation diuine contient encor vn plus excellent mystere: car le verbe diuin parle & parlera iusqu'au dernier iour à plusieurs ames, paroles de grace, paroles d'amour, paroles de iustification & de benediction, mais, ô douce parole! quãd il dit aux ames, *venez: venez*, dira-il vn iour aux esleuz, *venez les benis de mon Pere*, posseder le Royaume eternel. Et maintenant il dit aux ames deuotes & fideles, *venez, venez* (mes cheres filles) dans le

F iiij

Paradis du sainct amour, qui est mon costé precieux, afin que ie vous explique & applique les mysteres de ma mort, & de vostre vie, les mysteres de ma vie, & de vostre resurrection, les mysteres de ma grace & de ma gloire. A ces oracles du S. amour l'ame se rend fort attentiue, pour entendre les diuines inspirations de son Espoux qui luy dit, *leue-toy ma bien-aymee, ma Colombe, ma belle, & t'en vien*; Et où, Seigneur, sinon dans le ciel; & où, mon seigneur, sinon auec vous? & où mon cher maistre, sinon des tenebres à la lumiere, de la mort à la vie, du peché à la grace, & de la grace à la gloire? Ie le veux bien, Seigneur, ie veux bien aller auec vous, sur vostre saincte & veritable parole qui est la verité mesme, car c'est vous (dit sainct Pierre) qui auez les paroles de la vie eternelle, & qui estes vous-mesme le verbe de vie, & de vie eternelle. Ie veux bien aller en vous (mon Dieu) mais ie ne puis de moy-mesme; *Tirez-moy* donc s'il vous plaist, afin que mes compagnes & moy, *nous courions apres l'odeur de vos parfums*, ie veux aller apres vous, i'y veux courir, i'y veux voler, & y estant, y seiourner eternellement; i'y veux aller auec les pieds de mes pensées & meditations, i'y veux courir auec les pieds aislez de mes desirs & affections, i'y veux voler auec les aisles de vostre grace & de vostre amour, & y demeurer à iamais vny auec vous par le mesme amour, afin d'y chanter eternellement le Cantique de vostre gloire. Et comment, mon Seigneur, ne bruslerois-ie d'aller apres vous, & vous suiure dans le ciel, puisque vous auez mon cœur en vos mains, & mon ame en vostre sein precieux? Et comment ne vous aymerois-ie point, puisque vous estes le mesme amour? & comment ne vous suiurois-ie point, puisque vous estes la mesme beauté, qui est le doux aymant de nos cœurs? O amour! ô beauté! vous me faites mourir, vous me faictes viure dans l'excez de vos douceurs, dans la suauité de vos amours, & dans les rauissemés de vous paroles sainctes. N'estoit-ce pas assez de me dire, *vien, vien,* suy moy (chere ame) viens auec moy, sans adiouster à ces charmes diuins, *Leue-toy, ma bien-aymée, ma colombe, & ma belle.* C'est à dire, leue-toy du lict du peché, leue-toy du lict des passions, leue-toy du lict de ton amour propre, & t'esleuant sur toutes les

F iiij

choses creées, viés auec moy qui suis ton Createur, ton Redempteur & ton glorificateur: *Vien, ma bien-aymee* par grace, *vien ma Colombe* par amour, *vien ma belle* par foy, afin de t'vnir auec moy, qui suis le Paradis de la beauté, le colombier mysterieux de la Colombe, & la recōpense eternelle de fideles espouses de IESVS CHRIT.

⁂⁂⁂⁂⁂⁂⁂⁂⁂⁂⁂⁂⁂⁂⁂

Iam enim hyems transiit, imber abiit & recessit, flores apparuerunt in terra nostra.

Desia l'hyuer est passé, la pluye s'en est allée, desia les fleurs paroissent en nostre terre.

L'ESPOVX ayant cy-deuant appellé l'Espouse, la coniurant auec des paroles si pleines de grace & douceur admirable, rend icy la raison pourquoy il la conuie d'aller en la terre de vie: Et n'est-ce point qu'vn printemps perpetuel s'y trouue ainsi qu'au paradis terrestre? sans doute: Mais oyons ses paroles remplies de grands mysteres, selon sa coustume. *Vien, ma belle, car l'hyuer est passé, la pluye* s'en est allée, & les fleurs paroissent en nostre terre. Que peut signifier cét hyuer, sinon le peché ? quoy ceste pluye, sinon les larmes, les regrets, & la penitence du peché ? & quoy les fleurs, sinon la ferueur & deuotion nouuellement conceuë & esclose dans l'ame par le soleil du sainct amour? & quoy ceste terre, sinon la grace, qui est la terre de vie ? ou bien l'ame remplie de grace, qui est la vie de l'ame en ceste terre de mort ? O bien-heureuse l'ame qui a quitté l'hyuer du peché ! sans doute elle sera appellée de Dieu pour estre enflammée du feu sacré de la deuotion : & la pluye, ou plustost le torrent des vices s'estant retiré de son cœur, elle ne verse plus des larmes de crainte, mais d'amour, des larmes d'amertumes, mais de suauité, des larmes d'eau, mais de feu, tesmoignant par les actions de sa pieté *que les fleurs paroissent en la terre de vie* : c'est à dire, les bonnes pensées conceuës en son cœur, donnent esperance par leurs belles fleurs de produire bien tost des fruicts de iustice, de paix & de charité, moyennant qu'il plaise au soleil de gloire y respandre quelque rayon de sa saincte face.

Tempus putationis aduenit, vox turturis audita est in terra nostra: ficus protulit grossos suos, vineæ florentes dederunt odorem suum. Surge amica mea, speciosa mea & veni.

Le temps d'emonder les arbres est venu, on a ouy la voix de la Tourterelle en ceste contrée. Desia le figuier iette son fruict, les vignes sont fleuries, & rendent leur odeur. Leue toy, ma mie, ma belle, & t'en vien.

L'ESPOVX continuant à faire vne naïfue description du printemps, continuë à inuiter l'Espouse à sortir d'elle mesme pour venir chez luy. Et pource que Dieu est vne chose tres pure, ains la pureté & perfection mesme, il aduertit l'ame deuote en la personne de l'Epouse, *que le temps d'émonder les arbres est venu,* c'est à dire que pour luy estre agreable, il ne luy suffit pas d'estre sortie de l'hyuer du peché, il faut qu'elle emonde l'arbre de son cœur des mauuaises inclinations & imperfections qui sont en elle:

& 'mesme qu'elle commence à prendre quelque soin du salut des ames ses cheres sœurs en IESVS-CHRIST. Il adiouste, *on a ouy la voix de la tourterelle en ceste contrée*: Et au lieu que la Tourterelle se plaint de la mort de sa compagne, & n'en veut iamais auoir d'autre: ceste chere Colombe de IESVS-CHRIST se doit resiouyr de la mort de son peché, & protester de ne faire iamais alliáce auec le móde ny auec le diable; faisant ce chaste vœu de pleurer toute sa vie (non sur l'arbre sec comme la Tourterelle) mais sous l'arbre fleurissant de la Croix, la mort de son Espoux, lequel ressuscita des morts le troisiéme iour s'estant marié par sa mort auec elle, & ayant signé ce contract du propre sang de ses playes, & scellé du cachet de son amour ineffable. La voix de la Tourterelle est ouye, quand l'ame estant touchée du sainct Esprit, elle crie aux oreilles de l'Espoux auec des gemissemens inenarrables. Il *adiouste, que desia le figuier iette son fruict, & que les vignes sont fleuries & rendent leur odeur*: Toutes ces paroles ne signifiét autre chose que les fleurs & les fruicts que l'ame deuote doit éclorre & produire au Printemps de sa vie spirituelle, assa-

F vj

uoir les fleurs des bonnes pensées & meditations celestes, & les fruicts de pieté, de Iustice & d'amour, afin de plaire à son Espoux, qui l'appelle de la vie actiue à la contemplatiue, de la voluptueuse à la spirituelle, & de l'exterieure à l'interieure, luy disant, *Leue toy m'amie, ma belle, & vien*; car ie veux faire de ton ame vn Printẽps d'amour, embelly de lys, d'œillets, & de roses, & de ton corps *vne terre de vie*.

❦❦❦❦❦❦❦❦❦❦❦

Veni Columba mea, in foraminibus petræ, in cauerna maceriæ. Ostende mihi faciem tuã, sonet vox tua in auribus meis, vox enim tua dulcis, & facies tua decora.

Vien ma Colombe dans les troux de la pierre & au creux de la muraille; Hé! monstre moy ta face, que le son de ta voix vienne à mes oreilles, car ta face est belle & ta voix bien douce.

VIEN, ma Colombe, viens aux trous de la pierre, c'est à dire, dans les sacrées playes de IESVS CHRIST, & par meditation, & par passion & patience; &

puis par mon sacré costé (qui est la porte de la vie) tu entreras en la celeste Hierusalem, entenduë par ces paroles, Vien dans la cauerne de la masure, laquelle masure est la place vacante au Ciel par la cheute des Anges.

L'Espovx enseigne icy l'ame deuote à mediter en sa mort & passion, & pour accomplir ce mystere elle doit entrer dans les sacrées playes du doux Iesvs, & s'enfermer par amour dans son cœur, lequel fut ouuert par le fer d'vne lance, pour seruir de retraicte à l'ame amante, alors il pourra dire d'elle, *Ma Colombe qui est dans les troux de la pierre, & au creux de la muraille* : c'est là, c'est là que les douceurs sont données à l'ame, comme les fleurs & les fruicts de la meditation des douleurs du crucifié : c'est là qu'au lieu de ses espines il luy donne des roses, au lieu de ses crachats des lys, au lieu de ses clous des diamans, au lieu de sa lance vn sceptre d'or, & au lieu de son sang espanché, le merite de sa mort & la recompense de son amour. C'est en ceste pierre de vie, où le torrent de volupté inonde l'ame, c'est en ceste terre de vie où ceste Colombe trouue le rameau d'oliue, c'est en ceste arche de vie où elle sauue sa petite famille spirituelle, & son corps, & toutes ses appartenances. Ainsi l'ame en ce petit paradis (qui est le sacré costé de Iesvs) deuient si agreable à son Espoux, & la meditatiõ qu'elle fait sur sa passion luy plaist si fort, qu'il luy donne en échange mille cheres faueurs & benedictions diuines; & pour témoigner le grand estime qu'il faict de sa beauté & de son amour, il luy dit ces belles & amoureuses paroles, *Ma Colombe, monstre-moy ta face; que le son de ta voix vienne à mes oreilles, car ta face est belle & ta voix bien douce.* Ha! quelle grace, & quel plaisir à l'ame, de plaire à son Dieu! quelle ioye de resiouïr celuy qui resiouït tous les Anges! quel excez d'amour, de rendre amoureux de sa face celuy qui rauit tous les saincts d'vn seul regard de son diuin visage! *Monstre-moy ta face,* (dit l'Espoux) comme s'il disoit, vacque (belle ame) à la contemplation de ton Dieu, espanche ton cœur en ma presence, & me monstre ta face interieure en l'oraison, afin que ie la transfigure en ma grace, & vn iour par ceste grace en ma gloire. *Fay moy entendre ta voix,* non seulement ta voix interieure qui me plaist. dauantage que l'exterieure, mais aussi fay moy entendre les Cantiques de loüanges que tu as faits pour la gloire de mon nom, afin que ie demeure plus long temps auec toy, & que i'establisse en toy ma demeure eternelle.

Monstre moy ta face, & que le son de ta voix vienne à mes oreilles. Monstre moy ta face, afin que ie te monstre la mienne, & que par mes sainctes visions, ie te rende parfaictement enflammée de ma diuine charité, comme mes Seraphins, qui sont les enfans de mon amour eternel. L'Espoux dit aussi à l'Espouse, monstre moy ta face; témoignant le grand desir qu'il a de luy monstrer la sienne, comme lors que IESVS-CHRIST dit à la Samaritaine, femme donne moy à boire, c'est qu'il luy vouloit donner l'eau de sa saincte grace. *Fay moy ouyr ta voix,* afin que ie te face ouyr la mienne, par mes diuines reuelations, & par mes Cherubins qui sont les enfans de ma sapience increée, ou par mon esprit salutaire & principal. Or notez que quád Dieu demáde à l'ame quelque chose, c'est qu'il luy en veut donner amoureusement, & ne luy demande iamais que pour luy donner, non seulement dauantage, mais toutes choses, qui est luy mesme. Et sur ce sujet, nous dirons qu'il y a trois sortes de visions, & trois sortes de reuelations. Il y a la vision corporelle, l'imaginaire, l'intellectuelle: l'imaginaire excelle la corporelle & l'intellectuelle l'imaginaire: la corporelle est la vision qui se voit des yeux corporels & sensibles, fort subiette aux illusions de Satan: l'imaginaire se forme en l'imagination; par elle l'ame est aussi facilement deceuë par l'Ange des tenebres: l'intellectuelle se forme par vn rayon diuin dans l'intelligence de l'ame, & c'est la plus spirituelle & parfaicte; car si l'ame n'entend rien, ce n'est pas vision intellectuelle, & si elle entend quelque chose dans le rauissement, il est donc veritable, & par consequent ne deçoit point ou rarement l'ame prudente & discrete. Ceste vision intelligible est puremét spirituelle, & plus excelléte que les deux autres. La vision imaginaire est spirituelle & corporelle tout ensemble, se formant en l'imagination par le raport des sens, estát neátmoins aydée & illuminée du bon ou mauuais Ange. La visió sensible des yeux est purement corporelle & bien facile à estre deceuë par les objects spirituels, puis qu'elle l'est si souuent par les corporels. Ainsi la vision intellectuelle est la plus excellente, & celle par laquelle Dieu faict voir & apprehender les principales visions de l'ame, comme la tres-saincte Trinité, & la saincte humanité de IESVS CHRIST. Consequemment il y a trois sortes de reuelations aussi bien que de visions, à sçauoir celle qui se forme en l'oüye corporelle & sensible, celle qui se fait en l'imagination, & celle qui se forme en l'intelligence ou plus haute partie de l'ame. La premiere reuelation faicte en l'ouye sensible est la moindre, & l'ame en est facilement deceuë par le serpent infernal, qui deceut ainsi la premiere femme. La seconde reuelation, qui se faict en l'imagination est fort subjette à tromper les ames qui ont l'imagination foible, & le cerueau debile, & l'on n'y doit prester consentement qu'auec le conseil des plus spirituels en ces diuins mysteres. La reuelation qui se forme dans l'oüie intellectuelle est la plus excellente & la moins sujette à deceuoir l'ame, pource qu'elle viét quasi tousiours de la part de Dieu: toutesfois elle doit se tenir icy sur ses gardes, & ne penser iamais estre digne de si grandes graces: Ceste saincte reuelation est celle par laquelle Dieu s'est manifesté pl⁹ souuét aux SS. Prophetes, à ses SS. & sainctes, & par laquelle il leur a voulu quelquefois manifester le iour de leur martire, de leur mort & de leur gloire; quel degré de gloire ils auroient au ciel, la perte ou le salut de quelques ames pour sa mesme gloire & autres secrets qu'il plaist à sa diuine volonté d'ânoncer par reuelation aux ames dignement preparées à l'accôplissement de ce mystere admirable. L'eternel en soit eternellement beny, tant pour ceste faueur souueraine, que pour les autres qu'il daigne operer amoureusement dans les ames touchées du zele de son amour; comme il fit à Dauid qui chantoit, *Ecce enim veritatem dilexisti, incerta & occulta sapientiæ tuæ manifestasti mihi.*

du Cantique des Cantiques. 159

*Capite nobis vulpes paruulas quæ demoliuntur
vineas, nam vinea nostra floruit.*

Prenez nous ces petits Renards qui gastent nos vignes, car nostre vigne
est en fleur.

IL SEMBLE ICY que l'Espoux
vueille aduertir l'ame deuote & non
beaucoup experimentée en la vie spirituelle, non seulement de resister aux di-
stractions des vaines pensées, ou des
maudites suggestions du diable, mais notamment de prendre *ces petits Renards qui
gastent la vigne de l'ame, qui est encore en la
fleur de la deuotion.* Ces petits renards sont
les pechez cachez & secrets, qui comme
vn serpét se glissent en l'ame, & qui pour
estre petits (ie dis en apparence) font de
tres-grands dommages en la vigne spirituelle: *Beatus qui tenebit, & allidet paruulos
snos ad petram.* ou bien ce sont les mauuais
Anges, qui se déguisans en Anges de lumiere, trompent & deçoiuent les ames
simples, sous couleur de plaisir & douceur

spirituelle, comme le serpent deceut la premiere femme auec vne belle pomme: ou bien ce sont les heretiques qui seduisent aisément les ames trop simples. Non, non, cheres ames, ne vous laissez pas abuser à ces mauuais esprits, qui sont des petits Renards; Renards, pource qu'ils sont fins & rusez; petits, à raison qu'à peine l'ame apperçoit leurs traces & vestiges; mais neantmoins ils causent en nous des dommages indicibles; il les faut donc prendre dans le filet de la prudence & discretion; vous ressouuenant de ce dire notable du Sauueur, Soyez prudens comme serpens, & simples comme Colombes: soyez prudens comme serpens, pour vous eschapper & sauuer des ruses du diable, & simples côme vne Colombe, en faisant & operant vostre salut auec toute simplicité, pureté, sincerité & mansuetude, qui sont les qualitez plus salutaires à l'ame, & plus agreables à Dieu.

Dilectus meus mihi & ego illi, qui pascitur inter lilia.

Mon bien-aymé est à moy, & moy à luy, lequel paist entre les lys.

SAINCT BERN. dit qu'il n'est pas permis à toutes les ames de dire, *Mon bien-aymé est à moy, & moy à luy*, non plus que de faire ce premier & souuerain souhait de l'Espouse, *qu'il me baise du baiser de sa bouche*. Ces ferueurs & ces faueurs excellentes & royales appartiennent à la seule Espouse, ou bien à l'ame, qui s'estant tout à fait donnée & abandonnée entre les mains de Dieu, n'a plus autre volonté que la sienne, nul autre desir, nul autre amour que pour luy, & laquelle estant morte en elle par vne amoureuse indifference, vit seulement en IESVS-CHRIST, & IESVS CHRIST vit en elle; de sorte que le mariage spirituel est mystiquement entendu sous ces paroles, dont nous parlerons en vn autre lieu. Et auant que m'estendre dauantage en la consideration d'icelles, ie veux dire que la saincte Vierge estoit celle-là qui pouuoit dire absolument, & auec vne grande confiance, *Qu'il me baise du baiser de sa bouche*; car le Verbe Diuin s'incarnant en son ventre virginal, le Pere Eternel l'a baisée du baiser de sa bouche; & a donné vn baiser de paix & d'amour à la nature humaine par son moyen. La Vierge peut dire aussi par vn priuilege special, *Mon bien-aymé est à moy, & moy à luy, lequel paist entre les lys & les roses*. Car comme elle estoit destinée de toute eternité pour estre la fille du Pere, la mere du Fils, & l'Espouse du sainct Esprit : Ie vous laisse à penser de quels beaux lys de pureté, & de quelles roses de charité Dieu l'auoit ornée & embellie, mariant admirablement en elle la virginité auec la fecundité, & l'humilité auec la virginité; & la faisant la mere & l'Espouse de IESVS-CHRIST homme-Dieu. Ainsi le bien-aymé est à elle, & elle est à son bien-aymé, estans vnis ensemble par vn amour tres pur, & surpassant toute pensée, puis qu'il s'est incarné dans son ventre virginal, qui est le lys odorant où cét Espoux repose, comme il fait suauement entre les roses de sa charité, & les violettes de son humilité; humilité royne des vertus, humilité qui la faicte Royne des Anges, & mere de Dieu: car estant saluée de l'Archange, & coniurée de dire vne parole d'amour, afin d'accomplir ce grand mystere de l'Incarnation du Verbe, elle n'a pas dit, *Qu'il me baise du baiser de sa bouche*: Mais par vn grand excez d'humilité, *Voicy la servante du Seigneur, soit fait en moy selon ta parole*.

Le bien-aymé est tout à l'ame, & l'amie est toute à son Espoux; pource que l'ame fidelle veut seulement Dieu, & non autre chose, comme celuy qui disoit, *Quid mihi est in cælo, & à te quid volui super terram? Deus cordis mei, & pars mea Deus in æternum*. Et Dieu veut tout le cœur de l'homme, estant son vray Pere, & son legitime Espoux, comme la vraye & naturelle mere (au iugement que fit Salomon) ne voulut permettre que l'on diuisast l'enfant, ains le voulut auoir entierement comme sien.

Exposons maintenant ces paroles en faueur de l'ame saincte, religieuse & deuote, *Mon bien-aymé est à moy, & moy à luy*. Mon bien-aymé est à moy par son

amour eternel, & moy ie suis à mon bien aymé par le benefice de ma creation: mon bien-aymé est à moy par ses promesses, & moy ie suis à luy par le benefice de ma redemption: mon bien-aymé est à moy par le merite de son sang; & moy ie suis à luy par l'effect salutaire de sa saincte bonté: mon bien-aymé est à moy par sa grace, & moy ie suis à luy par son amour: mon bien-aymé est à moy par les sacrez mysteres de la iustification & glorification, & moy ie suis à luy par le pur consentement de mon ame, luy disant du plus intime d'icelle, *Iesus Amour, vostre saincte volonté soit faicte*. Mon bien-aymé semble n'auoir des yeux que pour moy, & moy ie tourne les regards de mon amour & de mon intention vers luy seul: mon bien-aymé semble n'auoir de bouche que pour parler à moy, & pour baiser la bouche de mon ame auec les sainctes levres de ses faueurs & consolations: & moy ie n'ay point d'autre amour que pour luy, & nul autre desir que de baiser sa tres-saincte bouche. Ha! non, ie blaspheme, elle est reseruée pour le Pere Eternel: ouy bien ses belles mains; pour luy rendre graces de ses faueurs royales,
&

& divines: ou bien ses sacrées playes d'où sort & distile le doux baume d'amour, ce sang precieux, & cét esprit de vie qui ranime les ames mortes: ou bien ses pieds venerables pour moy attachez à la Croix auec des clouds horribles; beaux pieds que baisár auec la bouche de mõ ame, i'arrose auec les larmes des yeux de mon corps, & laue au mesme instant les taches de mon cœur dans le merite de son sang qui est la fontaine de salut & de vie. Mais non, ie me sens indigne de baiser ses sacrez pieds auec la Magdeleine, ceste fidelle amante de IESVS, ie me contente de baiser ses clouds, les instrumens de la mort de mon Sauueur & les Ministres de ma vie: C'est trop encor que cela pour moy, ie ne veux baiser que le pied de la Croix de mon Maistre, puis qu'il n'a pas desdaigné de la baiser luy-mesme, lors que la portant au Caluaire, elle luy fit par son extrème pesanteur donner vn baiser à la terre; non, non, ce m'est assez que ie baise ceste terre de vie, où sont demeurées les traces des pieds de mon Sauueur, cela suffit pour me donner la vie, sans aspirer au baiser de la bouche de l'Espoux, qui n'est deu qu'à la seule Espouse pour la perfection de son amour. Mais où est ce que ie me suis esgaré, m'esloignant ainsi de mon sujet? Pardonnez-moy (cheres ames) c'est la passion de mon Maistre qui m'a rauy hors de moy mesme, en parlant de sa saincte mort; & ce n'est pas chose estrange, puis que l'amour l'auoit bien esloigné de luy-mesme: car il est Dieu, & s'est faict homme pour mourir comme homme, & sauuer l'homme comme Dieu.

Ainsi l'Espouse dit auec vne grande confiance en la bonté de son Espoux, & auec vn grand excez d'amour qu'elle a pour luy, *Mon bien aymé est à moy, & moy à luy.* C'est l'Espoux qui commence ceste guerre d'amour enuers son Espouse. Car s'il n'estoit premierement à elle, elle ne pourroit iamais estre à luy: si Dieu n'aymoit premierement vne ame, elle ne pourroit aymer Dieu, lequel luy donne sa grace, afin d'allumer en elle vn S. amour, qu'apres elle luy redonne par l'amoureux consentement de son cœur, à ses inspirations, illuminations, visites, paroles interieures & autres graces que son amour opere dans les ames parfaictement resignées en Dieu, auec vne saincte indifference pour toutes les choses du monde.

Elle adiouste, *lequel paist entre les lys ou les roses*, les ames vierges & pures sont des lys sacrez, & les ames amoureuses de IESVS sont les roses de son Paradis. Or l'Espouse ne dit pas que l'Espoux se paist du lys ou de la rose ; mais qu'il se paist entre les lys & les roses, c'est à dire, que Dieu se plaist dans vne ame pure & nette, & dans vne ame ornée de la belle rose de son amour: car Dieu ne peut se repaistre que de luy mesme, & luy seul est sa demeure essentielle, sa viande, son repos & sa vie : comme il apparoit en l'institution du S. Sacrement, où nostre Seigneur se portant en ses mains se mangea soy-mesme. Quant à ce qu'il se paist, non des lys, mais entre les lys : ces lys signifient les ames sainctes qu'il repaist luy mesme de sa grace en ce monde & de sa gloire en l'autre; mais encor il les repaist icy de son sacré corps au sainct Sacrement de l'Autel, auquel il demonstre qu'il est le beau lys des vallées. Et quand l'Espouse dit qu'il se repaist, c'est pour signifier qu'il repaist luy-mesme l'ame, comme il le témoigne en ce traict des Cantiques, où il dit: *Ie suis venu en mon iardin, ma sœur, mon Espouse, i'ay mangé ma myrrhe auec mes liqueurs odorantes* j'ay beu mõ vin auec mon laict, &c. Et apres il dit, Mangez & beuuez, enyurez-vous, ma bien-aymée.

❦❦❦❦❦❦❦❦❦❦

Donec aspiret dies & inclinentur umbrae, reuertere, similis esto dilecte mi caprea, hinnuloque ceruorum super montes Bethel.

Tant que le iour dure, & iusques à ce que les ombres s'abbaissent, reuenez, mon bien-aymé, & soiez semblable à vn cheureuil ou à vn faon de biche sur les montagnes de Bethel.

L'ESPOVSE ayant vne grande asseurance qu'elle est à son bien-aymé, pour le grand désir qu'elle a de le seruir, & luy complaire, & se confiant que son bien-aymé est à elle, à cause des grandes faueurs & consolations qu'elle en a receuës; s'est vn peu flattée, & deceuë elle-mesme; il est vray que son bien-aymé est tousiours à elle par sa grace, & elle à luy par son amour; mais il n'est pas tousiours en elle par les sentimens de cet amour, qui va & vient sans cesse comme le cheureuil ou le faon de la biche, qui saute & voltige tousiours de coline en coline sur les montagnes de Bethel, qui sont des collines diuisées. Mais encor qu'il semble à vne ame qu'elle soit abandonée de son Dieu, pour n'auoir aucun sentiment de luy, si est-ce qu'il est tousiours à elle par sa grace & assistance, moyennant qu'elle soit à luy par foy, esperance & charité: Et bien que ces sentimens ne soient pas absolument necessaires à l'ame pour son salut, si sont-ils fort agreables à celle qui ayme Dieu, & quand il plaist au sainct Esprit souffler en l'ame ses feux sacrez, ils allument en sa poictrine, & en son sein les flammes d'vn parfaict amour. C'est pourquoy l'ame spirituelle les desire & les recherche en la personne de l'Espouse disant: *Reuenez mon bien-aymé, & soiez semblable à vn cheureil ou à vn faon de biche sur les montagnes de Bethel.* Elle l'inuite de reuenir en elle, & se manifester à son cœur par les sentimens de son amour, car puis qu'il est semblable à vn cheureuil qui sautelle sans cesse d'vne colline à l'autre, elle a raisō de l'appeller, & le conuier de reuenir souuent en elle par de nouuelles ferueurs, par des excez de ioye & de iubilation, & par des ardans eslancemens d'amour. Mais elle est si fort esprise de sa beauté, dans les excez de ses amours, & dans les consolations de ses cheres visites, qu'elle le prie, non seulement de se manifester en son cœur, d'y reuenir, puis s'en aller incontinant sur vne autre colline, c'est à dire, dãs vne autre ame ; mais elle le conjure de se tenir auec elle sans en partir iamais, de peur que la nuict de la tristesse, & de l'apprehension (disons celle de la mort) ne la surprenne ; car ce luy est vne mort bien cruelle de viure, ou plustost de mourir esloignée de son aymable presence, c'est ce qui luy fait tenir ce discours, *Tant que le iour dure, & iusques à ce que les ombres s'abbaissent, reuenez, mon bien-aymé.* Comme si elle disoit: he! de grace (mon cher Epoux) demeurez tousiours auec moy, iusqu'à ce que les ombres de ceste vie s'abaissent, & que le voile de mon corps estant tiré par la mort, i'arriue en l'orient celeste pour vous voir heureusement, qui est le vray centre de mon ame, où demeurãt en vous vous ferez à iamais vostre seiour en moy, pendant le iour de l'eternité. Il semble que ceste ame deuote vueille faire vne allusion à la priere des Pelerins d'Emaus, qui disoient à Iesvs-Christ, Seigneur, demeurez auec nous, car la nuict vient, &

s'approche: demeurez auec nous, Seigneur, car vous estes la lumiere du móde. Et pour finir ce traicté par les paroles de l'Espouse: *Mon Espoux se paist entre les lys tát que le iour dure*, &c. c'est autant que si elle disoit: Mon Espoux se plaist entre les Lys des ames sainctes & pures, tandis que le iour du monde dure, & les repaist des lys de ses diuins mysteres, & des suaues odeurs de sa couche toute parsemée de roses, & parfumée de senteurs aromatiques: mais au ciel ie luy donneray le fruict de mon amour, & il me fera gouster les doux fruicts de iustice, de paix, & de gloire eternelle.

CHAPITRE TROISIESME.

In lectulo meo per noctes quæsiui quem diligit anima mea, quæsiui illum, & non inueni.

I'ay cherché la nuict en mon petit lict celuy que mon ame ayme, & ie ne l'ay point trouué.

OVTE LA VIE SPIRITVELLE n'est autre chose à l'ame amāte qu'vne perpetuelle recherche du bienaymé, lequel estant trouué doit estre encore cherché dauantage, c'est à dire, dauantage aymé & dauantage desiré. Or est-il que l'ame cherche son Dieu par l'oraison & par la meditation, & autres spirituels exercices. Et Dieu se laisse trouuer à l'ame par ses inspirations, illuminations, recueillemens, sentimens interieurs, gousts amoureux, sainctes vnions & transformations vnitiues; lesquelles visites diuines & con-

sólations admirables, ne sont autre chose qu'vne saincte recherche de Dieu, lequel peut bien estre cherché & desiré en ceste vie, mais seulement trouué & possedé au ciel en la maison de son eternité. C'est pourquoy le Prophete Royal grandement alteré du desir de voir Dieu, faisoit ceste amoureuse exclamation, Comme le cerf desire les fontaines des eaux, ainsi mon ame vous cherche & halette apres vous, mon Dieu: Il ne dit pas, mon ame vous desire, pource qu'il sçauoit bien qu'on ne pouuoit trouuer Dieu en ceste vie, ie dy le trouuer pour le posseder; mais il dit, Seigneur, mon ame halette apres vous, c'est à dire, a faif de vous, elle vous desire chercher en ce monde pour vous trouuer au ciel: & pour confirmer ceste verité le mesme Prophete dit ailleurs, Mon Dieu ie seray rassasié lors que vostre gloire m'apparoistra, laquelle gloire ne se trouue pas en terre, mais on en iouït au ciel en la vision de Dieu.

MAIS remarquez que l'Espouse dit qu'elle a cherché son bien-aymé dans son petit lict, parlant à la façon des amants en termes de mignardise, comme lors

Exposition mystique & morale

qu'elle dit, *Ecce tu p.[ul]cher es, dilecte mi, & decorus, lectulus noster floridus.* Et veritablemét le lict de l'ame est bien petit pour Dieu qui est infiny, c'est pourquoy elle ne doit laisser entrer en son cœur que le sainct Espoux, & comme dit le Prophete Esaye 28. *Coangustatum est enim stratum, ita vt alter decidat, & pallium breue vtrumque operire non potest.*

Oyons parler sur ce sujet l'Espouse en la personne de l'ame mondaine, & voyons si elle cherche Dieu comme il faut, & aux lieux où il se trouue, car bien qu'il remplisse tout le monde de son essence, si est-ce que selon l'intention de sa recherche (qui est en qualité d'amant & d'Espoux) il ne se trouue pas par tout, pource qu'il n'est pas cherché comme il faut. Notez aussi que Iesus-Christ disoit aux ames perduës: vous me cherecherez, & ne me trouuerez point ; & en faueur des ames choisies, cherchez & vous trouuerez, demandez & vous receurez, heurtez à la porte, & l'on vous ouurira, c'est à dire, cherchez par vne vraye foy, demandez par vne feruente oraison, & heurtez auec le marteau de la perseuerance à la porte de la grace, & Iesus-

CHRIST vous accordera tous les desirs de vostre ame fidele. *J'ay cherché la nuict en mon lict celuy que mon ame ayme, & ie ne l'y ay point trouué.* Elle dit qu'elle l'a cherché la nuict, assauoir auec la lumiere de la foy obscure, ou bien dans les creatures sensibles, qui sont les traces & vestiges du Createur: ou plustost elle l'a cherché la nuict, possible dans la nuict de l'ignorance ou du peché; & ne l'a pas trouué, pour ce qu'elle le cherchoit mal, pour estre en mauuais estat, & sans sçauoir où il demeuroit, & le cherchoit encor où il ne pouuoit demeurer par grace & par amour qui est le lieu entasché de vice & de peché: Aussi deuoit elle s'enquerir amoureusement de l'Espoux auec l'Espouse, où il prenoit son repas & son repos à Midy. Dauantage, ceste ame a fait vne mauuaise recherche de Dieu, l'ayant cherché dans son lict, ie veux dire, dans son corps, qui est le lict de l'ame, à raison que Dieu purement intelligible, ne peut demeurer auec les choses sensibles; joinct que cherchant celuy que son ame ayme, elle le deuoit plustost chercher en son ame creée à l'image & semblance de Dieu. Mais le vray sens mystique de cecy est, que l'ame

G vj

pour trouuer Dieu, se doit esleuer sur toutes les regions des elemens, des astres, des cieux & des sens mesmes, pource que Dieu est infiniment esleué sur tous ces objects: & disant, *I'ay cherché celuy que mon ame ayme*; c'est pource que le vray objet de l'amour de l'ame, c'est Dieu, & non pas la creature: Ioinct qu'elle veut dire que l'excez d'amour l'a obligée à ceste saincte recherche, sans autre lumiere que celle de la raison naturelle, qui est vne chadelle allumée pour chercher en plein iour vn homme, à l'imitation de Diogene: d'autant que ce n'est pas là le vray moyen de trouuer Dieu, qui se doit chercher par la foy, aussi dit elle *qu'elle ne l'a point trouué*.

※※※※※※※※※※

Surgam & circuibo ciuitatem, quæsiui eum & non inueni.

Ie me leueray, & ie tournoyeray toute la Cité: Ie l'ay cherché, & ie ne l'ay point trouué.

L'ESPOVSE dit, ie me leueray, ce qui me fait souuenir de l'enfant pro-

du Cantique des Cantiques. 197

digue, lequel se ressouuenant de la maison de son pere disoit, ie me leueray & retourneray vers mon pere. Le peché est la cheute de l'ame, & la conuersion est vn retour à Dieu, auquel l'ame ne se peut côuertir que s'estant leuée de l'abisme du peché par le moyen de la dextre du Treshaut qui la releue & la tire à luy par sa grace. Mais disons que l'Espouse en la personne de l'ame contemplatiue, ayant cherché son Dieu par l'entremise de son corps & des creatures humaines, ne l'a point trouué : *Ie me leueray, dit-elle, & ie tournoyeray toute la cité, ie l'ay cherché, & ne l'y ay point trouué.* Et s'estant leuée du lict de son corps, elle s'est mise en queste par la grand' cité du monde, demandant auec sainct Augustin à toutes les creatures sensibles, des nouuelles de son Dieu : Ie l'ay cherché par toute la terre habitable, & ie ne l'ay point trouué. C'est au Ciel, c'est au Ciel (ma chere ame) qu'il faut chercher ton Seigneur & ton Dieu: il remplit (dit Isaïe) le Ciel & la terre, à sçauoir de son essence, presence & puissance; mais si tu le veux trouuer en sa gloire, cherche-le dans le Ciel, chez les Saincts, & chez les Anges: & si tu le veux trouuer par grace & par amour. Ne le cherche pas dans les creatures sensibles, cherche-le dans toy mesme par foy, & tu le trouueras par charité: Et sainct Augustin rédant la raison pourquoy il ne trouuoit pas son Dieu dans le monde, c'est pource (dit-il) que ie cherchois hors de moy, celuy qui estoit dedans moy.

Per vicos & plateas quæram quem diligit anima mea, quæsiui illum & non inueni.

Ie chercheray par les ruës & par les places celuy qu'ayme mon ame, ie l'ay cherché & ne l'ay point trouué.

L'Espovse a cherché son Espoux au lict, par les ruës & par les places publiques, & ne la peut trouuer en ces trois lieux qui representent les voluptez charnelles, la vanité, & l'ambition, où Dieu ne se trouue iamais; au contraire il a esté trouué en la creche par les Pasteurs, en l'estable par les trois Roys, & au Temple par sa saincte mere. Nous pouuons dire aussi que l'Espouse fait vne recherche de l'Espoux par les chemins, voyes & sentiers des viuans, par les voyes spacieuses de l'air, par la region etherée, & par les grandes places & campagnes celestes, & dit qu'elle ne l'y a point trouué: non qu'il ne remplisse (comme dit est) toutes choses creées de l'immensité de son essence: mais recherchant icy son Dieu comme vn pere gracieux, & comme vn Espoux tout amoureux des ames, sans doute qu'il se trouue ailleurs que dans le monde, dans les elemens, dans les cieux & les astres; & c'est seulement chez l'Ange & chez l'homme, les deux seules creatures dignes d'estre faictes les tabernacles du Tres-haut. O grande merueille! l'ame est faite par grace le paradis de Dieu, la maison de l'eternité, & le plaisir de celuy qui dit, que ses delices sont d'estre auec les enfans des hommes!

Invenerunt me vigiles, qui custodiunt civitatem, num quem diligit anima mea vidistis? paululum cùm pertransissem eos inveni quem diligit anima mea.

Les sentinelles qui gardent la cité m'ont trouuée : n'auez-vous point veu celuy que mon cœur ayme ? vn peu apres les auoir passez ie l'ay trouué.

L'AME FIDELLE ne pouuant rencontrer dans l'espace des choses corporelles & sensibles, celuy que son cœur ayme, n'a point perdu le courage de le chercher, ny l'esperance de le trouuer : & pour ce faire elle s'est representée en soy-mesme, soit par la lumiere de son intelligence, ou bien par vne particuliere inspiration du ciel, que Dieu ne pouuoit se trouuer dans les choses sensibles, & qu'il le falloit chercher chez les Anges, c'est pourquoy elle dit, *Les sentinelles qui gardent la Cité m'ont trouuée*; cõme si elle disoit, les Anges, qui sont les sentinelles de la Cité du monde, m'ont rencontrée cherchant mon bien-aymé, & ie leur ay demandé, *N'auez-vous point veu celuy que mon cœur ayme?* Et ayant appris de ces esprits releuez qu'ils n'estoient pas celuy-là qu'elle cherchoit, ils luy en ont donné de certaines nouuelles: & luy vouloient raconter les grands & merueilleux mysteres de sa diuinité, de son eternité, de sa gloire; mais la voyant moins curieuse d'entendre toutes ces merueilles, que desireuse d'apprendre la demeure de celuy qu'elle ayme: ils luy ont declaré que celuy qu'elle cherchoit estoit infiniment releué sur tous les Cherubins & Seraphins, & sur toutes les essences creées, sensibles, raisonnables & intelligibles. Ainsi ceste ame apres vne si longue recherche a trouué son Dieu par le moyen de ces puissances Angeliques, pource qu'elle recognut à leur discours, qu'apres la nature Angelique suit immediatement la nature diuine, c'est pourquoy elle dit, *Vn peu apres les auoir passez i'ay trouué celuy que mon ame ayme.*

Ces paroles me font souuenir de la Magdeleine qui cherchoit Iesvs-Christ au sepulchre, à laquelle les Anges dirent, Il n'est pas icy, il est ressuscité: & luy

162　*Exposition mystique & morale*
ayant osté le voile d'ignorance qui luy faisoit chercher comme mort celuy qui estoit viuant & ressuscité, vn peu apres les auoir passez elle trouua celuy que son cœur ayme.

Tenui eum nec dimittam donec introducam illum in domum matris meæ, & in cubiculum genitricis meæ.

Ie le tiens & ne le laisseray point aller, iusqu'à tãt que ie l'introduise en la maison de ma mere, & en la chambre de celle qui m'a engendrée.

L'Espovse ayant trouué son bien-aymé, le baise, l'estreint & l'embrasse si cherement & amoureusement, qu'elle proteste qu'elle ne l'abandonnera iamais, & que plustost son ame quittera son corps, qu'elle permette que son Espoux abandonne son ame, dont il est l'amé, la vie, & le paradis. *Ie le tiens & ne le laisseray point aller.* Ie le tiens auec les bras de mes desirs & de mes affections enflammées, ie le tiens auec vn violent

du Cantique des Cantiques. 163

desir de luy complaire, auec vn fidelle vœu de ne l'offenser iamais ; ie le tiens auec le zele de mon amour, & auec vn grand desir de mourir pour luy. Qu'on martyrise mon corps, qu'on espanche tout mon sang, & qu'on m'arrache le cœur du corps, & l'ame du cœur, & qu'on me laisse seulement mon bien-aymé, qui est mon amour & ma vie : son amour est mon ame, & ceste ame est ma vie ; & pourueu que ie le tienne fermement vny auec mon ame, il ne peut y auoir de mort pour moy, qu'vne seule, qui est la separation de mon ame d'auec mon corps, & ceste mort seroit ma vie parfaite : car ie ne vis qu'à demy en ceste vie, où mon ame ne peut iouïr continuellement de l'vnion de mon Sauueur.

Ie le tiens (dit-elle) *ie le tiens, mon bien-aymé, & ne le laisseray point aller, iusqu'à tant que ie l'introduise, ou plustost, qu'il m'introduise en la maison de ma mere, & en la chambre de celle qui m'a engendrée.* Cecy se pourroit rapporter au mystere de l'Incarnation du Verbe, qui est le bien-aymé que l'Espouse dit qu'elle veut mener en la maison de sa mere, la nature humaine, afin qu'il l'introduise en la chambre de la tres saincte Trinité, qui est celle qui a creé les Anges, les ames, elle-mesme. Mais rapportons ces paroles au sens mystique de l'ame selon nostre dessein: Ie le tien (dit l'ame saincte) celuy que mon cœur ayme, & ne le quitteray point iusqu'à tant qu'il m'ait introduitte en la gloire celeste, qui est la propre maison & demeure de la nature humaine ma mere, & en sa chambre celeste, où sont disposez par les mains de son amoureuse sapience, les sieges des Anges rebelles, pour les ames sainctes, religieuses & devotes; où elles seront eternellement assises, iouïssant d'vn repos asseuré, & d'vne paix ineffable au paradis de mon tres-cher Espoux.

Adiuro vos filiæ Hierusalem, per capreas cervosque camporum, ne suscitetis neque evigilare faciatis dilectam donec ipsa velit.

Ie vous adiure, filles de Hierusalem, par les cheures & les cerfs des champs, que vous n'éueilliez ny faciez esueiller ma bien-aymée, iusqu'à ce qu'elle le vueille.

L'ESPOVSE estant fermement vnie auec son bien-aymé, ne se souuient plus des choses de la terre; ayant le monde sous les pieds, vn ciel de delices dans son cœur, & le paradis dans son ame. Elle iouït d'vn grand repos, d'vne paix admirable, d'vne ioye indicible en l'vnion de Dieu, lequel comprend toutes sortes de biens en son estre. Et comme le diuin Espoux ayme vniquement ceste ame saincte, il ayme son plaisir & son contentement: mais il est si fort ialoux d'elle, qu'il deffend à toutes les creatures d'en approcher, de peur de la reueiller du sommeil de l'extase, il ordonne mesmes aux Anges d'y faire la garde & la sentinelle, afin que personne n'interrompe ce doux & amoureux repos, iusqu'à ce qu'elle le vueille, c'est à dire, iusqu'à tant qu'elle s'esueille d'elle-mesme. *Ie vous adiure, filles de Hierusalem, par les cheures & les cerfs des champs, que vous n'esueilliez ny faciez esueiller ma bien-aymée, iusqu'à ce qu'elle le vueille.*

Disons icy vn mot de l'vnion de l'ame auec Dieu, & nous parlerons en vn autre lieu du rauissement. Le Tout-puissant ne se contente pas d'auoir mené l'ame dans le temple du repos (ainsi qu'auōs dit ailleurs) où toutes ses puissances estās contentes, la seule volōté est vnie à Dieu, il veut feliciter toute l'ame de cet échantillon de sa gloire par la saincte faueur de sa visite, & la tirant à son parfait amour par vn souffle de sa bouche diuine, il se l'vnit en l'oraison, suspendant non seulement ses puissances, mais se les vnissant amoureusement. Il est vray (mon Seigneur) que vostre sainct amour ordonne par fois, que tandis que la volonté est vnie à son souuerain bien, l'entendement attend à la porte du temple de l'vnion, n'osant (tout rauy qu'il est) entrer en ce sanctuaire : Mais quand il plaist à Dieu faire exceder la cósolation (car il y a plus & moins en ces visites) toutes les puissances sont vnies à leur principe eternel : C'est vn doux silence de toutes les puissances; & si elles agissent c'est seulement en Dieu, & non plus en l'ame : bref ceste diuine vnion est vne certaine mort de l'ame (representée par le sommeil) laquelle se deffaict toute pour estre dauantage en Dieu, comme il fut vn iour reuelé à vne personne saincte, & semble qu'il ne tient à rié qu'elle ne sorte du corps; mais quelle heureuse mort seroit-ce pour elle ? ou plustost quelle heureuse vie, puisque mourant ainsi en elle, elle vit heureusement en Dieu. Mais ie n'employeray point icy dauantage de paroles, pour exprimer les rauissantes douceurs qu'opere en l'ame ceste saincte visite, puis qu'elle n'excede pas seulemét les autres, mais la plus eminente idée que l'ame plus pure & plus belle, pourroit iamais auoir en ce monde.

*Quæ est ista quæ ascendit per desertum sicut
virgula fumi ex aromatibus myrrhæ
& thuris & vniuersi pulueris
pigmentarij?*

Qui est celle-cy qui marche par le desert, ainsi qu'vn rayon de parfum de compositions aromatiques, de myrrhe, d'encens, & de toutes les poudres du parfumeur?

VNE AME qui ayant dit à dieu au monde, s'est retirée en vn desert pour viure selon Dieu, ie veux dire en la solitude d'vn Monastere, pour complaire au celeste Espoux, il ne faut point douter qu'elle n'attire les yeux & l'admiration du monde, apres elle, & que tous ne disent, *Qui est celle-cy qui chemine par le desert, ainsi qu'vn rayon de parfums aromatiques, &c.* ou bien les filles & compagnes de l'Espouse disent ces paroles d'admiration, considerant leur Royne & leur Maistresse, esleuée sur toutes les ames par vne excellente maniere de vie, & si parfaictement

du Cantique des Cantiques. 169

faictement embausmée de toutes sortes de vertus & de graces celestes. Ou bien, si vous voulez, ce sont les Anges qui contemplans ceste Royale Espouse cheminer ainsi par le desert, de vertu en vertu, esleuent leurs voix en signe de ioye & d'alegresse, loüians & admirans la vie Angelique de celle qui marche ainsi par le desert; Elle chemine, dis-ie, auec les pieds de ses affections par le desert d'vn monastere (qui est l'estat de la perfection spirituelle) ainsi qu'vn rayon de parfum de compositions aromatiques: Ce rayon est la grace de Dieu, ce parfum est la charité, & ces compositions aromatiques, sont les plus excellentes vertus, comme la foy, l'esperance, la virginité, l'obeyssance, l'humilité, la pieté, la iustice, la prudence, la mansuetude & les autres *meslées de myrrhe & d'encens*, qui signifient la penitence, la mortification & l'oraison, sans lesquelles vertus les plus excellens parfums seroient de mauuaise odeur au celeste Espoux. Or toutes ces poudres mystiques sont appellées, *Poudres du parfumeur*, pource que toutes les vertus, graces & benedictions procedét de Dieu, qui est le vray liban eternel, auquel sont plantez tous les

H

170   *Exposition mystique & morale*
arbres des dons, vertus & perfections
surnaturelles, tout ainsi qu'au Paradis
terrestre estoit planté l'arbre de vie, de la
racine & plenitude duquel tous les autres
tiroient tout leur suc, leurs fleurs, & leurs
fruicts plus excellens & delectables.

※※※※※※※※※※

En lectulum Salomonis, sexaginta fortes ambiunt ex fortissimis Israel, omnes tenentes gladios, & ab bella doctissimi, unius cuiusq; ensis super femur suum propter timores nocturnos.

Voicy soixante forts hommes des plus
forts d'Israël entourent le lict de Salomon, tous tenás des glaiues, & bien
appris à la guerre, chacun desquels
tient son espée droicte sur la cuisse
pour les craintes de la nuict.

Voicy le lict de Salomon. Il
semble qu'il ait fallu que l'Espouse
ait cheminé par le desert, qu'elle l'ait trauersé, non sans de gráds trauaux (signifiez
par la myrrhe, entre-meslez d'vne grande charité & ioye interieure (signifiée par

les odeurs & parfums aromatiques) auant que d'arriuer à la chambre de l'Espoux, & iusqu'au lict du Roy, qui est le vray Salomon, lequel donne la paix & le repos à ses bié aymez, qui est l'heritage du Seigneur: Mais pource que nous auons escrit sur ce sujet, & en pourrons traicter encor en vn autre lieu, disons que par le lict de Salomon est entenduë la saincte humanité du fils de Dieu, la tres-saincte chair de IESVS CHRIST, qui est comme le lict de la diuinité & de l'ame ; *lict entouré de soixante hommes des plus forts d'Israël tenans des glaiues en leurs mains*. Ce sont les Cherubins, & toutes les armées Angeliques qui sont en sentinelle à la garde de leur Prince, & de leur Roy, *pour la crainte des nuicts*, qui signifient le peché, & l'ignorance, qui n'ont iamais aproché du lict du Roy, pource que sa tres-saincte humanité n'est point encline à peché, comme la nostre. Mais comme tres-pure, tres-vierge & impeccable, elle est par sa propre nature renduë tres-forte & victorieuse contre toutes les tentations, qui sont les nuicts mystiques de l'ame ; & mesme elle a de grandes asseurances de

H ij

Expofition myftique & morale ceste belle victoire & triomphe admirable, par le pouuoir abfolu, & l'empire fouuerain qu'elle a fur tous les Anges, tant de la premiere, que de la seconde & troisiéme Hierarchie. Ou bien ces soixante forts d'Ifraël ce font les Anges que Dieu met en garde & fentinelle autour des ames fes Efpoufes, contre les craintes des nuicts, c'est à dire, contre les tentations du diable, du monde, & de la chair, qui font des nuicts fort dangereufes pour elles, mais par le moyen des Anges gardiens, les ames font deliurées des affauts des diables, car comme chante Dauid, *Montes in circuitu eius, & Dominus in circuitu populi fui.*

Ferculum fecit sibi Rex Salomon de lignis Libani, columnas eius fecit argenteas, reclinatorium aureum, ascensum purpureum, media charitate constrauit propter filias Hierusalem.

Le Roy Salomon s'est fait vne lictiere de bois du Liban, il a faict les colomnes d'argent, d'or en est l'appuy ou reposoir, & ce reposoir d'or, il a fait la montée ou l'escallier de pourpre, ornée de charité au milieu pour les filles de Hierusalem.

PLVSIEVRS SACREZ Interpretes disent que ceste lictiere signifie la Croix de IESVS-CHRIST, faite & composée des bois du Liban, assauoir d'oliuier, qui signifie la paix, de cyprez, symbole de la mort; de palme, symbole de sa victoire & de cedre, symbole de la grace qui a esté donnée à ce sainct bois, de ne se point corrompre: *Il a faict les colomnes d'argent, d'or en est l'appuy ou reposoir:* Ces deux colomnes sont, la Misericorde,

H iij

& la Iustice; & ce reposoir d'or, c'est la grande charité de IESVS-CHRIST, sur laquelle les ames reposent & s'appuyent doucement, comme il est dit en ce Cantique: *Que l'Espouse monte au Ciel, appuyee sur son bien-aymé*, c'est à dire, sur le merite de sa mort, & sur les sainctes colomnes de son amour & misericorde. *Il a faict la montee ou l'escalier de pourpre*, pour ce qu'il ne meine point son Espouse au lict nuptial de sa gloire, que par les degrez de la Croix, & par le pourpre de son sang espanché pour elle, lequel luy a tracé & frayé le chemin pour aller au ciel, *ornée de charité au milieu pour les filles de Hierusalem*. Ceste lictiere ou croix du Sauueur à l'appuy d'or, est ornée & embellie de l'or precieux de la Charité pour les ames de l'Eglise militante, qui est la Hierusalem terrestre, afin qu'elles puissent monter par ce diuin escallier à la celeste, où reposent les Anges & les esleuz de Dieu.

Egredimini, & videte filiæ Sion Regem Salomonem in diademate quo coronauit illum mater sua in die desponsationis illius, & in die lætitiæ cordis eius.

Sortez dehors, filles de Sion, & venez voir le Roy Salomon auec le diadéme duquel sa mere l'a couronné le iour de ses espousailles, & le iour de la ioye de son cœur.

SOrtez dehors, files de Sion, Sortez de vous-mesmes, ames Chrestiennes & deuotes; esloignez vous des pensées terriennes, & des soins du corps & du monde, *Et venez voir le Roy Salomon,* venez contempler Iesvs-Christ vostre Roy pacifique, *auec le diadéme duquel sa mere l'a couronné,* auec la couronne d'espines que la nation Iuïfue luy a mise sur son chef, ou bien auec la couronne d'espines que la main de son amour a mise sur sa teste, en faueur de nostre mere l'Eglise, *le iour de ses espousailles, le iour de*

H iiij

sa mort, au moyen de laquelle il a espousé par son amour l'Eglise, en son sang precieux, *& le iour de la ioye de son cœur*, parce que son amour a ordonné que le iour de son dueil fust celuy de nostre ioye, le iour de ses douleurs celuy de nos merites, & la nuict de sa mort le beau iour de nostre vie immortelle. O mystere admirable, que les espines dans l'hyuer de la mort produisent les roses de l'amour, que les douleurs enfantent des douceurs eternelles, & vne mort sanglante vne vie triomphante & glorieuse!

Sortez, filles de Sion, pour voir le Roy Salomon auec son diadéme. Quelques-vns exposent cecy de la gloire de l'humanité de IESVS-CHRIST, celle-là de laquelle pour le merite de la Croix fut couronnée sa sacrée chair en sa Resurrection, & en son Ascension: celle-là qui comme vn diadéme luy fut posée sur ta teste, par la mesme puissance qui l'auoit produicte. *Sortez donc dehors, filles de Sion*, esleuez vous sur vous-mesmes, & sur toutes les choses creées, & contemplez par l'œil de la foy la gloire de vostre Roy, la gloire de IESVS-CHRIST, la gloire de sa tres-saincte humanité, laquelle surpasse infiniment celle de tous les Anges & de tous les Saincts de paradis, comme l'auoit predit le Prophete Royal, au Psalme 20. *posuisti in capite eius coronam de lapide precioso. Magna gloria eius in salutari tuo, gloriam & magnum decorem impones super eum.*

CHAPITRE QVATRIESME.

Quàm pulchra es, amica mea, quàm pulchra es!

Que tu es belle, ma mie, que tu es belle!

L'ESPOVX estant espris de l'ame, son Espouse, la loüe & la caresse merueilleusement, & (tant l'excez de son amour est grand) il ne peut s'empescher de luy dire, admirant sa beauté & sa bonne grace, *Que tu es belle, ma bien-aymée, que tu es belle!* Et repetant ce mot de belle, il semble qu'il vueille faire entendre qu'il y a deux sortes de beautez en l'Espouse, celle de l'ame & du corps, celle de la nature & de la grace, ou bien celle de l'ame & du corps, en l'estat de grace, & en l'estat de gloire. Il dit que sa bien-aymée est belle à ses yeux, pource qu'il l'ayme, & non pour les merites qui soient en elle, comme venans d'elle, mais de luy seul, comme celuy qui ayant fait l'ame belle par la creation, l'a renduë encore plus belle par la redemption, & la rendra tres-belle par la glorification. O triple beauté de l'ame, recognuë aux trois facultez essentielles, memoire, entendement, & volonté; c'est en vous que les trois personnes de la saincte Trinité ont distribué leurs dons ineffables, à sçauoir à la memoire l'image de l'eternité paternelle & souueraine; à l'entendement l'image de la verité diuine, qui est le Verbe eternel, & à la volonté l'image de l'amour diuin, qui est le S. Esprit; ainsi l'ame est vne petite Trinité faicte à l'image de Dieu.

Que tu es belle (ame ma chere fille) que tu es belle! belle par tes pensées, & belle par tes œuures, belle par ton action, & belle par ton intention, belle par la foy, & belle par la charité, belle par la haine du monde & du peché, & plus belle par l'amour de la sapience & du souuerain-beau. Mais d'autant que l'Espoux parle ainsi de la beauté de l'Espouse en general; voyons vn peu comme il dépeint excellemment en particulier toutes les parties de sa beauté parfaite.

Oculi tui Columbarum absque eo quod intrinsecus latet.

Tes yeux sont comme ceux des Colombes, sans cela qui est caché au dedans.

LES YEVX DE L'AME sont les fins & les intentions auec lesquelles elle regarde comme elle se doit regler, mouuoir & conduire en toutes ses actions & operations, qui doiuent tousiours tendre & aspirer en Dieu, comme à leur principe & fin bien-heureuse. *Tes yeux* (dit l'Espoux) *sont comme ceux des Colombes*, non seulement pource qu'ils sont beaux, doux & agreables, mais pource qu'ils regardent sans cesse en haut, auec ceux du Prophete, qui disoit, *I'ay esleué mes yeux à toy qui habite les Cieux*. On remarque que la Colombe se plaist auprés les ruisseaux & les riuages, & quand elle est posée sur la terre, elle regarde tousjours vers le Ciel : ainsi la mystique Colombe doit sans cesse auoir les yeux de l'esprit & du corps à la contemplation de son Dieu par ses œuures & mysteres, & notamment l'œil de son intention, qui doit tousiours estre fiché & affermy en Dieu, comme sa seule fin: & ses yeux doiuent estre simples comme ceux des Colombes, sans cela qui est caché au dedans, c'est à dire, que sans ce qui est en l'interieur (qui est l'intention) soit contraire à l'exterieur, qui est l'action. Quant à ce que la Colombe se plaist au riuage des eaux, se doit entendre que les yeux de l'Espouse doiuent estre tousjours baignez des larmes d'vne saincte feruer & contrition, ce qui nous est representé par les paroles de ce Cantique, Les yeux de l'Espouse sont semblables aux fontaines d'Esebon, où l'eau ne manquoit iamais.

Capilli tui sicut greges caprarum quæ ascenderunt de monte Galaad.

Tes cheueux sont comme trouppeaux de cheures, qui viennent du mont Galaad.

LES CHEVEVX de l'ame sont ses affections, amour, haine, ioye, douleur, & les autres, lesquelles, non plus que les cheueux, ne sont bonnes ny mauuaises de soy, sinon lors qu'elles sont employées à bon ou mauuais vsage. Or est-il que l'ame saincte doit auoir son cœur vny auec Dieu, & pour paruenir à ceste excellente vnion, il doit estre recueilly en soy-mesme, non diuisé ny respandu dans les creatures, mais tousiours vny par vne amoureuse intention auec Dieu. C'est pourquoy l'Espoux trouue l'Espouse belle, *Pource que ses cheueux sont comme trouppeaux de cheures qui viennent du mont Galaad,* lesquels trouppeaux n'estoient pas dispersez, mais assemblez & pressez & recueillis ensemble. Ainsi les cheueux de l'ame, qui sont ses desirs & ses affections, ne doiuent iamais estre espars & dissipez, mais bien resserrez & vnis comme vn trouppeau obeïssant soubs la houlette sacrée de son souuerain Pasteur, lequel les menera paistre aux pastis amoureux & sauoureux de sa grace & de son amour, n'oubliant aussi de les repaistre de temps en temps, de la manne excellente de sa parole, & de son propre Corps au sainct Sacrement de l'Autel. O pasture tres-douce! ô Pasteur tres-bon & tres-fidelle! ô Pasteur admirable! ô amour puissant & merueilleux!

Exposition mystique & morale

Dentes tui sicut greges tonsarum quæ ascenderunt de lauacro, omnes gemelli fœtibus & sterilis non est inter eas.

Tes dents sont comme des trouppeaux de brebis nouuellement tonduës, qui retournent du lauoir, chacune auec deux iumeaux, & pas vne d'elles n'est sterile.

LES DENTS DE L'ESPOVSE signifient les sens corporels: car tout ainsi que l'estomach ne reçoit rien que les dents n'ayent masché: ainsi rien n'entre en l'entendement qui n'ait esté premierement soubs les sens. L'Espoux a comparé les dents de son Espouse aux trouppeaux de brebis retournans du lauoir; pource qu'elle tient ses sens comme en vne prison, ainsi que le sont les dents en la bouche; ou comme des brebiettes qu'on a nouuellement baignées & lauées, faisant qu'aupres d'elles leurs iumeaux se tiennent réglement & coïemét, qui sont l'apprehensiue & l'appetitiue, ainsi pas vne de ces brebis ne sera sterile, pour ce que le silence mesme rapporte des fruicts excellens à l'aduantage de la vie spirituelle & contemplatiue.

:≈≈≈≈≈≈≈≈≈≈≈≈≈≈≈≈≈

Sicut vitta coccinea labia tua, & eloquium tuum dulce.

Tes levres sont comme vne bande de couleur pourprine, & ton parler est bien doux.

LES LEVRES & le parler de l'ame, sont les pensées, qui comme des paroles interieures produisent des discours intelligibles, & l'Espoux disant, *que les levres de son Espouse sont de couleur de pourpre,* tesmoigne qu'elle ne prend plaisir qu'à parler de sa mort & passion, de l'effusion salutaire de son sang versé si abondamment pour elle à l'Autel de la Croix, des espines, des clouds, & de la lance, & autres instrumens de la passion de IESVS: Elle ne prend plaisir & recreation qu'à parler, ou d'ouyr parler des merites de ce sang precieux, que des sanglátes playes du crucifié, que de l'amour auec lequel il a entrepris, faict & accomply cet holocauste parfaict, & sacrifice volontaire. *Ainsi les levres de l'Espouse sont de couleur pourprine*, c'est à dire, teintes du sang de IESVS, & de la charité de son cœur diuin, mais *son parler est fort doux aux oreilles de son amant*, pource qu'elle distille vn doux miel de sa bouche au cœur de ses amis & prochains, *& ayant le laict & le miel sous sa langue*, assauoir dans la bouche & dans le cœur, elle parle à son prochain auec toute douceur, amour & suauité, faisant conformer ses actions à ses paroles, & son cœur à ses levres, afin de plaire à son Espoux, lequel estant toute douceur, n'ayme que la douceur & la mansuetude: Et puis ceste ame sçait bien que la parfaicte charité consiste en deux poincts, à aymer Dieu & le prochain: or ne pouuant parler & traicter auec Dieu comme auec les hommes, quand elle parle doucement & charitablement aux hommes, elle parle doucement & amoureusement à Dieu: quand elle donne quelque secours au prochain, elle faict misericorde à Dieu, ouy misericorde, qui est secourir le miserable en sa misere:

amour esmerueillable de Dieu enuers l'homme! que l'hôme puisse estre le Sauueur de l'hôme: mais ô prodige du Chrestien à l'endroit des hommes! qui n'a nulle compassion des hommes, membres de Iesvs-Christ, pour luy fait homme.

✣✣✣✣✣✣✣✣✣✣✣✣✣✣✣✣

Sicut fragmen mali punici, ita genæ tuæ absque eo quod intrinsecus latet.

Tes ioües sont comme vne pomme de grenade, ou comme vne grenade entamée, sans cela qui est caché au dedans.

L'Espovx pour loüer les ioües de son Espouse, les compare à vne pomme de grenade, pour monstrer qu'elles sont vermeilles côme les roses, tout ainsi qu'elle a le tein de lys; les roses signifient la ferueur de sa charité, les lys l'odeur de sa chasteté, *sans cela qui est caché au dedans*, voulant dire qu'il y a dans son interieur tant de beautez, d'amours & de graces, qu'il est impossible de l'exprimer; c'est pourquoy le Prophete dit, que toute la beauté de la fille du Roy (qui est son Espouse) est cachée au dedans. Mais quelles sont ces belles iouës comparées à vne grenade entr'ouuerte, laquelle a beaucoup meilleure grace entamée, qu'estant close & fermée? Ces deux iouës spirituelles sont l'entendement & la volonté, lesquelles le celeste Espoux baise amoureusement en l'oraison d'vnion & de rauissemét, alors que ces deux puissances sont esleuées & suspenduës, & que Dieu agit diuinement en elles: Et ce diuin Espoux baise la bouche de l'ame, alors qu'elle est vnie & rauie souuerainement en luy, & que le plus intime du cœur est vny par le mariage spirituel auec la diuine Trinité.

Et pour exprimer quelle est ceste grenade entr'ouuerte, c'est quand l'entendement & la volonté de l'homme n'aspirét qu'à la cognoissance de la verité, & à l'amour du souuerain bien; & ainsi qu'en vne grenade entamée, il fait que les actes spirituels de l'exterieur se raportent naïfuement à l'interieur, ouurant son cœur amoureux en la presence de Dieu, afin de receuoir de ce Soleil de l'ame, les rayons de grace, de iustice & d'amour.

*Sicut Turris David collum tuum, quæ ædifica-
ta est cum propugnaculis, mille clypei pen-
dent ex ea, omnis armatura
fortium.*

Ton col est comme la Tour de David bastie auec des bouleuards, mille boucliers sont pendans en icelle, & toutes sortes d'armes pour hommes forts.

L'Espovx voulant loüer le col de son Espouse, le compare à la Tour de Dauid; ce qui demonstre aux esprits ignorans & charnels, & non initiez aux diuins mysteres, que ce Cantique d'amour est tout mysterieux & tout admirable, & non pas des chansons faictes à plaisir par Salomon, touchant le sujet de ses amours particulieres. Car quelle proportion y a-il d'vn col à vne tour, non plus que des ioües à vne pomme de grenade, & des mammelles à des faons de cheure, que l'on fait paistre entre les lys?

Mais disons que le col de l'Espouse (qui est la saincte Vierge) est comme la

Tour de Dauid; pour la droicture & integrité de sa nature sur-eminente, excellente & parfaicte. La Vierge est le col sacré du corps mystique de l'Eglise, dont Iesvs Christ est le chef glorieux, & le sainct Esprit le cœur. Et tout ainsi que le col receuant du chef la nourriture & toutes les influences de vie, les communique aux membres & parties du corps, afin de les nourrir & conseruer: ainsi la saincte Vierge (ceste Lune mystique) receuant toutes les influences celestes, & la plenitude de grace du Soleil de iustice, les influë & communique abondamment & charitablement à toutes les parties & membres du corps de l'Eglise militante.

L'Espovx dit aussi qu'en ceste belle Tour de Dauid *sont pendans mille boucliers & toutes sortes d'armes pour hommes forts*, il entend parler d'armes spirituelles, & de boucliers acerez, & de si dure trempe, qu'ils n'ont iamais sceu estre penetrez & faussez par les dards & fleches du diable, du monde ny de la chair. Car ceste victorieuse & triomphante vierge est le pauillon Royal de Salomon gardé par soixante Cherubins, ayans tous leurs glaiues au costé pour la crainte des nuicts. Et ce grand Salomon a non seulement donné sa fille, sa mere, & son Espouse en garde à ses Anges, contre tous ses ennemis, ains il s'est mis luy mesme en sentinelle autour de son lict, qui est son corps virginal, defendant à toutes creatures de troubler son repos, ayant vn salutaire dessein d'y celebrer vn iour les nopces spirituelles & réelles de son Incarnation.

O Vierge tres belle, tres-saincte, & tres-heureuse sur toutes les femmes, ie ne puis passer ce terme sans vous loüer, ou du moins sans le souhaitter bien fort, mais considerant que les Anges n'y pourroient suffire: ie me contenteray de vous admirer auec eux, & de dire conformement à mon sujet, que vous estes le buisson ardēt qui ne se consommoit point, lequel fut veu par Moyse en la montagne d'Oreb: la verge seiche d'Aaron qui fleurit en vne nuict; la toison de Gedeon remplie de la rosée celeste, qui est le sainct Esprit. Vous estes (ô saincte Vierge) le iardin fermé, auquel le celeste Espoux entre luy seul pour y prendre ses delices, & vous donner le doux baiser de sa bouche. Vous estes la fontaine scelée, qui a receu la plenitude des graces diuines & de la sapience eternelle; vous estes la porte Orientale d'Ezechiel, par laquelle le Roy seul deuoit entrer & venir en ce monde pour le salut de tous: Vous estes la pierre couppée de la montagne, sans main d'homme, laquelle fut veuë par Daniel, pierre mystique qui nous a donné des eaux de grace en affluence, ou plustost l'autheur de la grace, qui est IESVS-CHRIST, ceste pierre viue, laquelle ayant esté frappée de la verge de la Croix, a versé, non des eaux, mais vne fontaine de sang precieux pour le salut des ames. Et i'adiousteray icy, ô tres-saincte Vierge! que vous estes la mere des viuans, la mere de belle dilection, la mere de saincte esperance, le Paradis de volupté, le bois de vie, la maison de sapience, la porte du ciel, le desir des collines eternelles, la cité de refuge, la veine de vie, la gloire de Hierusalem, le sanctuaire de Dieu, le tabernacle d'alliance, le propiciatoire du tres-haut, l'Autel du Thymiame, l'eschelle de Iacob, l'Arche du testament, le miroir sans macule, la verge de Moyse, la verge de Iessé, le lys entre les espines, le throsne de Salomon, la tour d'yuoire, le puits des eaux viues, la femme reuestuë du Soleil, l'estoille du

du Cantique des Cantiques. 193

du matin, l'Aurore naissante, belle comme la Lune, choisie comme le Soleil, l'armée bien ordonnée, & le Paradis de la gloire de Dieu, bref (ô vierge tres-saincte & sacrée) vous estes la fille du Pere, la Mere du Fils, & l'Espouse du sainct Esprit.

Duo ubera tua sicut duo hinnuli capreæ gemellæ qui pascuntur inter lilia.

Tes deux mammelles sont comme deux
faons de cheure, que l'on faict
paistre entre les lys.

LES DEVX MAMMELLES DE L'Espovse, c'est le desir du bien, & la fuitte du mal, que l'Espoux acompare à deux faons de cheures, que l'on faict paistre entre les lys, pour témoigner la merueilleuse pureté & simplicité de son Espouse, non seulement par ces faons de biche, mais aussi par la qualité de la viande dont ils se repaissent, qui sont les lys ou les autres fleurs & plantes aromatiques; car estant gouuernée par la diuine

I

prouidence de son Pasteur, elle laisse les mauuaises herbes, & ne se paist que de celles qui sont bonnes & sauoureuses, pures comme des lys, entant que son entendement & sa volonté fuyent le mal & le peché, & suiuent le bien & la vertu, laquelle est de bonne odeur à Dieu & aux Anges, qui sont les beaux lys de Dieu: ou bien ceste Espouse se paist entre les lys des ames chastes & pures, conuersant auec les ames deuotes & religieuses, & non auec les mondaines & vicieuses. Et parce que ces faons mystiques sont dits, se repaistre entre les lys, & non pas de lys ou de roses; il me semble que nous ferons mieux de dire que la foy & l'esperance sont les deux mammelles de l'ame, par lesquelles elle reçoit du souuerain Pasteur vn aliment propre & conuenable à son essence : mais ces deux mammelles paissent en ceste vie entre les lys & les roses, assauoir la foy entre les lys & les roses des diuins mysteres, & l'esperance entre les fleurs des consolations celestes: il est vray que la charité repaist aussi entre les roses du sainct amour ; mais celle-cy seule (& non les autres) sera vn iour nourrie au ciel, non de fleurs, mais de fruicts excellens, & du laict precieux de ces diuines mammelles, lesquelles obligent l'Epouse à faire ce souhait aussi plein d'audace, que d'amour, *qu'il me baise du baiser de sa bouche, car vos mammelles sont meilleures que le vin.* Remarquons icy que l'Espouse disant qu'il me baise, cela se raporte à la diuinité: Et adioustant, car vos mammelles sont meilleures que le vin: cecy se doit entédre de l'humanité de IESVS CHRIST. Il me semble que c'est comme ce beau traict des Psalmes de Dauid, où il dit: *Deus misereatur nostri & benedicat nobis, illuminet vultum suum super nos, & misereatur nostri, vt cognoscamus in terra viam tuam, in omnibus gentibus salutare tuum.* C'est à dire, que le Seigneur ait pitié de nous, & nous benisse; qu'il nous illumine par son visage, & qu'il nous face misericorde: afin que nous cognoissions en terre vostre voye, en toutes gents vostre salutaire. Ainsi de mesme la saincte Espouse dit, *qu'il me baise* (assauoir Dieu) *du baiser de sa bouche; car vos mammelles* (ô doux Iesus) *sont meilleures que le vin.*

Donec aspiret dies & inclinentur umbra vadam ad montem myrrhæ, & ad collem thuris.

Deuant que le iour faille, & que les ombres s'abbaissent, i'iray à la montagne de myrrhe & à la colline d'encens.

IL EST VERITABLE que, tandis que le Sauueur du monde estoit sur la terre, c'estoit vn beau iour pour la sainte Vierge, pour les Apostres, & pour tous ceux qui croyoient en luy, l'aymoient & suiuoient comme ses chers disciples; mais dés qu'il fust éclypsé de leurs yeux, premierement par sa mort, & en second lieu par son Ascension, les Apostres & Disciples de IESVS, demeurerent comme en tenebres, & les ombres estoient grandes en leur contrée, iusqu'à tant que le Soleil de iustice leur eust annoncé vn nouueau iour par la belle Aurore du sainct Esprit. Ces veritez me semblent assez bien figurées par ces paroles de l'Espoux, *iusqu'à ce que le iour faille, ou deuant que le iour faille, & que les ombres s'abaissent, i'iray à la montagne de myrrhe, & à la colline d'encens.* Et certes bien tost apres que le Sauueur fut allé à la montagne de myrrhe (qui est celle du Caluaire) la nuit est venuë au monde, par l'esloignement de ce Soleil des ames: & si tost qu'il fust monté à la colline d'encés (qui est le ciel & la dextre du Pere) par sa glorieuse Ascension, les ombres se sont abbaissées sur la terre, & vne nuict mystique s'est formée iusqu'au retour du Soleil, qui est le S. Esprit enuoyé par l'Espoux celeste.

Mais i'entreuois encor de grands mysteres dans ces paroles: *I'iray à la montagne de myrrhe, & à la colline d'encens, auant que le iour faille, & que les ombres s'abaissent,* comme s'il disoit, i'iray au Caluaire de la mort, deuant qu'aller au Thabor de la vie par vne Ascension signifiée par l'encens qui monte en haut. Or la mortification, & l'oraison sont representées par la myrrhe & l'encens, par la myrrhe qui est amere, & par l'encens qui s'exhale au ciel, & parmy l'air, estant excité par le feu. Ainsi l'ame ne peut monter à la montagne de l'oraison qu'estant mortifiée, & que cet encens de la priere ne soit animé par le feu

I iij

du diuin amour. Ainsi Moyse priant les mains leuées au Ciel, en auoit l'vne appuyée sur Aaron, qui signifie montagne haute, & l'autre sur Hur, qui signifie feu. Si vous desirez suiure les pas de vostre Espoux (cheres ames) & si vous voulez qu'il vous communique les precieuses odeurs de sa gloire en la montagne de l'encens, mortifiez vos sentimens exterieurs & interieurs, vostre corps, vos passions, vostre iugement, & vostre volonté propre: l'Espouse dit *qu'elle a recueilly la mirrhe auec ses liqueurs odorantes*: pour vous apprendre que vous ne pouuez cueillir les fleurs des graces & benedictions celestes dans le jardin du sainct amour, ny mesmes les fruicts de la gloire du ciel, qu'apres auoir moissonné la myrrhe de la penitence *l'ay monté sur la montagne de myrrhe, & de là sur la colline d'encens*; paroles qui nous marquent, qu'auant que prier nostre Espoux, il se faut necessairement mortifier, & qu'auant que de monter sur le Thabor pour estre transfigurez auec luy en l'oraison, il faut aller à la montagne de Caluaire pour y mortifier tous nos sentimens par la meditation de sa saincte mort, qui nous fait ressusciter spirituellemét en luy par luy-mesme: ce qui nous est representé par les deux autels du Temple de Salomon, auquel en l'vn on esgorgeoit les bestes, & en l'autre on offroit l'encens & le tymiame.

Ainsi vous voyez (cheres ames) que la mortification est le sentier frayé, qui meine à la montagne de l'oraison, & l'oraison la porte mystique par laquelle on entre dans le Paradis de la contemplation, là sont plantez les beaux arbres des vertus, faueurs & benedictiõs diuines, dõt le S. Espoux fait manger les doux fruits à l'ame par ses Anges : Ha! quels sentimens, ha! quels gousts, ha! quels rauissemens ces doux fruicts communiquent à la gorge, au palais, au cœur alteré de l'ame son Espouse. En ce beau verger des delices diuines sont plantez les arbres odorans de la sapience, les cedres admirables du Liban mystique, les doux pommiers du Paradis de Dieu, l'enté de la Iustice, celuy de la paix, celuy de la ioye, & les autres arbres portans les fruicts de la charité, qui transportét & rauissent le cœur & l'ame de leur seule odeur. Pardonnez moy (cheres ames) si ie n'en exprime le goust & la saueur; ce n'est pas vn goust

I iiij

Exposition mystique & morale de science, mais vne saueur de sapience, ce n'est pas vne saueur sensible, mais intelligible, ce n'est pas vn sentiment exprimable, mais ineffable: admirez-le donc auec moy, & le souhaittez auec toute l'extension de vos cœurs dilatez par le diuin amour, & puisque la seule odeur de ce doux paradis nous transporte & rauit de ioye & d'amour, respirons sans cesse ces eslans amoureux de l'Espouse, *tirez-moy apres vous* (MON BIEN AYMÉ) *& nous courrons apres l'odeur de vos parfums.*

※※※※※※※※※※※

Tota pulchra es amica mea, & macula non est in te.

Ma bien-aymée, tu es toute belle, & n'y a aucune tache en toy.

COMME IL EST VERITABLE que la meditation est vne consideration de l'ame sur les diuerses parties de la beauté ou du mystere qu'elle medite: Ainsi l'Espoux ayant long-temps consideré, &(par maniere de dire) medité les differens traicts du visage de son Espouse, en fin il la contemple toute d'vn seul regard & la

trouue toute belle & parfaite, & son a-
mour l'obligeant à luy donner des loüanges, luy fait dire, *Ma bien-aymée, tu es toute
belle, & n'y a aucune tache en toy.* Tu es toute
belle, pource que tu es ma bien-aymée, &
tu es ma bié-aymée pource que tu es toute
belle, & que t'ayant fait telle par ma grace
& par mó amour, ie ne puis que ie ne t'ayme, & cét amour est la cause de ta beauté,
au lieu que la beauté des creatures est la
cause de leur amour, & puis en elles les effets sont seulement les signes des choses,
mais en moy les actions sont les causes
des effets, & les causes des causes secon-
des & subalternes; ainsi ce que ie veux
qu'il soit beau, il est incontinent beau,
tant l'effect en moy est proche de sa
cause.

MAIS arrestons icy (cheres ames)
ne vous imaginez pas que ces paroles
soient dites pour tous les fidelles; sçachez
qu'en la maison de ce grand Salomon il y
a plusieurs concubines, plusieurs filles,
plusieurs Dames, & grand nóbre de Roynes, cóme Iesus Christ disoit, il y a plusieurs
demeures en la maison de mon Pere: mais
vne seule est la bien-aymée, l'vnique, la
parfaite, & celle-là est l'Espouse à laquelle

l'Espoux dit, *Tu es toute belle, ma bien-aymée, & n'y a aucune tache en toy*. Mais quelle est ceste Espouse sinon l'Eglise, ou la saincte Vierge? sinon l'Eglise nostre mere, ou la Vierge mere de Iesvs-Christ homme-Dieu? Eglise tres-chaste, Vierge tres pure; Eglise sans aucun defaut d'erreur, Vierge sans aucune tache de peché; Eglise l'vnique & la bien-aymée de l'Espoux, Vierge la Colombe sans fiel, la tres-belle, la tres pure, la parfaite. Or parce que l'Espoux ayant dit, *Tu es toute belle, ma mie, & n'y a aucune tache en toy*: il dit aussi tost apres, *Vien du Liban, mon Espouse, & tu seras couronnée*. Disons que l'on descouure icy de grands mysteres, & principalement considerant la grande pureté & perfection que l'Espoux a remarqué en l'Espouse; ie veux dire en l'ame qui se veut disposer d'aller du Liban de l'Eglise militante à celuy de la triomphante. Apprenez de cecy (belles ames) à conseruer vostre beauté toute pure & sans tache pour vostre Espoux, afin qu'il vous reçoiue vn iour dans le ciel entre les bras de son amour: car Dieu qui est vne pureté parfaite & incomparable, ne peut souffrir l'vnion & le mariage d'vne ame

du Cantique des Cantiques. 203

impure & prophane, non plus que la lumiere le meslange des tenebres.

Veni de Libano, sponsa mea, veni de Libano, veni, coronaberis de capite Amana, de vertice Sanir & Hermon, de cubilibus leonum, de montibus pardorum.

Vien du Liban, mon Espouse, vien du Liban, vien & tu seras couronnée du haut du mont Amana, du coupeau de Sanir & Hermon, des sieges des lyons, des montagnes des leopards.

L'Espovx ayant veu que son Espouse est parfaicte en beauté, & qu'il n'y a aucune tache en elle, l'appelle & l'inuite à venir auec luy au seiour de sa gloire & dans le paradis, qui est luy-mesme. O quelle douce, amoureuse & rauissante voix de l'Espoux! parlant au nom de la tres-saincte Trinité, & disant à ceste ame saincte, *Vien du Liban, mon Espouse, vien du Liban, vien.* Or Liban signifie blanchissement, c'est à dire, vien mon Espouse blanchie au sang precieux de l'A-

I vj

gneau sans macule, *vien du Liban*, toy qui es desia ma chere espouse par foy, vien consommer icy nostre mariage en la vision de ma saincte face : vien du Liban de ta saincte vie toute embaumée des bónes odeurs de la vertu, des cedres incorruptibles de la virginité & des autres vertus heroïques, afin de receuoir de ma propre main la couronne de gloire : *Vien, vien, vien*, ma chere Espouse, puisque ie t'appelle par trois fois au nom de la tressaincte Trinité, en laquelle estant le milieu sans milieu, & ayant toute charge de mon Pere, i'ay le pouuoir de te donner la benediction paternelle, la benediction filiale, & la benediction spirituelle & nuptiale, † Au nom du Pere, † du Fils, & du saint Esprit, † qui est vne seule & mesme benediction, comme ces trois ne sont qu'vn Dieu en essence. Vien donc, ma belle, ma tres-chere, mon Espouse; vien, ma belle par grace, vien, ma tres chere par amour, & tu seras faite mon Espouse par gloire : vien, vien à nous, tu seras couronnée de la couronne de iustice, de la couronne de paix & d'amour, qui sont vne seule couronne en essence, dependants toutes de ma beatitude eternelle,

Vien, mon Espouse, tu seras couronnée du haut mont Amana, du coupeau de Sanir & Hermon, c'est à dire, par les trois personnes de l'indiuisible Trinité aux trois puissances de ton ame. Tu seras couronnée pour auoir resisté aux tentations des diables, à tes propres passions qui t'ont tant fait la guerre, comme bestes furieuses, que tu as reduites au ioug de la raison, par la grace & misericorde de Dieu. *Tu seras couronnée des sieges des lyons, des montagnes des leopards*, tu seras couronnée des couronnes des Anges preuaricateurs, tu seras mise & colloquée auec tes compagnes aux sieges royaux de ces lyons Angeliques qui vouloient rauir la gloire à mon Pere; & au lieu de ceste haute montagne & de ces collines qui sont tombées & abysmées en enfer, tu rempliras, toy, tes filles, & tes compagnes, les sieges de ces demons qui ont esté rebelles au souuerain. *Vien donc, vien, mon Espouse, vien icy afin que tu sois couronnée.* O douce, plaisante & salutaire voix du fils de Dieu, lors qu'il dira aux iustes, *Venez les benits de mon Pere, possedez le Royaume qui vous est preparé dés la constitution du monde!* O parole diuine! ô parole merueilleuse! ô parole remplie d'vne grace & d'vne gloire inconceuable! IE TROVVE qu'il y a trois sortes de paroles lesquelles le Verbe diuin (qui est la bouche du Pere eternel) profere ineffablement, bien qu'il soit vnique en essence auec le Pere, & le sainct Esprit: la premiere est la parole de la nature, car la Sapience disant que le monde soit fait, que la lumiere soit faicte, au mesme instāt le monde a esté creé, la lumiere est apparuë au monde. La seconde est la parole de la grace, de laquelle la diuine bonté fauorise l'ame saincte & deuote, & dont le sage entendoit parler, quand il disoit, lors que le silence de demy-heure est fait au Ciel, la parole toute-puissante vient des sieges Royaux: & pourquoy faire, sinon pour operer & accomplir ses merueilles dās les ames? La troisiéme parole, est celle de la gloire, laquelle le diuin Espoux semble proferer quand il dit à son Espouse, *sus leue-toy*, sors de toy-mesme, pren ton vol deuers moy, ma colombe, ma toute belle, & viens en ce celeste seiour où toutes choses sont en ioye, & ne respirent que loüanges & benedictions. O mon ame! que tu serois heureuse si le S. Espoux te parloit ceste parole d'amour &

de gloire! ô quelle est encor bien plus douce au cœur que celle de la nature & de la grace! O mon bien-aymé IESVS, quand sera-ce que vous inuiterez mon ame d'aller en vos desirables tabernacles? Quand sera-ce que vous la côuierez par vos ambassadeurs celestes aux glorieuses nopces de l'aigneau? & quand sera-ce que ceste saincte & diuine voix se fera entendre à mes oreilles? *Vien ma bien-aymée, vien du liban, mon Espouse, vien, & tu seras couronnée.* A ceste mystique & rauissante voix, la mienne defaut en ceste pensée, mon cœur se pasme, mon ame se rauit, & la main me tremble si fort de foiblesse, que ie suis côtraint de finir ce discours de la gloire de l'ame, pour entendre, ains pour admirer dâs vn profond silence ces benistes paroles de la diuine Trinité: *Vien, vien du Liban, mon Espouse, vien, & tu seras couronnée.*

Vulnerasti cor meum, soror mea sponsa, vulnerasti cor meum in vno oculorum tuorum, & in vno crine colli tui.

Ma sœur, mon Espouse, tu as navré mon cœur auec vn de tes yeux, & auec vn des cheueux de ton col.

L'ESPOVX aduoüe icy franchement qu'il est navré d'amour pour l'ame saincte, figurée par l'Espouse: mais comment la elle blessé du trait de son amour? par vne seule œillade: & comment rendu si passionné d'elle? par vn cheueu de son col? Et pourquoy non, par ses deux yeux? & pourquoy non par les cheueux de sa teste? Cheres ames, entendez le mystere; l'œil de l'ame est l'intention, laquelle doit estre vnique & simple, ne regardant en tous ses actes que Dieu seul, & non la creature: car ne plus ne moins qu'on ne peut regarder d'vn mesme œil tout ensemble & le ciel & la terre; ainsi l'ame (vnique & simple d'essence) ne peut ensemble aymer Dieu & le monde.

Or l'ame de l'ame est l'amour spirituel & diuin, & l'ame de cét amour est l'intention auec laquelle on ayme Dieu purement & parfaitement. Quant aux cheueux ils signifient les affections ou pensées de l'ame: & le cheueu de l'Espouse est vnique, pource que l'amour de l'ame enuers Dieu doit estre vnique, sans estre diuisé pour les creatures: le cheueu est vne chose fort mince & de peu de valeur, ainsi que la moindre pensée, ou la moindre action d'amour & de charité; mais ce petit cheueu a le pouuoir de lier le grand Dieu, il blesse le cœur de l'Espoux, luy donne de l'amour, que veux tu dauantage? l'amour pour vn verre d'eau promet à l'ame la vie eternelle: car c'est le seul amour, & non la qualité ou la quantité des bonnes œuures, qui rend l'ame agreable à Dieu, tesmoin la Magdeleine à qui le Seigneur pardonna ses pechez, non pour auoir beaucoup pleuré, mais pour auoir beaucoup aymé; & c'est aussi celle qui n'estoit point troublée, comme Marthe, de plusieurs affaires, mais sçachant qu'vne seule chose estoit necessaire à l'ame, elle choisit la meilleure part laquelle ne luy sera iamais ostée.

donnant son ame vnique à son Seigneur vnique & bien-aymé Quant au cheueu de l'Espouse qui pendille sur le col & non sur la terre, cela nous enseigne que l'humilité est vn cheueu qui sert de lien d'or pour attacher l'Espoux & le navrer d'amour. Et parce qu'aucuns ont traduict, *Ma sœur, mon Espouse, tu as navré mon cœur auec vn de tes yeux, & auec le carcan de ton col*. Exposons ainsi ces paroles, Ma sœur par nature, à cause de celle que i'ay prise pour toy, & mon Espouse par grace, à cause de la foy & des dons du sainct Esprit, *Tu as navré mon cœur par vn de tes yeux*, tu as esté agreable à mes yeux par ta foy & pieuse cognoissance à mes diuins mysteres, afin de les enseigner aux ames. *Tu m'as navré le cœur auec le carcan de ton col*, & tu m'as esté fort agreable par la splendeur de ta charité (qui est le diamant des vertus) & par l'ornement des autres pierreries spirituelles, qui font vne chaine propre à embellir le col de mes espouses.

OR D'AVTANT que l'Espoux se disant navré d'amour pour l'Espouse, ceste façon de parler marque plustost vne playe en l'ame amante qu'en cét amant bien-aymé, disons quelque chose de cete playe & blessure d'amour. Il est certain qu'il y a plsieurs amants de Dieu qui sont morts de la blessure d'amour, comme S. François, & quelques autres: Mais il me semble que si vne ame est capable de mourir d'amour, ce doit estre quand elle entend dire à son bien-aymé, *Ma sœur, mon Espouse, tu m'as blessé d'vne œillade de tes yeux, & d'vn cheueu de ton col.* Notez que l'œillade signifie les grands seruices que l'ame rend à Dieu, & le cheueu les moindres seruices. Or ces amants qui en fin sont morts dans les excez du diuin amour, il faut bien qu'ils ayent auparauant receu des playes amoureuses & veritables, comme saincte Catherine de Sienne, saincte Therese de IESVS, & les autres. Aussi ne s'en doit on beaucoup estonner, puisque IESVS le sainct Espoux des Ames, est non seulement mort en la croix par vn excez d'amour, mais encor se dit estre navré par vn des yeux de son Espouse. *Ma sœur, mon Espouse, tu m'as blessé d'vne œillade de tes yeux.* Et l'Espouse se sentant navrée de l'amour de son Espoux, & n'osant luy declarer elle mesme son mal, & luy monstrer sa playe, elle coniure les Anges de luy faire entendre sa peine, *Dites à mon bien aymé que ie suis blessée de son amour.*

IE TROVVE plusieurs sortes de blessures d'amour, & notamment de cinq especes. La premiere est la blessure qui se fait au cœur à la naissance ou conception du diuin amour; la nouueauté l'estonne, le rauit à luy-mesme, ou si vous voulez, cause en luy vn notable changement, vne grande alteration, non de substance, mais de vertu ou d'affection : de sorte qu'il semble à ce nouuel amant qu'on luy oste le cœur par vne certaine force aymable & volontaire, mais c'est que touché du traict de Dieu, il se separe de luy-mesme pour se donner à son obiect : Ainsi ceste blessure est extatique, car elle separe en quelque sorte le cœur du corps, l'affection du cœur, & (par vne puissance inexprimable du sainct amour) le cœur du cœur, & l'ame de l'ame.

LA DEVXIESME blesseure d'amour se faict au cœur par vne certaine souuenance qu'il a de Dieu, laquelle le blesse comme vne fleche du ciel, tirée droict à luy; sentiment diuin, qui luy imprime à l'instāt vne tres-claire cognoissance de la beauté de Dieu infiniment aymable : ainsi ce cœur touché de Dieu s'eslance auec excez deuers luy pour l'aymer & s'vnir auec luy, & sa force ne pouuant respondre à l'excez de son desir, luy cause ceste blesseure d'amour, laquelle est tout ensemble tres-douce, & tres douloureuse, de sorte qu'elle peut estre nommée vne peine agreable & vne douleur penible & sauoureuse.

La troisiesme blesseure d'amour se faict dans l'excez des consolations de Dieu, ceste playe est tres-douce & tres-amoureuse, mais elle est meslée de douleur, & blesse grandement l'ame quand elle considere combien l'Espoux est aymable & merite d'estre seruy, & qu'elle ne le peut seruir en ce monde comme il merite, & selon l'excez de ses desirs, alors elle souhaitte passionnément estre separée de ce corps pour estre auec Iesvs Christ, car elle souffre deux grandes & diuerses blesseures, la blesseure d'amour & celle du zele : la blesseure d'amour dans les extases & rauissemens du souuerain Amour, & la playe des douleurs dans le monde où elle voit son tres-aymable Iesvs tant offensé, si mal seruy, si peu aymé, voire plus mesprisé que la chose du monde la plus vile : Ah quelle blesseure!ah quelle playe!ha quelle mort trop cruelle à vne ame vnie au diuin amour!

LA QVATRIESME blesseure se faict dans l'absence du bien-aymé, celle-cy est vne playe bien poignante & douloureuse à l'ame: car si la presence de Dieu la blesse quelquefois (bien que la douleur en soit sauoureuse) que peut faire l'absence, où elle ne sçait pas si elle ayme Dieu, & ne peut cognoistre si elle en est aymée, se voyant priuée du sentiment de sa grace, & de celuy de son amour ? Et combien qu'en effect Dieu l'ayme, & qu'elle soit en sa grace, elle est pourtant triste & desolée, n'en ayant alors aucun sentimét : & encor qu'elle ayme son Espoux du plus intime de son cœur, si est-ce qu'elle en est en quelque doute, & lui qui le sçait certainement, fait semblát d'en douter pour l'esprouuer & l'affiner au feu de son pur amour : Ce qui se voit manifestement en l'exemple de sainct Pierre (ce vray Amát de IESVS, comme sainct Iean est le bien-aymé) auquel il demanda par trois fois, Pierre, m'aymes tu? Paroles qui blessoiét veritablement le cœur de sainct Pierre, paroles capables de briser vn cœur de pierre, paroles d'vn Dieu capable de donner du sentiment aux pierres, mais aussi qui estoient puissantes de faire mourir le pauure sainct Pierre, non tant d'amour, que de crainte de n'aymer pas l'amour mesme. Il semble à l'ame en cet estat extresme, qu'elle est mise comme dans vn Purgatoire, suspenduë entre le ciel & la terre, entre l'amour & la haine, entre l'esperance & la crainte, entre le Paradis, & l'enfer.

LA CINQVIESME blesseure d'amour, & la plus amoureuse & delicieuse, c'est celle que l'ame reçoit dans le Paradis du saint amour, ie veux dire dans l'extase, & le rauissement, alors que le diuin Espoux blesse le cœur auec vne fleche d'or, comme il fit celuy de la saincte Therese, ou de saincte Catherine de Gennes, par vn Seraphin ; ou quand il graua les marques de sa Passion dans le cœur de S. Claire de Monte-falco, ou bien quand il imprima ses sacrées playes, visibles en S. François & inuisibles en S. Catherine de Sienne : ô blesseures amoureuses ! ô playes de l'ame plus aymables que la santé du corps ! ô qu'heureux sont les amans de Dieu, qui meurent dans les extases du saint amour, puisque ceste mort est leur vie en ce monde, & la vision de Dieu leur vie en l'eternité.

※※※※※※※※

Quàm pulchra sunt mammæ tuæ, soror mea sponsa, pulchriora sunt ubera tua vino.

Que tes mammelles sont belles, ma sœur, mon Espouse, tes mammelles sont plus belles que le vin.

L'Espovx est tellement passionné des beautez de l'Espouse, qu'il semble qu'il vueille encore loüer toutes les parties de son visage Angelique, ie dy les beaux traicts de la face de son ame, qui est celle où il iette les yeux de son affectiõ parfaicte. Or les mammelles de l'Espouse sont la dilection & la crainte de Dieu, la dilection pour l'aymer comme son souuerain bien, & la crainte pour hayr le vice, comme son souuerain mal. Ou bien ces mammelles sont, l'intelligence & l'amour: l'intelligence pour cognoistre sa verité, l'amour pour aymer sa bonté. Ou bien ces mammelles sont, l'irascible, & la concupiscible concupifcible, qui font ordonnées par elle à leur fin derniere, aſſauoir l'iraſcible à la douceur & manſuetude, & la concupiſcible à l'amour de Dieu & du prochain, ce qui témoigne que l'Eſpouſe a eſté menée aux celiers de l'Eſpoux, lequel a ordonné en elle la charité. O belles & fecondes mammelles de l'Eſpouſe, pleines du laict de grace & d'amour! pleines de la cognoiſſance de Dieu & de ſa crainte, & de ce laict ſacré des mammelles de l'Eſpoux *qui ſont meilleures que le vin*. A propos deſquelles il me ſemble qu'il veut rendre la pareille à ſon Eſpouſe, lequel ayant loüé pluſieurs fois ſes mammelles, dit icy que les ſiénes *ſont plus excellentes que le vin*. N'eſt-ce point que les paroles des amans ſont volontiers pluſieurs fois redites par eux-meſmes, ne ſe plaiſans qu'aux choſes qui partent de la choſe aymée, ne fuſſent que leurs paroles? Dequoy nous auons vn exemple en la Magdelaine ceſte fidelle amante de IESVS, lequel luy dit vn iour (eſtant prié d'elle de reſſuſciter ſon frere le Lazare) *Dites-moy où vous l'auez mis*; & elle redit vne autre fois les meſmes paroles à IESVS-CHRIST déguiſé en jar-

K

dinier, *Seigneur, si vous l'auez osté, dites-moy où vous l'auez mis, & ie l'emporteray*, apres auoir tenu ce mesme discours aux Apostres, & aux Anges. Ainsi ie voy que l'Amant se plaist d'imiter les actions, les vertus, & les paroles de la chose aymée pour mieux se trans-former en elle : Ce qui ne se peut neantmoins dire de l'Espoux en l'Espouse, mais bien de l'Espouse en l'Espoux, pource que les imitations, changemens, & transformations de la grace, aussi bien que de la nature, se font des choses moins bonnes aux meilleures, des excellentes aux souueraines en perfection, & des spirituelles aux diuines, & non pas des diuines aux spirituelles.

Et odor unguentorum tuorum super omnia aromata.

L'odeur de tes parfums est par dessus toutes odeurs & compositions aromatiques.

D'AVTANT plus que les choses surnaturelles surpassent les naturelles, & les spirituelles les corporelles: d'autant plus la nature excelle l'art & la grace la nature: c'est ce qui fait dire à l'Espoux, *que l'odeur des parfums de l'Espouse est plus excellente que toutes odeurs & compositions aromatiques*. Quel est l'odeur de ces parfums, sinon les süefues vertus & actiós de l'ame deuote? sinon ses actes de charité qui pleine de merite pour elle, & de bons exemples pour les autres, sont loüez & estimez de Dieu: Quant aux parfums aromatiques de l'Espouse, ce sont les belles qualitez de son ame, qui sont plus Angeliques qu'humaines, & plus admirables qu'exemplaires & imitables, comme sont la virginité auec l'humilité, l'amour de Dieu auec le mespris du monde, le viure en Dieu, & le mourir en elle, la resignation en Dieu & l'indifference pour les creatures : toutes ces vertus heroïques & qualitez excellentes sont des parfums & compositions aromatiques vrayement admirables, pource qu'ils sont composez de la grace de Dieu, cét excellent parfumeur, & du pur amour, & consentement de l'ame saincte.

Fauus distillans labia tua (sponsa) mel & lac sub lingua tua.

Tes levres sont vn rayon de miel qui distille, ce qui est sous ta langue est laict & miel.

LA SVAVITÉ, la douceur, & la mansuetude sont des qualitez si propres à perfectionner vne ame, que le celeste Espoux en loue merueilleusement son Espouse, & luy dit : *Tes levres sont vn rayon de miel qui distile,* parce que toutes ses paroles sont emmiellées d'vne douceur & suauité nompareille ; distilant par l'alambic de la charité dans le cœur de ses filles & compagnes, qui sont les ames spirituelles & deuotes. Il adiouste, *Ce qui est sous ta langue est laict & miel*, voulant dire que ses pensées & meditations sont vn lait d'amour, vn miel de douceur & de deuotiõ: aussi n'est-ce pas assez (ma chere ame) d'auoir le miel en la bouche, il le faut auoir au cœur, & le laict au sein de l'ame, afin que l'on te puisse dire, *Tes mammelles sont meilleures que le vin*. Auoir le miel en la bouche, c'est quand les levres distilent des conceptions amoureuses & des paroles de saincte dilection, propres à engendrer des ferueurs dans les ames. Auoir le miel au cœur, c'est auoir vne pensée deuote, vn desir feruent, vne intention doucement tenduë au profit & consolation de son prochain : Auoir le laict aux mammelles de l'ame, c'est aimer Dieu & le prochain, & haïr seulement le vice, qui est le vin du monde, au respect duquel les mammelles de l'espoux sont dites estre meilleures que le vin.

K iij

Et odor vestimentorum tuorum sicut odor thuris.

L'odeur de tes vestemens est comme l'odeur de l'encens.

L'ESPOVX ne se contente pas de loüer l'ame, & les vertueuses qualitez de l'Espouse, il loüe aussi son corps, pour nous monstrer qu'il veut auoir la possession de tout l'homme, assauoir, du corps pour l'amour de l'ame ; & de l'ame pour l'amour de luy-mesme: *l'odeur de tes vestemens, est comme l'odeur de l'encens.* Il est certain que l'animal irraisonnable est le vestement du corps humain, le corps le vestement de l'ame, & l'ame le vestement de Dieu qui est l'ame de nostre ame. Or l'odeur des vestemens de l'homme est comparé à l'encens; pource que son corps doit estre mortifié & purifié dans le feu des tribulations ou de la Penitence, afin d'estre rendu subjet à l'ame, & l'ame à Dieu, & ietté dans ce feu mystique, il rendra vne odeur agreable à l'Eternel, & à toute l'Eglise triomphante, comme l'encens respandu dans nos temples, embaume nos sentimens. Les vestemens de l'Espouse representent aussi ses actions, & operations qui doiuent auoir l'odeur & qualité de l'encens. C'est à dire, estre bonnes, vertueuses & sainctes, & monter au ciel en la presence de Dieu, estans animées du feu du diuin amour, auec vne intention esleuée & tenduë à luy, sans laquelle toutes nos actions seroient de mauuaise odeur à sa diuine Majesté, laquelle n'ayme le corps que pour l'ame, l'ame que pour la volonté, & la volonté que pour l'amour, qui est l'ame de l'intention saincte, comme celle-cy est l'ame des bonnes œuures.

closture, qu'il appelle deux fois son Espouse, vn iardin clos & fermé, designant la closture corporelle & spirituelle, luy donnant pour sa garde, non vn Cherubin auec le glaiue de sa iustice, mais vn Ange gardien tenant vn rameau d'oliue, qui signifie la paix & la misericorde; & non seulement il appelle son Espouse vn iardin clos & fermé, mais aussi vne fontaine scellée; pour luy apprendre que la fontaine de son cœur doit sans cesse ruisseler les eaux des bonnes œuures pour son salut & le bien du prochain, n'estant satisfaicte d'auoir de bonnes pensées. Mais si ceste fontaine est scellée, comment iettera-elle des eaux spirituelles? Entendez (cheres ames) que tout ainsi que le cœur de l'homme est estroict & fermé par le costé d'en bas, & plus large & comme entr'ouuert par celuy d'enhaut: ainsi l'ame deuote & saincte doit estre tousiours close aux pensées & affections de la terre, & seulement ouuerte aux desirs & affections du ciel, afin de faire ruisseler en abondance des eaux de grace & de vertu pour la gloire de Dieu, & l'edification des hommes: verité que le celeste Espoux enseigne par ces paroles, *Mets moy comme un cachet sur ton cœur*.

IE SÇAY BIEN que la saincte Vierge est appellée des Docteurs le iardin fermé, la fontaine scellée, & la porte orientale d'Ezechiel, par laquelle le Roy seul (qui est IESVS-CHRIST) deuoit entrer au monde. Mais sans m'arrester à ce grand mystere, ie veux dire conformement à ce sujet, que le recueillement deuot, amoureux & pacifique, est si agreable à Dieu, que les ames Religieuses les plus parfaites, font vn vœu de perpetuelle closture : Et certes le silence sacré est tres-agreable à l'Espoux celeste : car il engendre le recueillement, par lequel Dieu se manifeste à l'ame auec de si grandes suauitez & douceurs spirituelles qu'elle en demeure vn temps comme rauie & transportée : O silence mysterieux ! ô silence qui fait que l'ame parle à Dieu ! ô silence qui fait que Dieu parle à l'ame paroles de benediction & d'amour ! ô qu'heureuse est l'ame laquelle est enfermée seule auec son vnique Espoux, pour luy parler des paroles d'amour & de loüanges ! N'est ce pas dans le cabinet du recueillement (ô doux IESVS) que vous enfermez vostre chere Espouse, pour la rendre libre de tous les soins & affections estranges, & la bié heureuse esclaue du Dieu de son cœur? N'est-ce pas dans ce doux & amoureux recueillement, qu'elle se peut dire vn iardin clos, & vne fontaine scellée? ie dy scellée du cachet du Roy, & du sceau de vostre sainct amour. Le iardin clos conserue bien mieux ses fruicts, & la fontaine ses eaux: & l'ame toute recueillie en son cœur, conserue heureusement les graces & benedictions qu'elle reçoit de vous (ô doux IESVS) à l'imitation de vostre saincte Mere, laquelle gardoit si cherement vos paroles dans son cœur. C'est aussi dans l'oraison de recueillement que vous faites gouster à l'ame la douce manne des Anges: car icy les yeux du corps se ferment aussi bien que la bouche, & ayant fait recueillir toute la vertu des sens en l'ame, & l'ame en vous, alors vous vous enfermez auec elle, & vous vous grauez dans son cœur comme vn sceau amoureux & diuin: alors vous luy manifestez par vne pure grace vos grandeurs admirables & vos douceurs indicibles, l'honorant de vostre diuine presence, mais plus fauorablement, qu'en d'autres faueurs & feruçurs que vous donnez

K vj

par fois à l'ame : car alors vous n'estes pas seulement deuant ses yeux, deuant elle, à ses costez, & tout aupres d'elle : mais vous estes dedans son cœur, vous l'oyez & la regardez, & elle vous voit & regarde amoureusement & respectueusement; & ce qui marque vn excez d'amour en vous, & de faueur pour elle, c'est que non seulement elle vous voit, & est regardée de vous, mais aussi vous voulez qu'elle voye & cognoisse que vous la regardez, & qu'elle entende que vous l'entendez ; alors il n'est pas besoin que ceste pauurette s'esclatte en paroles ny en souspirs, ou eslancemens spirituels, pour vous faire entendre ses ardans desirs, la seule intention vous les manifeste, ains vous les cognoissez auant qu'ils soiét conceuz en son cœur, par l'œil tousiours ouuert de vostre saincte prescience. De vous dire quelle consolation rauit l'ame en ce doux recueillement, raconter l'excez de ceste suauité de Dieu, en penser seulement exprimer l'odeur ineffable, c'est vouloir compter les intelligences, ou les estoilles : c'est vouloir nombrer les gouttes de pluye & les grains de sable de la mer, bref c'est souhaitter l'impossible. Le die donc (si elle peut) l'ame qui a gousté & sauouré ceste amoureuse consolation, le die l'ame deuote & religieuse, si son extase luy en permet la parole, ou la seule pensée ! le dient les Anges & les Saincts de Paradis : quant à moy ie ne puis la declarer en nulle sorte, si i'en ay sauouré quelque goutte, si i'en ay gousté l'odeur rauissante, ie n'en puis neantmoins dire le goust indicible; si le plus intime de mon ame se pouuoit faire entendre au dehors, il diroit seulement, elle est admirable, elle est admirable !

Emissiones tuæ paradisus malorum punicorum cum pomorum fructibus, cypri cum nardo, nardus & crocus, fistula & cinamomum, cum vniuersis lignis Libani, myrrha & aloë cum omnibus primis vnguentis. Fons hortorum, puteus aquarum viuentium quæ fluunt cum impetu de Libano.

Ce que tu enuoyes & mets dehors est vn paradis; des grenades, des fruicts des pommiers, du baulme auec du nard & saffran, sucre & canelle, auec toutes sortes de fruicts des arbres du Liban, myrrhe & aloës, auec toutes sortes des plus excellens parfums. La fontaine des iardins, le puits des eaux viues qui fluënt impetueusement du Liban.

L'Espovx non seulement veut que l'ame saincte & religieuse soit vn iardin clos & vne fontaine scellée, conceuant des pures pensées & sainctes meditations en son cœur; mais il veut aussi que ses paroles & ses actions exterieures correspondent à ceste beauté, pureté &

perfection de l'interieur. *Ce que tu enuoyes (dit-il) & mets dehors est vn paradis:* Et parce qu'il vient de dépeindre son Espouse comme vn iardin ou paradis terrestre; il fait icy le dénombrement des arbres fruitiers & plantes odoriferantes de ce beau paradis, *Les grenades, les pommiers, le baulme, & tous arbres du Liban, &c.* lesquels signifient mysterieusement toutes les vertus dont ceste Espouse doit estre ornée, comme le paradis de Dieu. Il est fait souuent mention en ce Cantique des pómes de grenades, & nous lisons qu'il y auoit tout autour du Temple de Salomon vne ceinture, en laquelle n'y auoit autre chose empreinte que des pommes de grenade, lesquelles representent proprement la charité & dilection, de laquelle ce Cantique parle tant, comme estant le Cantique du diuin amour : & tout ainsi qu'en la pomme de grenade il y a plusieurs grains tellement conioints qu'il semble que ce ne soit qu'vn seul grain, ainsi la charité se plaist à l'vnion, conioignant les ames fidelles auec Dieu : & ces grains qui sont rouges comme sang (lors que la grenade est entamée ou entrouuerte) nous representent la passion & la

mort de IESVS-CHRIST, & son a-
mour excessif, par lequel il a merité à nos
ames les ioyes ineffables de la beatitude
eternelle: Ce qui faisoit dire à l'Espouse, au chapitre 8. *Apprehendam te, &
ducam in domum matris meæ, ibi me docebis
& dabo tibi poculum ex vino condito, & mustum malorum granatorum mearum.* Et afin
qu'il ne manquast rien pour l'accomplissement de ce verger sacré, il adiouste, *la
fontaine des iardins, le puits des eaux viues
qui fluent impetueusement du Liban.* Ceste
fontaine des iardins est Dieu mesme, lequel arrose toutes les ames des eaux de sa
grace, qui est le puits tres-profond des
eaux viues de la vie eternelle; elles cou-
lent & fluent impetueusement du Liban,
à sçauoir de son essence diuine, & du Verbe Eternel, qui est la candeur de la lumiere eternelle, & le paradis eternel, ayant
en soy toutes sortes d'arbres, de vertus &
de graces, & toutes bonnes odeurs aromatiques, qu'il va communiquant aux
ames sainctes. L'Espoux semble icy faire
allusion à ce traict du Prophete Royal,
L'impetuosité du fleuue resiouyt la Cité
de Dieu, & le Tres-haut a sanctifié son
tabernacle. Ce fleuue impetueux est le

torrent des voluptez eternelles & diuines, qui resiouyt & delecte l'ame saincte, qui est la vraye Cité de Dieu : & le Treshaut sanctifie son tabernacle par sa grace & benediction celeste, qui est *la fontaine des iardins, & le puits des eaux viues qui fluent impetueusement du Liban* de l'eternité.

Surge Aquilo, & veni Auster, persta hortum meum, & fluant aromata illius.

Fuys, Aquilon, & viens (Auster) souffler en mon jardin, & les odeurs d'iceluy s'espandront.

IL SEMBLE icy que l'ame saincte s'estoit vn peu esleuée en soy-mesme pour les loüages extremes que son Epoux luy vient de donner, l'appellant la fontaine des eaux viues, vn iardin fermé, vn Paradis planté d'arbres excellens de toutes sortes : Et pour monstrer qu'elle auoit ouuert son cœur à la vanité, & au vent pestifere des tentations diaboliques, elle dit, *fuys Aquilon*. Or le Prophete Ieremie dit que tout mal est manifesté du costé d'Aquilon, quand la malice du diable souffle. Mais pour faire cognoistre qu'elle respire encor le doux zephir de la grace diuine (sans lequel les fleurs de son jardin se dessechent, & les fruicts ne peuuent meurir,) elle adiouste, *Et viens (Auster) soufler en mon jardin*. Viens (ô midy du sainct Amour) viens inspirer en mon ame vn soufle de ta bouche viuifiante, *& les odeurs d'iceluy s'espandrant*; elle fait vne allusion à l'encens, lequel estant seul ne produit aucune odeur, mais par le moyen du feu la fumée odorante monte en haut: Ainsi (dit elle) Mon bien-aimé, quand vous me laissez à mes sentimens, ie ne suis que glace & qu'vn triste hyuer de maledictions, mais dés que vous eschauffez mõ ame du feu de vostre amour, toutes les plantes de mon verger respandent vne odeur agreable comme l'encés, le parfum, & le baume, & alors ie suis le jardin des delices de mon Dieu, mais sans vous, ie suis vn terroir infertile & desert, qui ne produit que chardons, & qu'espines de vices & d'imperfection.

HA! QVELLE PEINE spirituelle à

l'ame, quand elle est en estat de dire, *fuys*, *Aquilon* ; car le vent des tétations la tourmente si fort qu'elle ne peut produire aucun bon œuure, non pas mesmes conceuoir vne seule bonne pensée, ne disant autre chose en son cœur que ceste parole, *fuys*, *Aquilon*: & c'est vn bon signe à l'ame quand elle la dit auec vne vraye confiance en la bonté de Dieu, adioustant aussi tost, *& viens, Auster, souffler en mon iardin, & les odeurs d'iceluy s'espandront*. Le celeste Espoux laisse quelquefois l'ame en seicheresse & aridité spirituelle pour plusieurs raisons, mais tousiours pour son bien & salut; & particulierement afin d'estre plus desiré d'elle, mieux aymé, mieux seruy, (aymé dy-ie d'vn amour pur, & seruy d'vne deuotion fidele) imprimant en son esprit vne grande confiance en Dieu, & luy faisant cognoistre le peu ou le rié qu'elle est, ne pouuát rié d'elle-mesme sans son assistance : C'est pourquoy il la delaisse souuent sans aucun sentiment de deuotion, afin qu'elle le prie & contéple auec plus de ferueur & de violéce, & qu'elle ait suiet de dire auec l'Epouse: *Reuenez mon bien-aymé, & soiez semblable à vn Cheureuil sur les montagnes de Bethel*, ou bien les mesmes termes qu'elle tient icy, *Vien, Auster soufler en mon iardin*, comme si elle disoit. O beau Midy celeste & diuin! ô mon tres-cher Espoux, qui estes tout l'amour de mon ame, venez, ou plustost reuenez soufler en mon verger : venez inspirer en mon ame vn doux rayon de la ferueur & deuotion, afin que les vertus fleurissent, & que les fruicts meurissent au iardin de mon cœur : souflez en moy le doux vent de vostre grace & le zephir de vostre amour, comme vous enuoyastes vostre S. Esprit sur vos Apostres, lequel me rendant feconde en toutes sortes de fruicts, fera qu'auec vn veritable excez de charité ie feray ce beau souhait de l'Epouse, *que mon bien-aymé vienne en son iardin, & mange de fruict de ses pommiers*.

du Cantique des Cantiques. 237

CHAPITRE CINQVIESME.

Veniat dilectus meus in hortum suum,
& comedat fructum pomo-
rum suorum.

Que mon bien-aymé vienne en son iardin, & qu'il mange du fruict
de ses pommiers.

IL FAVT ADVOVER que le iardin de l'Espouse, est vn verger parfaict en beauté, voire vn Paradis, puis que c'est le iardin de Dieu, c'est pourquoy elle dit: *Que mon bien aimé vienne en son iardin.* C'est vn souhait amoureux qu'elle fait, auec confiance que son Espoux viendra prendre ses plaisirs & delices en ce verger, pource qu'il est doublement à lui, à luy par nature, à luy par grace; c'est pourquoy elle adiouste, *& qu'il mange du fruict de ses pommiers*, comme si

238 *Exposition mystique & morale*
elle disoit : Mon bien-aymé, tous les fruicts de mon verger sont à vous, tant les vieux de la nature, que les nouueaux de la grace, & mon ame & mon corps, & tous mes sentimens sont à vous (mon Seigneur:) *Venez donc en ce iardin d'amour, y manger du fruict de vos pommiers*, C'est vous seul (ô beau Soleil de Iustice) qui auez arrosé mon ame de vos sainctes benedictions par l'Aurore de vostre grace; c'est vous qui auez eschauffé mon cœur de vos inspirations ardentes, & qui auez fait croistre les arbres, & meurir les fruits de toutes mes pensées, affections & resolutions spirituelles : *Venez donc manger de ces fruicts*, venez recueillir en moy le fruict de vos graces, par les benedictiõs que ie vous dõneray, par les mesmes graces & loüanges que ie vous rendray, & par tous les actes d'amour & de vertu que ie feray dans mon cœur, en recompense, quoy que petite, de tãt de grandes & delicieuses faueurs receuës de vostre bonté tres liberale, laquelle soit tousiours beny e des Anges & des ames sainctes en l'eternité.

Veniat dilectus meus in hortum suum, Dieu se pourmenoit à Midy au Paradis terreſtre, non pour viſiter ce iardin temporel, mais le premier pere, pource que l'ame eſt le iardin ſpirituel de Dieu, lequel prend ſes delices auec les fils des hómes; alors l'Eſpoux mange du fruict de ſes pómiers, quand le cœur conçoit de bonnes penſées comme fleurs, germe de ſainctes paroles comme fueilles, & produict de bonnes œuures comme les fruicts de cet arbre myſtique: le pommier ſignifie toutes ſortes d'arbres fruictiers; & l'ame doit rapporter toutes ſortes de bonnes œuures pour la gloire de Dieu, & pour ſon ſalut, afin qu'elle puiſſe vn iour voir & manger non de cet arbre de ſcience de bien, & de mal, qui eſtoit planté au Paradis terreſtre, mais de cet arbre de vie, qui eſt Iesvs-Christ, planté au Paradis ſurceleſte, qui eſt le ſein du Pere eternel.

Veni in hortum meum, soror mea sponsa, messui myrrham meam cum aromatibus meis, comedi fauum cum melle meo, bibi vinum meum cum lacte meo, Comedite amici & bibite, & inebriamini charissimi.

Viens en mon iardin, ma sœur, mon Espouse, i'ay cueilly & moissonné ma myrrhe auec mes fleurs odorantes, i'ay mangé vn rayon de miel auec du miel mesme, i'ay beu mon vin auec mon laict. Mangez, mes amis, beuuez, enyurez-vous, mes treschers.

L'AMOVR N'EST AVTRE CHOSE qu'vn ieu perpetuel, mais tout plein de mysteres, car non seulement les paroles & les actions signifient de grandes choses, mais encor les signes, les regards & les pensees contiennent de tres-grandes merueilles. Il semble que l'Espoux & l'Espouse, à qui mieux mieux, s'inuitent amoureusement à visiter leurs iardins & lieux de plaisance. L'Espouse disoit n'agueres,

gueres : *Que mon bien aymé vienne en son iardin.* Et l'Espoux dit icy, *Voicy que ie t'attends, viens en mon iardin*. Il est vray (cheres ames) mais considerez, que l'Espouse a dit, *qu'il vienne en son iardin* & non qu'il vienne en mon iardin, pour demonstrer que l'ame vient immediatement de Dieu, comme de son vray principe, & que tous les fruicts des bonnes œuures qu'elle fait, tirent leur estre, leur accroissement & leur perfection de Dieu. Mais l'Espouse dit, *que mon bien aymé vienne en son iardin*. Pourquoy au mesme instant l'Espoux, dit il, *Voicy que ie t'attends, vien en mon iardin*? C'est pour nous enseigner que l'ame n'a pas si tost prié son Dieu auec amour & confiance, qu'il ne luy accorde tout ce qu'elle desire, specialement lors qu'elle demande quelque grace au nom de son cher espoux IESVS-CHRIST: ou bien que les ames souhaittans les illuminatiõs, & consolations de l'Espoux, il se trouue par amour au milieu de leurs cœurs, & les preuient si amoureusement par ses graces & faueurs particulieres, & par les benedictions de sa douceur, qu'alors qu'elles respirent ces ardans desirs, ces eslancemens & souhaits amoureux (*que mon bien-aymé*

L

Exposition mystique & morale *vienne en son iardin*, il s'est desia planté (comme vn bel arbre de vie) au centre de leurs cœurs, & leur dit, *voicy que ie vous attends, venez en mon iardin*. Ce mot voicy est plein de mysteres, qui témoigne que l'Espoux veut icy conuier l'Espouse à venir au iardin de son Eglise, pour y gouster la viande des Anges, & le fruict de vie, lequel, bien que caché soubs les fueilles du Sacrement, nous pourrons aucunemét découurir ou entrevoir en nous promenant spirituellement en ce diuin parterre. *Voicy que ie t'atends, ma sœur, mon Espouse, viens en mon iardin, i'ay cueilli & moissonné ma myrrhe auec mes fleurs odorantes*. Voicy, dit l'Espoux, que ie t'atends au iardin de la penitence, au iardin des oliues, au mont de Caluaire; toy qui es ma sœur en vertu de mon humanité, & mon Espouse par ma grace: *I'ay cueilly ma myrrhe auec mes fleurs odorantes*, ie t'ay disposé la myrrhe de l'amertume de ma passion, la meslāt auec le miel & les fleurs de mon amour, afin de te rendre digne, au moyen de ma grace, de manger le miel & la manne des Anges au saint Sacrement de l'Autel. Apprens de moy, chere ame, à cueillir la myrrhe, auant que de cueillir la fleur virginale au parterre de mon Eglise, ie veux dire à souspirer auec Iob, auant que de manger, non le pain d'amertume, mais ceste saincte viãde, qui est la douceur des douceurs & la vie, & le salut du mõde: *Mãgez, mes amis, beuuez, enyurez vous mes treschers.* Non, nõ, ma chere Espouse, dit IESVS CHRIST, ne t'imagine pas que i'aye appresté pour toy seule le delicieux banquet de mon corps, & de mon sang, c'est le pain des Anges, mais c'est aussi la viande des hommes Angeliques : l'Espouse en mange, mais ses filles & ses compagnes en mangent aussi ; c'est ce vin excellent, preparé pour mon Espouse, mais c'est aussi ce vin qui resioüit tous les cœurs deuots, qui enyure les esprits, & qui engendre les vierges : *Mangez, mes amis, beuuez, enyurez-vous, mes tres-chers.*

OVTRE le souuerain mystere du sainct Sacrement contenu sous ces mystiques paroles, i'y découure encor celuy de la meditation & contemplation : *Mangez, mes amis* ; voila la meditation, où l'ame mange auec les dents des puissances, & des affections le pain des diuins mysteres: *Beuuez*, voila la contemplation où l'ame ne mange & digere plus les grands my-

L ij

steres avec peine & fatigue, mais elle avale doucement les suauitez & douceurs que l'Espoux faict gouster aux ames contemplatiues : De sorte que le manger signifie la meditation, & le boire la contemplation, car comme l'on boit aisémét & auec plaisir, ainsi l'ame contemple auec ioye & rauissement les mysteres de Dieu, & le Dieu des mysteres. L'Espoux adiouste, *enyurez-vous, mes bien-aymez* : que veut dire, que l'Epouse est inuitée à manger, à boire, & puis à s'enyurer ? C'est le mystere de la vie spirituelle, diuisée, & signifiée en trois parties, assauoir, les cómençans par le manger, les profitans par le boire, & les parfaits par l'enyurement, qui est vn certain rauissement auquel entre l'ame, soudain que son bien-aymé l'a introduitte en ses celiers. Mais en ayant parlé en son lieu, remarquons icy qu'il est parlé specialement de trois choses, de miel, de laict & de vin. Le miel signifie la meditation, le laict l'amour, & le vin, la contemplation, lequel engédre les gousts spirituels, & la iubilation, l'allegresse & les extases. Ces trois poincts marquent aussi les trois especes de la vie spirituelle, la purgatiue, l'illuminatiue, la parfaiété : la purgatiue par la myrrhe, & les fleurs de l'Espoux : l'illuminatiue, par le rayon de miel & de laict, & l'vnitiue par le vin, figurant l'amour, par lequel l'ame est vnie au celeste Espoux. Ou bien (si vous voulez) le manger signifie la manducation Sacramentale du precieux corps de IESVS-CHRIST ; le boire, la beatitude eternelle de l'ame rauie au sein de Dieu, & l'enyurement, la parfaicte felicité de l'ame reünie auec son corps, en laquelle elle pourra dire auec le Prophete, mon cœur & ma chair se resioüissent au Dieu de ma vie.

Ego dormio, & cor meum vigilat: Vox dilecti mei pulsantis.

Ie dors, mais mon cœur veille : c'est la voix de mon amy qui heurte.

SAINCT AVGVSTIN dit que les songes des Saincts ne sont pas sans mystere, car ils dorment pour estre plus dispos pour loüer Dieu, selon le mot de l'Apostre, Soit que vous mangiez, ou dormiez, ou faciez quelque autre chose, faites tout pour la gloire de Dieu.

L'ESPOVSE ayant mangé le laict & le miel de l'Espoux, & s'estant enyurée de ce vin precieux qui engendre les vierges, elle s'endort au sein de IESVS-CHRIST, & tous les songes qu'elle fait en ce sommeil ne sont que des mysteres, & tous ces mysteres que de l'amour : car il ne dort iamais en son ame : en fin ceste amante bien-aymée veillant & dormant tout ensemble, peut dire : *Ie dors, & mon cœur veille.* O merueille d'amour! elle dort en veillant, elle parle en dormant, & dit : *C'est la voix de mon amy qui heurte.* Ouy certes, car au lieu que c'est la main de l'homme qui heurte à la porte des maisons materielles ; c'est la voix, c'est l'esprit de Dieu qui heurte au cœur (qui est la porte de l'ame) pour la resueiller du sommeil des vanitez du monde.

MAIS voyons vn peu quel est le sommeil de l'Espouse, & puis nous presterons l'oreille de l'intelligence à la saincte voix de l'Espoux, laquelle se fait entendre souuentesfois par vn petit vent doux, & vn murmure agreable, entre le veiller & le dormir, & là se font les reuelations dont nous auons parlé en vn autre lieu, comme il arriua au Prophete Helie en la saincte montagne.

Quant au dormir de l'Espouse ie trouue que l'ame deuote & religieuse peut tousiours dire : *Ie dors, & mon cœur veille*, & taisant icy ce que sainct Ambroise dit de la Vierge, que tandis que son corps dormoit, son esprit veilloit en oraison, accomplissant en elle mot à mot, ces paroles, *ie dors, & mon cœur veille* ; ce qui est fort croyable, pour estre tres-estroittement vnie à son cher fils : disons que ces paroles signifient le dormir du corps, & le resueil de l'ame, le sommeil des sens, & le veiller de l'esprit, ou bien le silence des puissances, & la parole interieure du plus intime de l'ame, laquelle estant fauorisée de son Espoux, peut dire des levres de l'intelligence, & de la volonté; *Ie dors & mon cœur veille*, car estant pasmée dans les extazes du sainct amour, elle a les bras de son doux IESVS pour oreillers de senteur, & dort ainsi languissante dans les rauissemens de la mort du baiser. Et tandis que l'Espoux espris de ialousie pour elle, dit aux Anges, ou à ses compagnes, *Ie vous adiure, filles de Hierusalem, de ne resueiller ma bien-aymée, iusqu'à tant qu'elle veille*: Ceste heureuse amante n'ayant autre soin, que celuy de l'amour peut dire: *Ie dors & mon cœur veille*, car elle est toute endormie, quant à ses puissances, mais son essence est toute extaziée en son Dieu, en qui son amour veille; en Dieu, qui est l'ame de son ame, lequel non content de l'adiuration qu'il vient de faire à toutes les creatures en faueur de sa bien-aymée, il veille luy-mesme autour de son lict, & demeure aupres d'elle, comme sa chere garde, afin que personne n'en approche pour la resueiller. Elle dort donc quant à elle, mais son cœur veille, qui est son Dieu, son doux amour, sa vie, son Paradis

& son tout. Mais nous pouuons dire aussi que l'ame estant esloignée de son cher Espoux, sinon par grace, au moins par vn sentiment d'amour, alors elle dort intelligiblement, mais son cœur veille, car non seulement les consolations du sainct amour dorment pour elle, n'en ayant ny le sentiment ny la iouyssance; & non seulement elle ne sçait, ny ne sent si elle ayme son Dieu, tant elle est delaissée en vn desert, effroyable, comme le passereau solitaire, selon le Prophete, mais elle ignore mesmes alors si elle resigne sa miserable vie par vne Ste indifference en Dieu, bien qu'elle en conçoiue le desir, & qu'vne secrette voix crie en sa faueur au superieur de l'ame, la volonté de Dieu soit faicte: Alors ceste pauurette dort & son cœur veille; & ce cœur qui veille est le plus intime de l'esprit, ou bien c'est plustost son Dieu, qui est le cœur de son cœur, l'esprit de son esprit, & l'ame de son ame.

O dormir agreable pour l'ame! ô sommeil delicieux qu'elle prend au sein de l'Espoux, comme vn autre saint Iean! ô que la chambre de ceste Espouse est belle, puisque c'est le Ciel Empyrée ou Dieu mesme! ô que les pages de ceste chambre

L v

nuptiale sont nobles, puisque ce sont les Anges! ô que le lict est delicieux où repose ceste ame, puisque c'est la couche du vray Salomon! ô que les oreillers de ceste Espouse sont doux & pretieux, puisque ce sont les bras amoureux de Dieu mesme! ô que ce sommeil est rauissant, puisque c'est l'amour diuin qui le prouoque & l'accomplit en l'ame amante! *Cùm dederit dilectis suis somnum ecce hæreditas Domini.*

AYANT contemplé l'Espouse dormante, escoutons l'Espoux qui luy parle, & parle auec tant d'efficace, qu'il se faict entendre à celle qui dort: Aussi a-il heurté à la porte de son cœur qui veille, & se rend attentif aux paroles de son bien-aymé. Mais se faut-il estonner (cheres ames) si Dieu fait entendre sa voix à l'Espouse qui dort, puis qu'il la fait bien ouyr au Lazare mort & enseuely de quatre iours? Disons seulement que c'est Dieu qui parle, & il suffit: c'est celuy qui parlant fait vn monde, & qui parlant peut faire vn monde de merueilles: Il parle au dormát & luy reuele sa saincte volonté, comme il faisoit ordinairement en songe aux Prophetes, il parle au mort, & le rend aussi tost entendant que viuant. Il appelle le rien, comme s'il estoit desia plein d'estre, il appelle le rien, & en fait toutes choses, selon qu'il plaist à sa diuine parole, qui est (dit saint Basile) le moment de sa volonté. Quelques Docteurs disent que nostre Seigneur en voulant ressusciter le Lazare, il l'appella par son propre nom, Lazare, sors dehors, afin que luy seul sortit du tombeau, pource que la parole de Dieu est si efficace, que si nostre Seigneur eust dit en general, O morts sortez dehors, tous les morts fussent ressuscitez du tombeau.

Oyons maintenant ce que dit l'Espoux à celle qui dort si delicieusement au sein de son amour, dans vn grand & profond rauissement: il luy parle & elle dort; n'est-ce point qu'il la veut resueiller de ce doux sommeil de la contemplation, pour l'inuiter d'aller vaquer aux œuures de la vie actiue, aux charitables soins des filles qu'elle a en sa charge? sans doute, c'est pourquoy ceste ame soigneuse du salut de son prochain, oyant la voix de son bien-aymé qui l'appelle, elle s'esueille soudainement, & quittant le lict de la quietude & contemplation, se haste auec vne grande ferueur d'aller aux trauaux

L vj

salutaires de la vie actiue, à l'accomplissement des actions de la charité: car tandis que l'amante Magdeleine est rauie en la contemplation des beautez de son cher Maistre, il faut que la charitable Marthe appreste à manger à IESVS CHRIST & à ses Disciples. Il est veritable que les biens de la vie contemplatiue sont excellens, & ses douceurs & suauitez aymables sur toutes choses creées, mais il faut que l'ame rauie en la contemplation du diuin Espoux, s'esueille en temps & saison pour descendre de la montagne auec Moyse, & repaisse les ames (qui sont ses petits aigneaux) des fruicts & saincts pasturages qu'elle cueille dans le sein de son Espoux. Ce n'est pas assez d'estre transfigurée auec luy sur la montagne de Thabor, il faut (cheres ames) descendre en Hierusalem pour faire la volonté de vostre Espoux, souffrir quelque chose pour son amour, mesmes la perte de la vie, s'il l'ordonne pour vostre salut & sa gloire: c'est pourquoy vous oyrez tantost comme il dit à l'Espouse, *Ouure moy, ma sœur, ma mie, car mon chef est couuert de rosée, & mes cheueux sont pleins des gouttes de la nuict*, qui signifie sa passion tres-saincte. Ainsi samais (ames deuotes) la vie contemplatiue & l'actiue ne se doiuent separer l'vne de l'autre, ce sont deux sœurs bien-aymées, c'est Marie & Marthe, ou Rachel & Lia : c'est sainct Iean, & sainct Pierre. Marie ne peut assister IESVS-CHRIST sans l'ayde de Marthe; & Marthe ne peut supporter le trauail si Marie ne la soulage auec ses oraisons feruentes. Rachel belle & amoureuse de Iacob (mais sterile) est tout le contentement de son mary : Lia chassieuse (mais feconde) a des enfans & les nourrit. Sainct Pierre est en inquietude pour le gouuernement de l'Eglise, & plein de soucy du salut des ames; Sainct Iean atentif à son Espoux bien-aymé est tout paisible, endormy sur sa poictrine en vn profond extase : ainsi la vie contemplatiue & l'actiue ne se doiuent iamais abandonner, ains elles doiuent legitimement succeder l'vne à l'autre : Ainsi le Sauueur du monde se trouuant las & recreu des œuures de la vie actiue, disoit à ses Apostres, Allons nous reposer en la montagne, à sçauoir au sein de la priere & contemplation, non pour besoin qu'il eust de l'vn ny de l'autre, mais pour nous donner à tous vn bon exemple.

Aperi mihi, soror mea, amica mea, columba mea, immaculata mea, quia caput meum plenum est rore, & cincinni mei guttis noctium.

Ouure moy, ma sœur, ma mie, ma colombe, ma toute belle, car mon chef est couuert de rosée, & mes cheueux sont pleins des gouttes de la nuict.

LE CELESTE ESPOVX inuite l'Espouse à luy ouurir la porte de son cœur, où il desire faire sa demeure par grace & par amour, & pource il la presse amoureusement auec des raisons efficaces, voire auec des graces incomparables ausquelles elle ne pourra sans doute resister; car il luy represente que son chef est couuert de la rosée de la diuinité, & ses cheueux pleins des gouttes de la nuict, qui signifie son sang respandu pour elle en la nuict de sa mort; & c'est autant que s'il luy disoit, Ouure moy ton cœur, car ie suis Dieu & homme tout ensemble, comme Dieu ie rempliray ton

du Cantique des Cantiques. 255

ame de la rosée de ma sapience, & comme homme ie laueray ton cœur des gouttes sacrées de mon sang espandu pour toy. Ouure moy, ma chere fille, (dit le doux IESVS) ouure moy ton cœur & medite en ma passion, & tu me trouueras fauorable à tes souspirs, ayant le chef couuert de la rosée de mon sang, & mes cheueux sanglants des espines qui furent fichées dans ma teste auant la nuict de ma mort.

Ouure moy, ma sœur, ma mie, ma colombe, mon immaculée. O quelles douces & amoureuses paroles, capables de briser vn cœur de diamant, & de faire ouurir des portes de fer ou d'airain, tât elles sont aymables & rauissantes, & pleines d'energie & d'efficace! *Ouure moy*, ame fidelle qui es ma *sœur* par conformité de nature, par vnion de volonté, & participation d'heredité; *mon amye* par reuelation de mes secrets, par redemption, & par infusion de la grace : *ma colombe* par la donation des dons du sainct Esprit, & par la fecondité des bonnes œuures: *mon immaculée* par la contemplation des choses celestes, & la continuelle fruitiō de mon amour. Ou bien, *ouure moy* (chereame) qui es faite ma sœur en mon Incarnation, mon amye en ma passion, ma colombe en la mission du sainct Esprit, mon entiere & immaculée au baptesme: ouure moy ton cœur par la main de l'amour, à moy qui t'ay ouuert mon costé apres ma mort pour t'y mettre à l'abry de la pluye & des orages du peché, & du serein des mauuais Anges, qui se desguisent si souuent en Anges de lumiere pour te tromper.

DITES MOY DE GRACE (ames deuotes) le moyen de ne point ouurir la porté de son cœur à ce cher amant, à cét Espoux bien-aymé de nos ames? le moyé de le laisser à la pluye & au serain, y ayāt desia tant demeuré pour nous en sa mort & durant sa vie? Ie croy bien que l'Espouse & ses fidelles compagnes ne seront pas si peu desireuses de leur salut que de n'ouurir leur cœur à ce doux IESVS, lequel a voulu que le sien leur ait esté ouuert par le fer d'vne lance. Mais helas! ce sera l'ame negligente & paresseuse, qui couurira sa mauuaise volōté de fueilles de figuier, ie veux dire de ces vaines excuses, *l'ay despoüillé ma robbe, comment la reuestiray-je? i'ay laué mes pieds, comment les regasteray-je?*

Expoliaui me tunica mea, quomodo induar illam? laui pedes meos, quomodo inquinabo illos?

I'ay despoüillé ma robbe, comment la reuestiray-je? i'ay laué mes pieds, comment les regasteray-je?

I'AY DESPOÜILLE' MA ROBBE, &c. Ceux qui disent à l'ame, Ouure moy, ma sœur, ma mie, se peuuent entendre estre le monde & le diable, qui se transfigurans en Anges de lumiere, veulent induire l'ame à retourner aux delices du monde, & de la vanité passagere; mais l'ame fidelle qui a gousté des suauitez du ciel, & des souueraines delices de Dieu, qui sont tres-sainctes & tres-pures au respect de celles de la terre; leur refuse l'entrée de son cœur, disant, *I'ay despoüillé ma robbe*, (à sçauoir la robbe des vanitez du monde) *comment la reuestiray-je? i'ay laué mes pieds* (à sçauoir les pieds de mes affections) *comment les regasteray-je?* Or l'Espoux a n'agueres dit à l'ame, couchée

& encor sommeillante au lict du vice ou des vanitez mondaines, *Ouure moy, ma sœur, ma mie*; mais estant par trop negligente en ce qui est de son salut, & paresseuse de se leuer du lict de la sensualité, elle respond par ces vaines paroles (qui sont les excuses de sa mauuaise volonté) *I'ay despouillé ma robbe, comment la reuestiray-je? i'ay laué mes pieds, comment les regasteray-je?* O pauure ame, regarde bien qui est celuy qui t'appelle, & qui te conuie si doucement à luy ouurir la porte de ton cœur, te disant, *Leue toy, mon Espouse, ouure moy, ma sœur, ma bien-aymée*, &c. O si tu sçauois, pauure ame! (comme disoit le doux IESVS à la Samaritaine, à laquelle il demandoit de l'eau) si tu sçauois & cognoissois le don de Dieu, tu te leuerois bien vistement du lict de ton corps, & ouurirois la porte de ton cœur au grand Maistre des Anges qui t'appelle, lequel vient chez toy, non pour te demander de tes biens, mais pour te donner les siens & luy-mesme, qui sont ses graces & le Paradis. Encore (chere ame) si c'estoit vn mauuais Ange qui te coniurast d'ouurir la porte de ton cœur à des affections terrestres & mondaines, alors tu aurois raison de dire, I'ay despoüillé la robbe du peché, comment la reuestiroy-je? i'ay laué les pieds de mes affections, comment les soüilleroy-ie? mais c'est Iesvs-Christ luy-mesme qui heurte à la porte, c'est l'Ange du grand Conseil qui t'appelle par ses diuines inspirations, afin d'ouurir la porte de ton cœur au peché, & le bannir hors de toy, & puis la mesme porte à ton Dieu qui te veut remplir de sa saincte grace & benediction. Ouure donc (ame mondaine) à ton Seigneur, puis qu'il veut entrer en toy ; l'esprit de la deuotion est fort subtil & delicat, & si tu ne prens sagement l'inspiration qui se presente, tu ne la trouueras plus à ta porte quand tu la voudras bien retenir, & seras contrainte de dire, *I'ay ouuert le verrouil de mon huys à mon amy, mais il s'estoit destourné & estoit desia passé.*

I'ay despoüillé ma robbe, &c. Voyez l'amour diuin, tres-pur & parfaict, entrant en vne ame afin de la faire heureusement mourir à soy & reuiure à Dieu, la fait despoüiller de tous les desirs humains & de l'estime de soy mesme, qui n'est pas moins attaché à l'esprit, que la peau à la chair, & la desnuë en fin des affections plus aymables, comme celles qu'elle auoit aux consolations spirituelles, aux exercices de pieté, & à la perfection des vertus, qui sembloient estre la propre vie de l'ame deuote. Et alors l'ame a raison de s'escrier, I'ay osté mes habits, comment m'en reuestiray-je? i'ay laué mes pieds de toutes sortes d'affections, comme les soüilleray-je derechef; nuë ie suis sortie de la main de Dieu, & nuë i'y retourneray. Ou bien si vous voulez (ames deuotes) nous exposerons ces paroles pour l'ame contemplatiue, laquelle ayant receu de grandes ferueurs & recueillemens en la meditation de son Espoux, estant retournée à ses sentimens, & Dieu la rappellant derechef pour contempler ses amoureux mysteres, elle luy dit ces paroles de l'Espouse, *I'ay despouillé ma robbe, comments la reuestiray-je? i'ay laué mes pieds, comment les regasteray-ie?* Ou bien pour diuersifier ce beau sujet, disons que ceste ame appellée de Dieu afin de se leuer, c'est celle-là qui est encore couchée au lict de sa propre volonté; ou plustost celle qui pour n'estre encor initiée aux mysteres de l'amour pur, estant appellée à la contemplation de Dieu, & au rauisse-

ment, elle veut agir par le moyen de ses puissances, au lieu qu'elles doiuent faire silence à la voix de l'Espoux. La denudation & pureté de la propre action & des affections & pensées, estant la perfection de l'ame contemplatiue. Il est vray, qu'en fin escoutant la secrette voix de son Espoux, elle consent à ses amoureux mysteres, lequel luy dit, entre autres choses, par Esaye: *Lauez-vous, & soiez nette, ostez le mal de vos pensees*, qui sont trois sortes de nettetez interieures que ie laisseray mediter aux ames deuotes, pour entendre les autres paroles que l'Espoux dit à cette ame: *Soyez saincte, parce que ie suis sainct, qui est iuste, qu'il soit encor iustifié, & qui est sainct, qu'il soit dauantage sanctifié: soyez parfaicts, ainsi que vostre Pere celeste est parfaict*. Nous ne deuons douter (cheres ames) que nous ne soyons obligez en ce môde (non point à nous enfermer tous dans vn monastere) mais à cheminer tous dans la voye de la perfection, chacun selon son estat & vocation particuliere, taschant de mener vne vie la plus pure, & la plus saincte que nous pourrons, afin de plaire à Dieu: c'est vn grand peché, non de ne pas accomplir mais de mépriser les conseils Euangeliques, & la perfection de la vie deuote & contemplatiue. Si nous voyons vne ame se confesser & communier souuent, ieusner, prier, mediter, aymer la solitude, & mortifier son corps & ses passions par les mortifications exterieures & interieures; Ne disons pas (Chrestiens) à quoy sont bons tant de pieux exercices? On se peut sauuer sans faire tant de mysteres, & sans prendre tant de peine que cela. Admirós plustost ceste vie Angelique que de la mespriser, & taschons de l'imiter pour plaire à IESVS-CHRIST, qui dit à ses enfans, *soyez saincts, parce que ie suis sainct*: Ne disons iamais, nous ne sommes pas des Saincts, nous ne sommes pas des Anges: Il est vray que nous ne le sommes pas & ne le serons iamais, si nous n'imitons leur vie Angelique & saincte: mais il est certain que nous le pourrons deuenir, si nous voulons: ô quel aueuglement de ne le croire! ô quel malheur, le croyant, de mespriser vn si grand bien! si nous ne le croyons, nous nions la toute-puissance de Dieu, nous imaginant que son bras est racourcy: si nous ne le voulons, nous résistons à la volonté de Dieu, qui dit par la bouche de la Sagesse mesme: *soyez saints,* parce que ie suis sainct: qui est Sainct, qu'il soit encore dauantage sanctifié: qui est iuste, qu'il soit encor dauantage iustifié.

※※※※※※※※※※※※※※

Dilectus meus misit manum suam per foramen, & venter meus intremuit ad tactum eius.

Mon amy a mis sa main par le pertuis, mon ventre a tremblé de son seul attouchement.

DIEV NE SE CONTENTE PAS de crier bien haut aux oreilles de l'ame mondaine & vicieuse, languissante au lict du peché: *Il met quelquefois la main par le pertuis,* c'est à dire, il touche l'ame par le moyen de quelques tribulations, pour la faire sortir du lict du peché, *& son ventre a tremblé de son seul attouchement,* c'est à dire, ses entrailles se sont esmeuës, ou d'amour, ou crainte, par l'apprehension de l'enfer, c'est pourquoy elle dit aussi tost: *Ie me suis leuee pour ouurir l'huys à mon amy.*

Mon amy a mis sa main par le pertuis, assavoir par les troux de ses playes, *& mon ventre a tremblé de son seul attouchement*, & toutes mes entrailles ont tressailly de ioye & d'amour, voyant le grand excez d'affection qu'il m'a témoigné par sa mort & passion douloureuse.

Mais retournons à nostre premier sens, & disons auec vn Docteur, exposant ces paroles, ô tres-doux Seigneur! bien que tu trouues de la resistance en vne ame, tu ne cesses neantmoins, comment que ce soit pour son salut, de faire de grands efforts d'y entrer, & pourtant auec la main de ta plus forte inspiration, il semble que tu vueilles toy-mesme, sans le consentement de l'homme, entrer par le pertuis du cœur, & oster le verroüil de la sensualité, qui luy empesche ceste salutaire entrée.

Surrexi

Surrexi vt aperirem dilecto meo, manus meæ stillauerunt myrrham, & digiti mei pleni myrrha probatissima.

Ie me suis leuée pour ouurir à mon amy, mes mains ont distillé la myrrhe, & mes doigts sont pleins de la meilleure myrrhe.

ENFIN L'AME negligente & paresseuse se leue du lict de sa propre volonté, pour aller ouurir la porte à son bien-aymé, & le faire entrer en son cœur, Mais ne le trouuant plus, elle dit : *Mes mains ont distillé la myrrhe, & mes doigts sont pleins de la meilleure myrrhe.* Ceste myrrhe signifie la penitence qu'elle faict d'auoir resisté si long temps aux inspirations de Dieu, elle pleure ses offenses, souspire, sanglotte, & se frappe la poictrine : voyla la premiere myrrhe que ses mains ont distilée : Dauantage elle a vn grand regret en son cœur d'auoir offensé Dieu, elle verse larmes de sang, & fait vne protesta-

M

tion de mourir plustost de mille morts, que de commettre iamais vn peché mortel ; voila la meilleure myrrhe dont les doigts de ses puissances & affections sont tous remplis *iusqu'au verrouil*, c'est à dire iusqu'au cœur, qui est le principe de tant de miseres.

MAIS REMARQVONS qu'il y a deux autres sortes de myrrhe, plus excellentes que celles-là, qui sont propres aux ames deuotes & Religieuses. La premiere est la penitence que l'on s'impose soy-mesme, ou par le conseil des hommes à ce destinez, comme le ieusne, les veilles, la haire, la discipline & les autres. La meilleure myrrhe est celle que Dieu nous ordonne, nous fait prendre & gouster sans l'ellection de nostre volonté propre, comme les grandes tribulations, les maladies, les persecutions, la prison, le martyre, &c. Et c'est celle-cy dont parle l'Espouse en ces termes : *Mes mains, ou mes doigts sont pleins de la meilleure myrrhe*. Ou bien la premiere myrrhe est celle qui sort de soy-mesme, c'est l'eau & le sang que nostre doux Sauueur sua au iardin des oliues, par vn estrange excez de douleur & d'amour ; & la secōde myrrhe est celle qu'il répandist de toutes les parties de son sacré corps au Caluaire, estant cloüé sur la croix, & frappé du fer de la lance. Myrrhe tres-salutaire pour l'ame, myrrhe tres-amere pour IESVS, mais tres-douce pour l'Espouse, laquelle dit ailleurs : *Mon bien-aymé m'est vn bouquet de myrrhe, il fera sa demeure entre mes mammelles.*

Pessulum ostij mei aperui dilecto meo, at ille declinauerat atque transierat : anima mea liquefacta est vt locutus est.

I'ay ouuert le verroüil de mon huis à mon amy, mais il s'estoit destourné & auoit desia passé. Mon ame s'est toute fonduë, dés que mon amy a parlé.

EN fin l'ame mondaine ayant quelque temps combattu contre la partie inferieure, prend vne resolution d'ouurir la porte de son cœur à son bien-aymé: I'ay ouuert le verroüil de mon huis à mon amy, mais il s'estoit destourné, &

M ij

estoit desia passé. Aprenez par cet exemple (ames mondaines) à receuoir les inspirations de Dieu, par le consentement de vos cœurs, quand il vous appelle à quitter le lict de vos vices, afin qu'apres vous ne soiez point forcées de dire auec l'Espouse: *Il s'estoit destourné, & estoit desia passé. Mon ame s'est toute fonduë, dés que mon amy a parlé.* Ces paroles se pourroient interpreter de la grande ioye qu'a l'ame d'entendre les paroles interieures de l'Espoux dás les doux recueillemens de son amour, qui font dilater le cœur & le sens, & font respandre toute l'ame en la presence du bien aymé: mais disons, pour suiure nostre sujet, que ceste ame paresseuse se souuenant d'auoir esté si souuent appellée de son Espoux, & n'auoir respondu à ses paroles, ny correspondu à ses inspirations, elle fond & distille toute en larmes, & se consomme toute par vn excez de douleur, & dit: *Mon ame s'est toute fonduë dés que mon amy a parlé.* C'est ce que dit le Prophete Royal au Psalme 147. *Emittet verbum suum & liquefaciet ea, flabit spiritus eius & fluent aqua.*

Quæsiui & non inueni illum, vocaui & non respondit mihi: inuenerunt me custodes qui circumeunt ciuitatem, percusserunt me, & vulnerauerunt me, tulerunt pallium meum mihi custodes murorum.

Ie l'ay cherché, & ne l'ay point trouué, ie l'ay appelé, & ne m'a point répondu: les gardes qui entourét la cité m'ont trouuée, il m'ont battuë, & m'ont navrée, les gardes des murs m'ont osté mon manteau.

VOicy vne naifve description de la misere de l'ame mondaine qui a fait la sourde oreille aux inspirations de Dieu, laquelle est haïe & persecutée de toutes les creatures, pour auoir mesprisé la voix du Createur, ses loix, & ses ordonnances: comme il est vray que tous les animaux, & mesme les elemens se sont bádés contre l'homme depuis le peché, par lequel il s'estoit rendu desobeïssant à Dieu. *Ie l'ay cherché, & ne l'ay point trouué*, qui?

Elle ne le nomme point, & ne sçait pas aussi son nom, car elle n'a point de foy, & sans ceste lumiere l'ame est aueugle, & peut dire: *Ie l'ay cherché* (assauoir Dieu, *& ie ne l'ay point trouué, ie l'ay appellé, & il ne m'a point respondu* : Ie l'ay appelé auec la voix de mes prieres faictes sans foy, & sans charité, & il ne m'a point voulu respondre par ses graces & inspirations diuines : *Les gardes qui entourent la cité m'ont trouuée, ils m'ont battue, & m'ont naurée.* Les Anges, & les autres creatures de la Cité du monde, m'ont veuë en cet estat miserable, & ayans ouy la voix de mes plaintes, ils se sont mocquez de moy, & m'ont navré le cœur par la representation de la misere en laquelle ils m'ont asseurée que j'estois, n'ayant ny crainte ny amour de Dieu. *Les gardes des murs m'ont osté mon manteau.* Les Anges gardiens de nos ames, m'ont donné vn bon conseil par vne inspiration secrette ; & particulierement mon Ange familier, lequel m'a osté mon manteau, c'est à dire, m'a conseillé & persuadé d'oster ce voile qui couure les yeux de mon ame, de quitter le propre amour de mon corps & les vanitez du monde, & de prendre courage d'aller à la queste de mon Espoux, lequel veut estre cherché auec vne vraye foy, & prié auec perseuerance, & en fin il se laisse trouuer & posseder, par les ames languissantes d'amour pour luy.

ELLE DIT que les gardes des murs (qui sont les Anges gardiens) luy ont osté son manteau; ce qui me fait souuenir du Prophete Helie, lequel estant rauy au ciel dans vn chariot ardent, laissa tomber son manteau en terre, pour nous móstrer que si nous voulons auoir la cognoissance du Tres-haut, auoir des sentimens de son diuin amour, il faut quitter le máteau des affections de la terre, comme Ioseph laissa son manteau entre les mains de sa maistresse, déchaussant les souliers des vanitez & desirs du monde, cóme Moyse fut aduerti au desert de déchausser ses souliers de ses pieds, s'il desiroit auoir la vision du buisson ardent, c'est à dire, comprendre les grands mysteres contenus en ceste vision miraculeuse.

M iiij

Adiuro vos filiæ Hierusalem si inueneritis dilectum meum, vt nuncietis ei quia amore langueo.

Ie vous adiure filles de Hierusalem, que si vous trouuez mon amy, vous luy disiez que ie languis d'amour pour luy.

L'AME QVI CHERCHE DIEV, se sentant esprise du desir de le voir, & luy declarer sa passion violente, coniure toutes les creatures, & particulierement les Anges, & les saincts de l'assister en cet affaire si important pour le repos de son cœur: *Ie vous adiure filles de Hierusalem, que si vous trouuez mon amy, vous luy disiez que ie languis d'amour pour luy.* L'amour est vne maladie sacrée, vne langueur saincte, vn mal qui vaut mieux mille fois à l'ame, que la santé parfaicte au corps. L'ame malade de l'amour diuin, est guerie des maladies du peché, & commençant à mourir au monde, elle commence à viure au ciel, elle meurt au corps pour viure à l'esprit, en elle-mesme pour viure en Dieu. O ames deuotes, qui vous ser tez atteintes des fleches du sainct amour, & qui n'osez vous mesmes faire vos plaintes à la belle cause d'vn mal tant aymable; descouurez vos playes aux filles de la celeste Hierusalem: Annoncez vos langueurs à vn Sainct François qui n'est mort que d'amour, anoncez-les à vne saincte Catherine de Sienne, & de Gennes, à vne saincte Christine, & à vne saincte Therese, de qui l'amoureuse & saincte vie n'a esté qu'vne continuelle langueur, & sont mortes en fin de la mort du baiser. Annoncez aussi vostre langueur aux Anges auec l'Espouse, ô belles filles de Sion! dites de grace à mon cher amant, que ie languis & meurs d'amour pour luy, anoncez-la à la Vierge mere, qui mourut au rauissemét d'vn pur amour. O mon ame! que tu serois heureuse, si tu estois tellemét navrée du traict de la charité, que tu n'en peusses ny voulusses iamais guerir! ô maladie tres-saine, & tres-saincte! ô santé spirituelle & parfaicte! Asseure-toy (mon ame) que ceste saincte maladie est la plus grande santé que tu puisse iamais auoir: quelle santé pouuons-nous auoir meileure,

M v

que d'estre malades pour le saint amour? ha que tu serois heureuse si tu en pouuois mourir! ce seroit la plus douce & plus rauissante vie qui se puisse imaginer; mais il n'appartient qu'à vn S. François, & à quelques autres amans du ciel, de mourir d'amour pour le bien aymé IESVS; il n'appartient qu'à vne Espouse, ie veux dire à vne parfaictement amoureuse, c'est à dire, extremement malade, & souuerainement aymée de la sapience, de mourir de la mort du baiser, laquelle ne pense auoir de cœur que pour aymer son Espoux, d'ame que pour l'adorer, d'esprit que pour l'admirer, & de langue & de sentiment que pour le loüer, & en fin de vie que pour mourir dans les excez de son amour. On pourra (dit S. Cyprien) appeler malade d'amour l'ame qui se resoud toute à aymer son Espoux celeste, de sorte qu'elle s'oublie soy-mesme, & tout ce qui se passe autour d'elle, car elle ne prend plaisir à voir ny ouyr aucune chose qui ne soit son bien-aimé, cōme si nous disions vne ame morte à tout ce qui n'est pas Dieu, & viue à luy seul comme estoit celle de celuy qui disoit, *Ie vis, & ne vy pas*, ie meurs quant à moy, mais IESVS-CHRIST vit en moy. O quel sentiment d'amour (cheres ames) pensez-vous que celle-cy puisse auoir eu cet estat vnitif & parfait: le die celuy qui le sçait, le die celuy qui le sent, le die qui le peut dire, le die qui l'ose dire: Pour moy, ie ne vois aucun moyen d'exprimer le sentimét de l'ame morte en elle & viuáte en Dieu: elle est morte aux choses sensibles & viuante aux intelligibles, elle est morte au móde, & à sa volonté, & vit d'vne vie Angelique & diuine: son sétiment est mort, & le sentiment diuin vit en elle, ou bien elle vit diuinement en IESVS-CHRIST son amour: qui pourroit dóc exprimer ce sentiment ineffable, sans estre rauy d'amour comme elle? Mais cóment le pourroit-elle dire aux hommes, puis qu'elle est tellement trásformée en Dieu, que comme elle ne sçauroit plus operer que surnaturelleméc & diuinement: aussi ne peut-elle parler qu'vn lágage d'esprit, vn langage amoureux & diuin: ô mystere admirable! ô merueilles du diuin amour, qui transportent l'ame en des rauisseméc inenarrables; ô Iesus, Iesus, Iesus.

Qualis est dilectus tuus ex dilecto, ô pulcherrima mulierum? qualis est dilectus tuus ex dilecto, quia sic adiurasti nos?

Quel est ton amy venant de l'aymé, ô belle entre les femmes! quel est ton amy venant de l'aymé, que tu nous en as si fort adiurées?

L'ESPOVSE ayant coniuré ses filles de parler pour elle à son bien-aymé, *si vous le voyez dites luy que ie languis d'amour*, ses cheres compagnes luy demandent quel est son amy, non vne seule fois, mais deux fois, ce qui marque sans doute quelque mystere, *Dy nous de grace (ô la plus belle des femmes) quel est ton bien-aymé*, à sçauoir selon la diuinité du bien-aymé Pere? d'autant que ta beauté nous demonstre vn obiect tres-beau par lequel tu es si belle? dy nous donc (chere Espouse) quel est ton bien-aymé, selon l'humanité du bien-aymé, c'est à dire, de la diuinité à elle vnie par hypostase? declare nous quelle est ceste beauté mysterieuse, afin que cherchant ton amy auec toy, nous sçachions au moins quel il est, puis que tu nous en as si fort adiurées?

Dilectus meus candidus & rubicundus, electus ex milibus.

Mon amy est blanc & rouge, il est choisi entre mille.

L'ESPOVSE estant enquise du nom de son Espoux, n'ose quasi pas le dire, pource que son vray nom c'est IESVS, & IESVS, veut dire SAVVEVR, & il ne pouuoit pas estre vrayement IESVS & sauuer le monde sans l'effusion de son precieux sang qu'il a respandu pour la vie du monde. Mais neantmoins l'Espouse estant enquise quelle est la beauté de son Espoux, elle respond à ses compagnes auec des paroles briefues, mais fort mysterieuses, *Mon amy est blanc & rouge, il est choisi entre mille.* Il est fort aisé à cognoistre (mes filles) car non seulement il est beau, mais la beauté mesme, non seulement il surpasse en beauté tous les enfans des hommes, mais aussi tous les Anges de Paradis, bref, *il est choisi entre mille*: belle loüange de l'Espouse qui comprend toutes les loüanges que l'on pourroit donner à Dieu : car ce nombre de mille signifie vn nombre innombrable & infiny. Mais dy nous vn peu (chere Espouse) si ton Espoux est vn homme ou vn Ange, afin que nous le cherchions où il le faut chercher, entre les hommes ou entre les Anges, sur la terre ou bien dans le Ciel? non (mes cheres filles) mon bien aymé n'est ny pur homme, ny pur Ange, mais il est homme-Dieu, homme tres-excellent sur tous les fils des hommes, lequel surpassant en beauté & dignité tous les Anges, a merité d'auoir vn nom plus digne qu'eux, & vn nom exalté sur tout nom, comme son essence est infiniment releuée sur toutes essences : son nom (mes filles) est sa mesme essence, son nom est celuy qui est, & afin que vous le cognoissiez incontinent aux traits admirables de son diuin visage, son sainct nom est I E S V S, qui signifie S A V V E V R. Et si vous n'estes satisfaits d'auoir entendu ce beau Nom qui rauit tous les Anges: apprenez aussi que *mon bien-aymé est blanc*

du Cantique des Cantiques. 279

& rouge, blanc selon la diuinité, rouge selon l'humanité; blanc par l'innocence de sa vie, & rouge par la charité manifestée en sa mort & passion sanglante. Mon bien-aymé est la blancheur de la lumiere eternelle, & le miroir sans tache de la Maiesté de Dieu, & c'est aussi la splendeur de la gloire du Pere Eternel. Tel est (cheres filles) mon bien-aymé, tel est mon cher amant, tel est mon cher Espoux. Que dis-je pauurette, helas! ie blaspheme, sa beauté ne se peut exprimer par les paroles, & ce mot de beauté n'expose aucunement la sienne veritable; laissez moy de grace mediter seule en ceste beauté rauissante, pour laquelle ie languis & meurs d'amour, ie pasme à l'odeur de son nom, qui est mille fois plus doux à mon cœur, que les lys & les roses à l'odorat: adorez-le auec moy (mes filles) il est admirable, il est admirable!

Caput eius aurum optimum.

Son chef est d'or tres-pur & tres-bon.

L'ESPOVSE ayant descrit en general la beauté de son Espoux, fait vn dénombrement de toutes les parties de son corps, mais fort mystiques & pleines d'vne profonde intelligence. *Son chef est d'or tres-pur & tres-bon.* Cét or est la diuinité qui est tres-pure & tres-bonne en soy, car Dieu est le chef de IESVS-CHRIST, & IESVS-CHRIST le chef de l'Espouse. Ou bien le chef de l'Espoux est d'or tres pur, à cause de sa parfaite charité, laquelle estant le chef des vertus, surpasse toutes les autres, comme l'or tous les autres metaux: & ceste charité est tres pure, car IESVS-CHRIST n'a point cherché en ce monde ses profits ny propres interests, mais le bien & propre salut des hommes, ayant mesme abandonné sa vie pour tuer nostre mort, & nous redonner vne meilleure vie.

Coma eius sicut elatæ palmarum, nigræ quasi coruus.

Sa cheuelure est comme branches de palmes hautes & touffuës, noire comme vn corbeau.

QVE VEVX-TV DIRE ICY (chere Espouse) que les cheueux de ton Espoux sont noirs comme vn corbeau? & le Prophete Daniel dit, qu'ils sont blancs comme laine. Entendez (cheres ames) ce beau mystere de la bouche de l'Espouse, laquelle ayant esté baisée du baiser de la bouche de son Espoux, sçait diuinement parler des diuins mysteres que les hommes ignorent. Sçachez (mes sœurs & filles spirituelles) que les cheueux de mon Espoux sont blancs comme la laine, & sont dits aussi, noirs comme vn corbeau. Les cheueux pour auoir leur racine au chef, representent sa diuinité, signifiée par la teste. Or la diuinité est blanche comme laine en son essence, en elle mesme; & le Prophete dit, Que Dieu a mis son tabernacle au Soleil : car tout ainsi qu'il n'y a nul objet au monde plus clair & plus visible de soy que le soleil ; aussi n'y a-il aucune essence plus claire & plus intelligible en soy-mesme que Dieu. *Mais les cheueux de mon Espoux sont noirs comme vn corbeau*, pource que sa diuinité est essentiellement inuisible & incognuë aux hommes, qui ne la peuuent voir que dans vne nuée, comme fit Moyse. C'est pourquoy le mesme Prophete qui nous anonce que Dieu a mis son tabernacle au Soleil, nous dit aussi qu'il a mis sa cachette aux tenebres.

Vn Docteur dit, que quand Dieu est Espoux il a les cheueux noirs : & quand il est iuge rigoureux, & qu'au lieu de paroles il tient vn glaiue trenchant sur ses levres, il les a tous blancs. Or il est noir, aspre, rigoureux à ses amys, mais c'est pour les sauuer : il laisse fleurir ses ennemys, mais c'est pour les perdre, puis qu'ils ne veulent pas estre sauuez. Mais pour contenter vos ames touchées d'vne curiosité saincte & loüable, ie vous diray que par les cheueux de mon Espoux, tantost blancs & tantost noirs, vous deuez entendre son humanité & sa diuinité; sa diuinité qui est la blancheur de la lumiere eternelle & paternelle, & pourtant est tenebres à l'esprit humain, & son humanité (tres-blanche & tres-pure en soy) mais qui a esté noircie pour nous par sa mort & passion sanglante; de sorte qu'on eust plustost pris mon Espoux pour vne autre chose que pour vn homme, & semble qu'il estoit besoin pour le croire tel, que Pilate dist, VOILA L'HOMME, comme s'il eust dit, Voila l'homme de douleurs, voila l'homme de Dieu, & le Dieu des hommes : Et comme mon Espoux a dit vne fois de moy, *que i'estois noire, mais belle*, ie dis icy de luy, *que ses cheueux sont noirs, mais tres-beaux*, & dignement comparez aux branches des palmes & au corbeau, veu que par iceux sont representez les benefices & graces sans nōbre, qui sont les premiers fruicts des palmes, c'est à dire, de la victoire qu'il a remportée sur le diable en l'arbre de la Croix.

Oculi eius sicut Columbæ super riuulos aquarum quæ lacte sunt lotæ, & resident iuxta fluenta plenissima.

Ses yeux sont comme ceux des Colombes aux riuages des eaux, qu'on a lauées auec du laict, & resident en plein cours d'eau.

COMME il est veritable que les yeux sont les plus belles parties du corps humain, & comme le Soleil & la Lune du petit monde; ceste saincte Espouse descrit d'vne maniere admirable la beauté de ceux de l'Espoux; *Ses yeux sont comme ceux des Colombes aux riuages des eaux.* Les yeux du celeste Espoux sont doux, amoureux, agreables, & par leurs diuins attraits ils rauissent tous les cœurs d'vn sainct amour : ils sont comparez à ceux de la Colombe, parce qu'elle les a quasi tousiours esleuez au Ciel, bien qu'elle mange sur la terre : & les yeux de l'humanité de l'Espoux sont tousiours tendus à la contemplation de la diuinité, ce qui

du Cantique des Cantiques. 285

rend ceste humanité glorieuse & bien-heureuse. Or ces beaux yeux ne sont pas seulement lauez auec le laict de la sapience (qui est le fleuue du Paradis eternel) *mais ils resident en plein cours d'eau.* Ce qui nous demonstre que l'Espouse est vne blanche & mystique Colombe, qui contient parfaitement en son ame sacrée tous les dons du sainct Esprit (belle Colombe de la saincte Trinité) lequel esprit luy est donné, non par quelque mesure, mais auec vne plenitude souueraine & parfaite.

Genæ illius sicut areolæ aromatum consitæ à pigmentarijs.

Ses iouës sont comme vergers de fleurs aromatiques que les parfumeurs ont plantées.

ET SI VOVS CONTEMPLEZ mon Espoux en son diuin visage, il vous rauira aussi tost en extase, ou si vous voulez seulement regarder ses beaux yeux, sa bouche rauissante, ses ioües de lys & de roses, vn seul de ses traicts plein d'attraits est capable de vous aliener de vos sentimens, de separer vostre esprit du corps & l'ame de vostre ame. *Ses ioües sont comme vergers de fleurs aromatiques que les parfumeurs ont plantées* Tous les traits du visage de mon Espoux sont des perfections, & ses perfections des rauissememens pour mon ame, toutes ses actions sont admirables, & ses exemples merueilleux sont de bonne odeur à tout le monde. Regardez (mes filles) & contemplez auec admiration son beau visage Angelique & diuin, vous ne verrez pas en ses ioües des lys & des roses pareilles aux fleurs des iardins naturels, mais *semblables à celles que les parfumeurs ont plantees* : Et qui sont ces parfumeurs, sinon le pere & le sainct Esprit, au milieu desquels ce bel arbre de vie est planté en l'Orient eternel ? Or les belles & mystiques ioües des actions, bons exemples & miracles du Sauueur, (qui sont des fleurs aromatiques) sont dites estre plantées par le Pere, lequel luy a donné sa benediction eternelle & paternelle, ie dy comme Dieu, & comme homme, parfumant ce diuin Aaron depuis la teste de la diuinité iusques aux pieds de son humanité sacré; comme le Prophete dit, que du chef parfumé d'Aaron couloit & s'espanchoit la rosée, iusqu'à sa barbe, & iusqu'à ses vestemens: barbe ou cheueux qui representent la diuinité, & les vestemens la saincte humanité de IESVS-CHRIST. Et le sainct Esprit respand son onguent mutuellement auec le Pere, sur le chef, & sur les vestemens de ce mystique Aaron, afin qu'il embausme de ses diuines odeurs, & le ciel & la terre & les Anges & les hommes, & face miraculeusement de la terre vn ciel, & du ciel de grace vn Paradis de gloire. De sorte aussi que le Pere Eternel peut dire de luy ces paroles mysterieuses: Voicy que les vestemens de mon fils bien aymé sont comme l'odeur d'vn champ, plain que Dieu a beny!

Labia eius lilia distillantia myrrham primam.

Ses leures sont des lys qui distilent la myrrhe la plus singuliere.

QVE VEVX-TV DIRE ICY) chere Espouse) *que les leures de ton bien-aymé distillent la myrrhe* : Et quoy ? ses leures qui ne sont que douceur, & les lys que blancheur & douce odeur, peuuent ils distiler la myrrhe qui est si amere? Entendez, mes filles, que les leures de mon Espoux sont des lys, pour la pureté & douceur de son parler, car sa bouche de baume ne parle que lys, roses & violettes, ie veux dire paroles de pureté, d'amour & d'humilité: mais *ses leures sont des lys qui distilent vne excellente myrrhe*, pour quatre belles raisons. Premierement ses leures sont comme des roses qui distilent la myrrhe premiere, ou coulant de son gré; par laquelle sont entendus les chastes propos procedans des leures odorates de la prudence qu'il inspire aux cœurs humains, lesquels

quels sont par ceste salutaire myrrhe preseruez des mauuais discours qui corrompent les bonnes mœurs. En second lieu ses levres distilent la myrrhe, pource que la parole de mon Espoux est la verité mesme, & ceste verité est amere à la bouche & à l'oreille, & tres-douce au cœur, ce que les Pasteurs & Predicateurs sçauent assez par experience. En troisiesme lieu, les levres de l'Espoux sont appellées des lys, pource que sa parole ne fait aucun bruict ny rumeur, comme le son d'vn tonnerre, mais elles distilent les lys, ie veux dire, elle entre doucement, purement & suauement au cœur, & inspire au sein de l'ame deuote la precieuse odeur des diuins mysteres. La quatriesme raison pourquoy ses levres sont des lys distilans la myrrhe, c'est que la parole de mon Espoux a vne grande force (par l'excez de sa douceur) d'attirer les ames mondaines à la penitence & conuersion de vie, comme il fit la Magdeleine sa chere amante, mais il faut que le cœur soit ouuert aussi bien que l'oreille, pour entendre la voix de mon Sauueur & de ses Pasteurs & organes.

N

Manus illius tornatiles aureæ plenæ hyacinthis, venter eius eburneus distinctus saphiris, crura illius columnæ marmoreæ quæ fundatæ sunt super bases aureas, species eius vt Libani, electus vt Cedri. Guttur illius suauissimum, & totus desiderabilis, talis est dilectus meus, & ipse est amicus meus, filiæ Hierusalem.

Ses mains sont anneaux d'or pleins d'hyacintes, son ventre est d'yuoire enuironné de saphirs, ses iambes sont des colomnes de marbre fondées sur des bazes d'or; sa beauté ressemble au Liban, il est choisi comme le cedre. Sa gorge est tres-douce, & il est tout desirable; tel est mon bien-aymé, & iceluy est mon amy, filles de Hierusalem.

MON Espoux a les mains d'or & pleines de pierres precieuses, lesquelles mains ayans a esté cloüées & percées à la Croix, par les trous d'icelles sont coulez dans mon ame tous les dons & les graces qui l'embellissent & la rendent agreable à ses yeux. Sainct Iean dit en son Apocalypse, que le Fils de l'homme a le glaiue en la bouche, & les estoiles en ses mains, pource que ses mains sont pleines de misericorde, & s'il menace les hommes à cause de leurs pechez, il leur veut faire misericorde pour l'amour de luy-mesme.

SES MAINS SONT D'OR, à cause du prix & valeur des bonnes œuures, & ses doigts sont ronds & faits au tour, afin qu'en ses œuures il imite le Createur spherique, & sont encerclez d'anneaux d'or & d'hyacinthes, c'est à dire de celestes affections, car l'anneau d'or signifie l'amour fidelle, & l'hyacinthe le ciel. Ces belles mains de mon Epoux sont admirables, elles ont fait le ciel & la terre, elles ont vne puissance souueraine de faire des miracles, car IESVS-CHRIST estant au monde ne pouuoit leuer ses mains tres-sainctes vers le ciel, ou toucher quelque corps, sans faire des œuures miraculeuses à la veuë des hommes. *Son ventre est d'yuoire semé de saphirs*, c'est à dire, son cœur est blanc & pur, tout semé de pierres precieuses, ce sont ses pensées & desirs, qui sont tout celestes, & ne sont que charité & deliberations excellentes tendant au salut de l'homme. Les saphirs signifient les celestes influences, sans lesquelles il ne peut auoir vne bonne pensée. Sainct Gregoire de Nazianze dit qu'il fait icy allusion à la loy de Dieu, qui estoit escrite & burinée sur des tables d'yuoire enrichies de saphirs, qui auoient esté taillez & couppez du throsne de Dieu, & selon la phrase Chaldaïque, Dieu disoit à son peuple, *Dabo legem meam super tabulam eburneam ornatam saphiris. Ses pieds sont colomnes de marbre fondées sur bases d'or;* les pieds de ses affectiós sont polis comme le marbre scié & bien eslabouré, & comme des colomnes plantées sur des bases d'or de charité, qui est le fondement de toutes les vertus : ou bien c'est pource qu'il a fondé son Eglise sur les bases d'or de sa charité parfaite, dont le fondement est cimenté de son propre sang respandu pour nous à la Croix. Sa beauté est semblable au Liban, & son port au cedre ; sa beauté (quant à la diuinité) est comme la montagne du Liban, qui signifie blancheur, ou reluisant, car elle est si haute en son essence,

& si merueilleuse en son excellence, qu'elle ne peut estre comprise par l'homme ny par l'Ange. Son port (qui signifie son humanité) est comme d'vn cedre, à cause de son incorruptibilité & immortalité bien-heureuse. Ou bien la beauté de son corps est comparé au Liban, où estoit planté vne forest de cedres, pource qu'il est pris quelquesfois pour le paradis des delices que Dieu auoit planté de toutes sortes d'arbres, comme IESVS-CHRIST est le vray paradis qui contient toutes sortes de vertus, de graces, & de perfections essentielles. *Sa gorge est tres-soüefue & tres-desirable*, pource que d'elle les diuines reuelations descoulent sur les ames sainctes, auec vn rauissement qui les trãsporte hors d'elles-mesmes. *Tel est mon biẽ-aymé, & il est mon amy, ô filles de Hierusalem.* En fin elle conclud le Cantique des loüanges de son Espoux, asseurant à ses filles & compagnes, qu'elle l'ayme vniquement & cherement, & qu'elle est reciproquement aymée de luy, non seulement comme vne bonne fille de son pere, ou comme vne amye d'vn parfait amy, mais comme vne chère Espouse de son Espoux vnique & bien-aymé.

Quò abyt dilectus tuus, ô pulcherrima mulierum? quò declinauit dilectus tuus? & quæremus eum tecum.

Où est allé ton amy? ô la plus belle d'entre les femmes? où s'est-il destourné? & nous le chercherons auec toy.

LES FILLES & compagnes de l'Espouse l'enquierent de la demeure de l'Espoux, d'autant qu'elles sont enamourées de luy, pour auoir ouy raconter l'excez de ses beautez admirables: *Où est allé ton amy? ô la plus belle d'entre le femmes;* de grace, apprens-nous de ses nouuelles; dy nous s'il est au ciel? l'amour nous donnera des aisles pour l'aller trouuer: dy nous s'il est sur la terre? & nous le chercherons auec toy, auec les yeux de nos desirs, & auec les pieds de nos affections enflammées; car nous n'aurons point de repos iusqu'à tant que nous l'ayons trouué. Et pour la seconde fois (non sans mystere), ces cheres filles ou sœurs de l'Espouse luy demandent, *où s'est-il destourné?* & non pas, *où est-il allé* : comme voulans dire: Nous sçauons bien (chere Espouse) que ton bien-aymé s'est esloigné de toy, & auons cogneu ce triste esloignement à l'air de ton visage, dont la serenité s'est retirée, & la ioye, de ton pauure cœur à l'instant de son depart: Mais nous croyós ceste verité (& tu la dois moins ignorer que nous) que ton cher amy ne s'est pas fort esloigné de toy, *il s'en est seulement destourné*, c'est à dire, il a destourné son amoureux regard de tes yeux, mais il est en toy par sa grace, & se manifestera bié tost par son amour au milieu de ton cœur qui est le iardin des delices de cet Espoux tres-aymable.

CHAPITRE SIXIESME.

Dilectus meus descendit in hortum suum ad areolam aromatum vt pascatur in hortis & lilia colligat.

Mon bien aymé est venu en son iardin au parterre des fleurs aromatiques pour repaistre aux iardins, & pour y cueillir des lys.

LE CELESTE ESPOVX (qui est le Soleil de l'Espouse) s'estoit seulement esloigné d'elle par vn sentiment d'amour, & non par vne priuation de grace, qui seroit vne tres dangereuse éclypse pour elle : c'est pourquoy dans les mesmes instans qu'elle parloit de luy à ses filles, & qu'elle cherchoit en leurs discours quelque sorte de cósolation en son absence, il s'estmanifesté amoureusement à elle : *mon bien-aymé est venu en son iardin*, l'ame fidele & deuote est le iardin de Dieu, auquel il se plaist & delecte merueilleusement, comme il s'alloit promener à midy au Paradis terrestre, mais il faut que ce mystique verger soit scitué au midy de la charité, qui le réd beau, fertile & agreable à Dieu. Ce iardin de l'ame peut representer ses puissances, qui en sont les arbres, & mesmes son cœur qui est le parterre où se doiuent conceuoir les fleurs des bónes pensées & des bons desirs. Mais l'Espouse signifie de plus grands mysteres, disant *que son bien-aymé est venu au parterre des fleurs aromatiques pour y repaistre & cueillir des lys*. Ce parterre de fleurs aromatiques est le plus intime de son ame qui est le cabinet des parfums auquel l'Espoux se plaist de demeurer seul auec son Espouse seule, afin de parler & s'entretenir en secret des suauitez & douceurs de leur mutuel amour, de ses mysteres, & de ses faueurs & delices. Elle dit que l'Espoux est venu là pour repaistre, & y cueillir des lys: l'Espoux se repaist chez l'ame de la douce viande de ses affections & desirs conformes à sa saincte volonté, il se repaist de ces roses d'amour & des lys de sa pureté & chasteté: Ie veux dire que toutes ces belles vertus delectent fort les yeux de l'Espoux, mais il ne s'en substante pas, luy dis-ie qui se repaist entre les lys, & non pas de l'odeur des lys: c'est pourquoy l'Espouse dit, *qu'il cueille des lys en son iardin*: c'est à dire, il recueille les pures pésées de son cœur, & les met dans le vase sacré de sa charité, afin qu'estans arrosées des eaux viues de sa sapiéce, elles puissent germer & produire vn iour des fruicts de iustice, de paix & de gloire.

※※※※※※※※※※※

Ego dilecto meo & dilectus meus mihi, qui pascitur inter lilia.

Ie suis à mon amy, & mon amy est à moy, qui repaist entre les lys.

L'ESPOVSE parle icy auec vne grande confiance, pareille à l'excez de son amour, disant: *Ie suis à mon amy, & mon amy est à moy.* Ces paroles marquent vn mariage spirituel entr'-eux, de sorte qu'il se trouue vne merueilleuse correspondance de desirs, affections & volontez. L'Espouse dit, mon bien-aymé est à moy, pource qu'ainsi a pleu à sa diuine volonté, car il a donné son sang, sa vie & son amour pour moy, il m'a donné son corps, son ame, & ses biés, bref il m'a tout donné, puis qu'il s'est donné luy mesme à moy, par vn excez de charité, & s'est (par maniere de dire) esloigné de luy mesme pour s'approcher de moy, & m'vnir auec luy par le mystere de son Incarnation. Et pour moy, ie suis tellement à mon bien-aymé, que pour estre plus entierement à luy, ie cesse d'estre à moy, & en moy, ie ne veux plus proferer ceste parole, moy ny mienne, mon moy c'est mon Espoux, mon mien c'est estre sienne, mon ame, c'est mon bien-aymé, ie ne veux plus dire ma memoire, mon entendement & ma volonté, mais la memoire, l'entendement & la volonté de mon Dieu: Ie suis pour luy comme morte au monde, & à moy-mesme ie suis comme vne personne stupide, simple, idiote & alienée de ses propres sentimés, car ie ne voy plus rien que luy, ie n'entends plus que luy, ie n'odore plus que Dieu, ie n'adore que luy, ie ne sa-

N vj

uoure plus que luy, & n'ay plus aucune imagination, memoire, intelligence, volonté ny sentimét que pour luy, de luy, & en luy, tellement que ie puis dire auec l'Apostre: *Ie vis, & ie meurs, ie meurs quant à moy, mais* IESVS-CHRIST *vit en moy*: Et croy que ie suis du nombre de ceux dont il disoit, *vous estes morts, & vostre vie est cachée auec* IESVS CHRIST *en Dieu*. Ceste sentence (mes cheres filles) est digne de grande cósideration pour la vie spirituelle, extatique: vous estes morts, assauoir en vous mesmes, pour viure en IESVS-CHRIST: vous estes morts aux sentiments du monde, pour viure en ceux du Ciel: vous estes morts aux sentiments de l'ame, pour viure du pur amour de Dieu: vous estes morts à vous-mesmes, pour faire la volonté de Dieu: vous estes morts en vo' mesmes pour ressusciter auec IESVS-CHRIST; mais aussi vous deuez estre morts auec IESVS-CHRIST, pour viure vn iour en Dieu où vostre vie est cachée, pource que vous deuez crucifier vostre amour propre en la Croix de IESVS-CHRIST, afin que son amour pur & parfait viue & regne en vous. O le grand môt plein de mysteres! VOVS ESTES

MORTS: ô le mot admirable! & voſtre vie eſt cachée auec IESVS-CHRIST en Dieu: En l'vn ie voy la mort & paſſion du fils de Dieu, en l'autre ie voy ſa Reſurrection glorieuſe, & la vie de l'ame cachée en Dieu. Voicy (mes cheres filles) le mariage ſpirituel de l'ame auec IESVS-CHRIST, lequel conſiſte à laiſſer mourir ſa volonté propre entre les mains de IESVS CRIST, pour faire viure la ſienne, dont s'enſuiura vne reſurrection ſpirituelle & vrayement admirable.

Ha! combien de ſainctes & deuotes ames viuent bien adiourd'huy dans le monde! mais on ne ſçait pas de quelle vie elles ſont animées; c'eſt que leur vie eſt cachée auec IESVS-CHRIST en Dieu. Ha! combien d'ames Religieuſes viuent d'vne vie toute extatique, & operent des actions heroïques & miraculeuſes! mais le monde ne les voit pas, & quand il verroit leur vie, il ne la cognoiſtroit pas: car elle eſt cachée auec la ſapience eternelle en Dieu. Ha! combien de vrais amans de Dieu ſuiuent l'eſtendard de la Croix de IESVS, dans le deſert d'vn Cloiſtre & d'vne ſolitude monaſtique! Mais les pauures crearures paroissent mortes aux yeux du monde (qui voit bien leur mort, & nõ pas leur vie) elles sont toutesfois bien viuãtes aux yeux des Anges, & de Iesvs-Christ Dieu de la vie, mais leur vie est cachée en Dieu, & sera vn iour manifestée deuant les hommes, pour donner autant de confusion aux meschans, que de gloire à ceux qui sont morts au monde pour viure selon Dieu, en Dieu, & de Dieu, qui est la veritable vie de l'ame.

Pulchra es, amica mea, suauis & decora sicut Hierusalem, terribilis vt castrorum acies ordinata.

Ma bien-aymée, tu es belle, douce, de bonne grace comme Hierusalem, forte comme vne armée bien rangée.

L'Epouse ayãt protesté non seulemẽt par ses paroles, mais aussi par ses desirs & actions, qu'elle estoit toute à son Espoux, ainsi qu'il estoit tout à elle; il la louë icy pour quatre principales qualitez, pour sa beauté, pour sa douceur, pour sa bonne grace, & pour sa force. Or elle est belle par la foy, douce par l'humilité, de bonne grace par la charité & forte par l'esperance. Elle est belle par la foy sans laquelle l'ame (comme dit sainct Paul) ne peut plaire à Dieu: douce par son humilité, qui est le lit, & le lys odorant où repose l'Espoux, qui se nomme, *le lys des vallées*: de bonne grace par sa charité, car l'amour rend toutes choses agreables, comme l'Espouse dit ailleurs d'elle-mesme, *ie suis noire, mais ie suis belle*, ie suis noire par le peché originel, mais ie suis agreable aux yeux de mon Espoux, lequel me trouue belle, estant lauée en son sang par le baptesme. Ainsi l'Espouse est comparée pour sa bonne grace à Hierusalem; si c'est à la terrestre, o Dieu! quel bel ordre en l'estat spirituel & mystique; si c'est à la celeste, ô Dieu! quel ordre admirable dans les hierarchies & chœurs des Anges, des SS. & des sainctes! quelle diuine bien-seance! quelle harmonie, quel amour & quelle gloire. Or l'Espoux establist ceste bonne grace & ce bel ordre spirituel en son Espouse le iour qu'il l'a mena dans ses celiers, où il ordonna en elle la charité. Finalement l'Espouse est forte par l'esperance qu'elle a en IESV s

CHRIST, aux merites duquel consiste & subsiste le fondement de sa confiance amoureuse, estant ainsi appuyée sur son bien-aymé.

AINSI (cheres ames) l'Espoux donne de grandes loüanges à son Espouse, lors qu'il luy dit: *Ma bien-aymée tu es belle, douce, de bonne grace comme Hierusalem, forte comme vne armée bien rangée*; & ceste derniere qualité n'est pas des moindres, mais des plus excellentes, car il est vray que la plus belle chose du mõde & la plus épouuantable tout ensemble, est vne armée bien-ordonnée le iour d'vne bataille: Et l'ame qui est munie & armée de l'amour & crainte de Dieu, elle se peut dire la plus belle chose du monde, puis qu'elle plaist à l'Eternel, & la plus espouuantable aux diables, qui sont les ennemis de l'homme.

ET si vous voulez, nous marquerons encore quatre especes de belles qualitez, que l'Espoux attribuë à l'Espouse, en la nommant belle, douce, de bonne grace & forte. Il l'appelle belle pour son innocence & pureté, douce pour sa deuotion & pieté, de bonne grace pour sa prudence & discretion, & forte pour la grande confiance qu'elle a en luy. Ce sont icy les quatre fleuues dont le iardin mystique de l'Espouse est arrosé, moyennant la grace du sainct Esprit, de la plenitude duquel elle reçoit ces bonnes influences.

Auerte oculos tuos à me, quia ipsi me auolare fecerunt.

Destourne tes yeux de moy, car ils m'ont fait sortir de moy-mesme.

IL SEMBLE QVE L'ESPOVX trouue vn grand excez de beauté dans les yeux de sa bien aymee, ou bien que son amour soit si violent qu'il ne puisse plus souffrir les traits & les attraits de ses œillades amoureuses, lesquelles luy faisans fermer ses beaux yeux de crystal, luy font au mesme temps ouurir sa bouche de roses pour luy dire, *Destourne tes yeux de moy, car ils me font sortir de moy-mesme.* Tel est (ce me semble) le sens literal, mais le mystique est admirable, & ie vay meditant trois diuerses raisons qui peuuent obliger le sainct Espoux à dire ces paroles. La premiete, *Destourne tes yeux de moy*, ma bien-aymée, comme s'il disoit, Ne iette pas les yeux de ton entendement ou de ta curiosité sur le mystere de mon Incarnation, par lequel (au moyen de l'amour) ie me suis en quelque maniere esloigné de moy-mesme pour m'approcher de toy & t'vnir auec moy ; destourne tes yeux & charnels & spirituels de ce grand & incomprehensible mystere, & le regarde seulement des yeux de la foy, plustost pour le croire, que pour le penser entendre, pour l'admirer, & non pour le cognoistre.

La seconde raison s'exprime par vne autre version, qui dit, *Destourne tes yeux de moy, car ils m'ont fait enuoler*: Non, non, chere ame, ne me regarde pas auec les yeux d'aigle, pour les penser fixer dans le Soleil de mon essence eternelle : ne me regarde pas curieusement, mais amoureusement, regarde moy auec les yeux de colombe, humblement, respectueusement & pieusement, car les yeux d'aigle me font prendre des aisles pour m'enuoler hors du sein de l'ame, laquelle me perd alors par grace, par amour, & par sentiment. *Ascendet homo ad cor altum,*

& exaltabitur Deus, dit sainct Augustin. Si tu me contemples comme ton amy, ton bien-aymé, ton cher Espoux: regarde moy aussi comme ton Roy, ton Seigneur, & ton Dieu: imite mon Espouse qui disoit (parlant de l'excez de la contemplation où ie l'auois tirée) *Mon Roy m'a menée dans ses celiers, il a ordonné en moy son amour*: amour qui est parfait quand il est humble, respectueux & fidelle. En fin (cheres ames) ayez tousiours deuant les yeux ceste iuste reprimende que mon Espouse receut, pour s'estre enquise de mon seiour meridional; *Si tu ne te cognois, ô la plus belle des femmes, sors & va apres le train de tes trouppeaux*.

DESTOVRNE tes yeux de moy, car ils m'ont fait enuoler. Sur ces paroles quelques-vns disent que ce sont les yeux & la beauté de la Vierge Marie, qui ont fait voler l'Espoux du ciel en terre, & du sein du Pere, au sein de la Mere. Aussi est-elle ceste mystique Abisag, belle sur toutes les filles de Hierusalem, qui a peu seule enflammer d'amour le cœur de Dieu, se faisant homme en son ventre virginal, comme il est dit au 3 *liure des Roys*, chapitre 1.

LA TROISIESME RAISON de ces paroles de l'Espoux, *Destourne tes yeux de moy, car ils m'ont fait sortir de moy-mesme*; c'est comme s'il disoit, Ma bien-aymée, destourne tes yeux tant que tu voudras de moy, cela n'empeschera pas que ie ne t'ayme esperduëment, car les yeux de tes amoureuses intentions m'ont desia navré le cœur, & m'ont rendu tellement passionné de tes beautez, qu'ils m'ont fait sortir de moy-mesme. Or ceste mystique sortie signifie l'extase & le rauissement, qui est le souuerain effet de l'amour: car extase en Grec, veut dire separer, ce qui fera qu'à ce propos nous dirons quelque chose du rauissement.

Quelques-vns mettent de la difference entre l'extase, la suspension, le rauissement, & le vol d'esprit, qui me semblent signifier vne mesme chose, sinon que le vol d'esprit enleue l'ame auec plus de violence, & me semble meriter mieux le nom de rauissement que l'extase, à raison de ses effets admirables: quant à la suspension, elle dure moins que l'extase ou rauissement, cóme enseigne la saincte mere Terese. Les Docteurs mystiques disent que du costé de l'ame cela s'appelle extase, & de la part de Dieu rauissement, pource que l'extase deriue de *stando*, d'autant que le corps demeure sans force & sans vigueur en vn mesme lieu, & le rauissement prouient de Dieu, lequel ainsi qu'vn aigle royal enleue & rauit l'ame dans le ciel, non pour seruir, comme vn Ganimede, d'eschanson à Iupiter, mais pour manger & boire à la table des Anges les douces viandes de son amour & de sa sapience.

LE RAVISSEMENT est comme la mort de l'ame, car ne plus ne moins que le corps estant mort, ses sens & ses organes ne font plus leurs offices naturels; ainsi l'ame estant rauie en Dieu, ne peut plus operer en elle, mais en Dieu ; ou bien elle est morte en elle & viuante en Dieu qui vit en elle pour la faire mourir à toutes les choses mortelles, & viure seulement à luy seul, qui est veritablement toutes choses. De celle-cy l'on pourroit dire auec l'Apostre, Vous estes morts, & vostre vie est cachée auec IESVS-CHRIST en Dieu. Or les membres du corps demeurent froids & insensibles dans le rauissement à cause que les esprits vitaux, pour la vehemente ferueur, vont autour du cœur surpris d'vne douceur spirituelle, qui fait que les nerfs s'estendent de façon que les membres ne peuuent exercer leurs offices & fonctions, iusqu'à ce que ceste ardante feruer demeure en son entier, & que le chemin des esprits vitaux s'ouure, lesquels estoient reserrez & retirez en eux mesmes par tel esloignement: douces merueilles qui arriuent aux bonnes ames & saincts Prophetes, par la vertu efficace de l'amour diuin, comme le declare Daniel par ces paroles, *I'ay veu vne grande vision qui m'a osté toutes mes forces, demeurant prosterné sur la face de la terre sans vigueur & sentiment.* Telle est la saincte extase, la douce mort des sens, & la vie mille fois plus douce de l'ame Espouse de Dieu.

Capilli tui sicut grex caprarum quæ apparuerunt de Galaad. Dentes tui sicut grex ouium quæ ascenderunt de lauacro, omnes gemellis fœtibus & sterilis non est in eis.

Tes cheueux sont comme vn trouppeau de Cheureaux, qui paroissent sur le mont Galaad. Tes dents sont comme troupeaux de brebis, qui sortent du lauoir, tous ayans deux gemeaux, & pas vne d'elles n'est sterile.

L'ESPOVX ayant parlé des yeux de son Espouse, acompare ses cheueux à vn trouppeau de Cheureaux, pour luy témoigner que ses desirs, affections & intentions sont simples, pures & nettes en sa presence, & paroissent belles & agreables sur toutes celles des filles de Hierusalem. *Tes dents sont comme trouppeaux de brebis qui sortent du lauoir*, chacune ayant deux petits, & nulle d'elle est sterile. Il ne loüe pas icy les dents de son corps, si vous n'entendez par elles les sens qui ne sont pas steriles, car ils produisent de bons fruicts à l'aduantage de l'ame, assauoir les yeux en pleurant ses offenses, l'oüie oyant les paroles de l'Espoux, les mains en donnant l'aumosne, &c. ou bien ses sens sont dits auoir deux petits, pource qu'il y a deux yeux, deux oreilles, deux narines, deux leures, deux mains, & pas vne de ces mystiques dents n'est sterile, car elles operent comme instrumens de l'ame, des œuures de charité en faueur du prochain aymant Dieu pour l'amour de luy-mesme, & le prochain pour l'amour de Dieu, qui sont les deux faons qu'elles produisent en vertu de sa grace.

sicut

Sicut cortex mali punici, sic genæ tuæ absque occultis tuis.

Tes iouës sont comme vne grenade entamée, sans cela qui est caché au dedans.

TEs ioves sont comme vne grenade entamée, qui est rougissante, & plus belle à voir que si elle estoit fermée, elles plaisent fort à mes yeux, mais ce qui est caché au dedans me rauit d'amour, ce sont des iouës mysterieuses, qui sont le desir du bien, & la fuitte du mal, par lesquelles aymant ma seule gloire, & craignant la seule offence de mon Nom, ainsi tu m'és fort agreable, & ton visage Angelique cause mille doux transports en mon ame. Ou bien par ceste grenade entr'ouuerte, qui est si belle & rougissante, nous pouuons entendre l'amour de Dieu & du prochain, qui sont les deux iouës de l'ame; & les secrets de ceste mystique grenade sont certaines graces & faueurs celestes & rauissantes que l'Espoux fait

Exposition mystique & morale
gouster à son Espouse, luy faisant respirer au milieu de son diuin extase, auec le Prophete Esaye, *Mon secret est pour moy*, & auec le Prophete Royal, *Omnis gloria eius filiæ regis ab intus in fimbriis aureis circumamicta varietatibus. Psal. 44.*

Sexaginta sunt reginæ, & octoginta concubinæ, & adolescentularum non est numerus, una est columba mea, perfecta mea, una est matris suæ, electa genitrici suæ, viderunt eam filiæ & beatissimam predicauerunt, & reginæ & concubinæ laudauerunt eam.

Il y a soixante Roynes, & quatre vingts concubines, & des ieunes filles sans nombre, mais ma colombe est toute seule ma parfaite, elle est toute seule à sa mere, choisie à celle qui l'a engendrée, les filles l'ont veuë & l'ont publiée bien-heureuse, & les Roynes & concubines l'ont loüée.

L'Espovx fait icy vne description fort mystique touchant les ames deuotes, religieuses & sainctes, *Il y a* (dit-il) *soixante Roynes*, voila les ames sainctes, *& quatre-vingts concubines*, voila les ames religieuses, *& des ieunes filles sans nombre*, voila les ames deuotes, mais *ma colombe* (qui est mon Espouse) *est toute seule ma parfaite*, c'est la Vierge Marie mere de Dieu.

Ov bien, si vous voulez, les ieunes filles marquent les ames commençantes en la vie spirituelle : les concubines les profitantes : les Roynes les parfaites : & l'Espouse (qui signifie l'Eglise, & la Vierge) est la colombe, l'vnique la parfaite. Quant à l'Eglise chacun sçait qu'elle est la vraye Espouse de Iesvs-Christ, la colombe, la bien-aymée, la parfaicte, estant appellée colombe à cause des dons du sainct Esprit qui l'inspire sans cesse. Nous pouuons dire la mesme loüange en faueur de la mere de Dieu, laquelle est sa chere Espouse : elle est l'vnique, car elle est toute seule à sa mere, choisie à celle qui l'a engendrée, saincte Vierge vnique en perfection, saincte Vierge vnique à sa tres-chaste mere saincte Anne, & encore vnique & seule sans tache en la nature humaine sa mere ; ou plustost l'v-

O ij

nique & la parfaicte à la grace, saincte Mere qui l'a engendrée, ou du moins preseruée de toute macule, & du peché originel, actuel, & veniel: laquelle Vierge mere est beaucoup plus pure que leciel ny les Anges, dans lequel Ciel les Anges cōme apostats (& partāt pecheurs) ont seiourné, & ne fust ce qu'vn seul instant; mais quant à la Vierge, c'est vn ciel de grace, de sapience & d'amour, auquel le peché n'a iamais esté; aussi deuoit-elle seruir de tabernacle au Soleil de iustice. Et sainct Anselme parle d'elle en ces termes, Tout ce qui a l'estre est au dessus de Marie ou au dessous d'elle: au dessus d'elle il n'y a que Dieu, au dessous d'elle est tout ce qui n'est pas Dieu. Quant aux Anges, elle est plus saincte & plus excellente qu'eux, veu qu'ils ne sont que seruiteurs de Dieu, & ministres de l'homme, & elle est la mere de Dieu. Ceste saincte Vierge estoit figurée par l'arche de Noé bastie de cedre, bois incorruptible: par l'Arche d'Alliance, par la Colombe sans fiel, la tourterelle, la maison que la Sapience s'est edifiée, la verge de Iessé, la porte close du Sanctuaire, la terre beniste qui a germé le Sauueur du monde, le Tabernacle du Tout-puissant, le puits des eaux viues, & le miroir sans tache & sans macule : & comme le Verbe diuin est appellé le miroir tres-pur du Pere Eternel, ainsi ceste vierge peut estre dite le miroir sans macule que toute la Trinité contemple auec vn amour nompareil, le Pere la regarde comme sa fille, le Fils la regarde comme sa mere, & le sainct Esprit comme son Espouse. C'est pourquoy la monstrant comme au doigt par merueille, il s'es rie, Voila celle que les filles ont veuë & ont dit estre tres-heureuse, les Roynes & les concubines l'ont loüée. Ce sont (cheres ames) les ames deuotes, religieuses & sainctes qui admirent sans cesse les perfections de ceste Vierge, en disant. O quel prodige de beauté! quel miracle d'excellence! quelle merueille du Tres-haut!

*Quæ est ista quæ progreditur quasi Aurora
consurgens? pulchra, vt Luna, electa
vt Sol, terribilis vt castrorum
acies ordinata?*

Qui est celle cy qui chemine comme l'Aurore à son leuer? belle comme la Lune, choisie comme le Soleil, terrible comme vne armée rangée en bataille.

IL ME SEMBLE que c'est icy vne voix de liesse & d'admiration, tant des Anges que des hõmes, qui voyans ceste saincte Vierge paroistre auec la grace du Tres haut, esleuée en perfection sur toutes les creatures, demandent à eux-mesmes tout rauis de ioye & d'amour, *Qui est celle-cy qui chemine comme l'Aurore à son leuer?* Elle est iustement appellée Aurore, pource que c'est elle qui a premierement annoncé aux hommes la venuë de la grace, ains leur a donné le Soleil de Iustice, & de misericorde, lequel a voulu s'obombrer en son ventre virginal. *Belle comme la Lune*, à cause de sa clarté & pureté : car ainsi que disent les Naturalistes, la Lune conçoit seulement sa lumiere, & ses influences du Soleil : Ainsi la celeste Marie n'a iamais receu d'autres influences pour sa fecondité sacrée que la rosée du S. Esprit, vray Soleil de iustice & d'amour. *Choisie comme le soleil* : non pas comme le Soleil de la nature, mais comme le Soleil de la grace, car puis qu'elle est plus pure & plus parfaicte que le Ciel & les Anges, elle doit l'estre beaucoup plus que le Soleil du monde : c'est aussi ceste vierge esleuë, de laquelle il est dit au nom de l'Espoux, Il a mis son tabernacle au Soleil, & il sort de chez elle, paré de ses vestemens nuptiaux, comme vn espoux sortant de sa chambre bien orné pour son Espouse. En fin, *elle est terrible comme les escadrons d'une armée bien rangée en bataille*, pource qu'estant pure, parfaicte & nette de tout peché, & le diable ne craignāt que la pureté conioincte à l'humilité, elle est estrangement espouuentable à cet ennemy du genre humain.

L'ON POVRROIT approprier aussi tous ces degrez de graces à l'ame spirituelle, laquelle monte au ciel de vertu en vertu & de lumiere en lumiere, selon l'attraict des inspirations de Dieu, qui veut qu'elle chemine tousiours, & s'aduance de iour en iour à la perfection. L'ame est au commencement comme l'Aurore, estant nouuellement sortie des tenebres du peché, & c'est la vie purgatiue, participante de la nuict & du iour, de la nuict du peché, & du iour de la vertu par l'Aube de la grace qui reluit en l'Orient spirituel. Elle deuient apres cõme la Lune, belle par grace & par deuotion, voila l'illuminatiue; puis elle est faicte vn Soleil de prudence & de bonne eslection; voila la parfaicte: finalement elle deuient forte comme vn escadron de soldats bien arrangez; voyla la force, & l'habitude tres-parfaicte à ne plus vouloir ny pouuoir pecher ny estre tenté de le faire, & cela se trouue au seul estat de la gloire, en la compagnie des Anges, qui sont les armées du Roy Celeste, où l'ame est renduë impeccable en la vision de Dieu.

Descendi in hortum nucum, vt viderem poma
conuallium, & inspicerem si floruisset
vinea & germinassent ma-
la punica.

Ie suis descendu au iardin des noyers,
pour voir les pommiers des vallées, & regarder si la vigne
estoit fleurie, & si les grenadiers auoient
germé.

IL semble icy que l'Espoux se soit pour
vn temps esloigné de son Espouse, par
vn sentiment d'amour, afin de luy donner le loisir de s'occuper aux exercices de
l'esprit, & aux œuures de la charité, pource que tandis qu'il est auec l'ame, elle s'a-
muse tant à tirer & succer les douceurs &
suauitez des fleurs de la deuotion, qu'elle
ne pense que peu ou point à labourer son
iardin, à tailler sa vigne, & voir si les arbres de ses puissances rapportét le fruit des
vertus : car l'Espoux ne se plaist pas seulement entre les lys, & les roses, mais entre

O v

les arbres des vallees, qui sont les ames humbles & fertiles en bonnes œuures. *Ie suis descendu aux iardins des noyers pour voir les pommiers des vallées*; voila les fruicts de la charité, fruicts diuers & tous agreables chacun en son espece, que l'Espoux demande à nos ames, renduës fecondes par les influences de celuy qui dit, sans moy vous ne pouuez rien faire: mais par les noix sont entenduës les vertus interieures & profondes, comme celles dont Iesvs-Christ disoit, Apprenez de moy que ie suis doux & humble de cœur: *& regarder si la vigne estoit fleurie*: voila les fleurs des bonnes pensées & saincts desirs procedans de la vigne du cœur, *Et si les grenadiers auoiët germé*: voila les paroles remplies de charité, qui germás dans le cœur deuot, se voyans escloses dans la bouche; belle grenade entr'ouuerte, qui distilant le fruict de la saincte deuotion, fait naistre l'amour de Dieu dans les ames fidelles.

Nesciui, anima mea conturbauit me propter quadrigas Aminadab.

Ie n'en ay rien sceu, mon ame m'a troublée à cause des chariots d'Aminadab.

IE N'EN AY RIEN SCEV (dit l'ame fidelle) que mon Espoux eust vn dessein si fauorable pour moy, m'ayant tant fait languir sans me venir voir, afin de me faire plus aduancer en la vie spirituelle: Si l'eusse cogneu ceste belle verité, ie ne me fusse pas ainsi troublée, car il faut que i'aduouë qu'il m'a fait faire plus de chemin en la vie deuote & parfaicte, en s'esloignant ainsi de moy, que si tous les chariots des Princes eussent peu mener & porter mon ame au but de ses desirs. Mais ie suis encore bien ignorante és diuins mysteres, estant plus attentiue à contenter ma sensualité, que mon ame, & mon ame que mon Dieu. Vn Docteur exposant ce passage: *Ie n'en ay rien sceu, mon*

O vj

ame m'a troublée à cause des chariots d'Aminadad, fait ainsi parler l'ame spirituelle: Ie suis arriuée à vne pernicieuse ignorance, parce que ma partie animale (qui est ma sensualité) m'a troublée, tellement que ie ne puis comprendre la lumiere de verité, ny attaindre à l'amour de la tres-soüefue bonté de mon Dieu, & cela m'arriue à cause des chariots d'Aminadad, qui est interpreté mon peuple volontaire, lequel embrasse le cours de sa volonté propre au lieu d'embrasser seulement celle de Dieu.

※※※※※※※※※※※※※※※※

Reuertere, reuertere Sulamitis, reuertere, reuertere vt intueamur te.

Reuien, reuien, ô Sulamite, reuien, reuien, afin que nous te voyons.

L'AME DEVOTE, en la personne de l'Espouse s'estoit toute esmeuë & troublée en elle-mesme à cause des chariots d'Aminadad, c'est à dire, à cause du mouuement & suggestion de sa partie concupiscible, & de ses propres sens qui luy faisoient la guerre : mais ayant iouy des cheres faueurs de la presence de Dieu au iardin de son cœur, & n'estant plus appellée l'abandonnée, mais la volonté de Dieu en elle, ou bien la Sunamite, qui signifie la paisible ; ses fidelles compagnes la coniurent de reuenir auprés d'elles pour les rendre participantes des sainctes consolations qu'elle a receuës de son Espoux, & d'vne parcelle de sa paix interieure, qui surpasse tout sens & toute intelligence creée : elles disent donc ces deuotes filles veritablemēt esprises du saint amour: *Reuiens, reuiens, ô Sunamite, reuiens, reuiens, afin que nous te voyons* : & semble qu'elle leur responde, ou bien vn autre chœur de filles pour elle : *Que voyez-vous en ceste Sunamite, sinon compagnies & armées.* Or elles repetent quatre fois ce mot, *Reuien*, non sans mystere, comme nous exposerons icy ; & elle leur repart, que verrez vous en mon ame remplie d'vne profonde paix, & d'vn parfait recueillement en Dieu, sinon les armées celestes, sinon toutes les vertus Angeliques ? & quoy plus ? la saincte & diuine Trinité, qui possible l'auoit appellée, en disant : *Reuien Sulamite, afin que nous te voyons:* or ce mot redit trois fois signifie les trois personnes diuines, & le quatriesme demonstre que ce n'est qu'vne seule & simple diuinité en essence.

Mais descouurons vn autre mystere, & disons qu'il s'agit icy de la conuersion de l'ame mondaine, laquelle s'estant separée de Dieu par le peché, est rappellée à vne conuersion de vie par la tres-saincte Trinité: *Reuiens, reuiens, ô sunamite, reuiens, afin que nous te regardions.* Dieu eternel (qui est vn pur acte parfaict) ne peut ietter les yeux sur vne ame souillée du peché mortel: & quand il la regarde de l'œil de sa grace, c'est l'ame qu'il regarde & non le peché, totalement incompatible auec le regard de Dieu: c'est pourquoy le Prophete disoit, *Seigneur, destournez vostre face de mes pechez*; & neantmoins il dit aussi, *Ne me reiettez point arriere de vostre face*, pour demonstrer que Dieu regarde l'homme comme sa creature faicte à son image, & non pas comme pecheur, car le voyant comme tel il le ruineroit à cause du peché, lequel il veut perdre par sa iustice & sauuer l'ame par sa misericorde. Escoutons donc la voix mysterieuse de la saincte Trinité, laquelle veut conuertir l'ame mondaine en la person-

du Cantique des Cantiques. 327

né de la Sunamite, disant, *Retourne, retourne, Sunamite*, retourne, retourne à toy mesme, afin que nous te regardions. O ame miserable, faite captiue du peché! retourne premierement du mespris, secondement de la coustume, troisiesmement de l'œuure, quatriesmement du consentement des pechez; comme au contraire tu as commis les pechez procedans du consentement à l'œuure, de l'œuure à la coustume, & de la coustume au mespris. Retourne, pauure ame, comme vne seruante à son Maistre, comme vne fille abandonnée à son pere, comme vne malade au medecin, & comme vne adultere à son vray & legitime espoux: ie suis tout prest de te receuoir comme Maistre par grace, comme pere par mon amour, comme medecin par le prix de ma sanglante mort, & comme Espoux dans le sein de ma bonté charitable. Conuerty toy donc à moy de tout ton cœur, retourne à moy par l'infusion de ma grace, par l'auersion des creatures, & par vne conuersion de ton amour en moy, qui suis ton Maistre par ma sapience, ton Pere par creation, ton Medecin par redemption, ton Espoux par iustification, & en fin ie seray ta couronne par glorification, pour-ueu que tu vueilles entendre ma voix, & n'endurcir ton cœur, comme le peuple d'Israël fit au desert, lequel estoit autant esloigné de ma grace, comme tu seras, si tu veux auiourd'huy, proche de mon cœur.

CHAPITRE SEPTIESME.

QVID VIDEBIS IN SVNAMITE, nisi choros castrorum?

Que verrez-vous en la Sunamite, sinon compagnies & armees?

L'AME MONDAINE s'estant conuertie à Dieu, & ayant donné vn fidelle consentement aux inspirations de son sainct Esprit, elle dit vn salutaire adieu aux vaines compagnies du monde, pour conuerser heureusement auec les Anges du ciel, & auec les Anges de la terre, qui sont les ames religieuses & deuotes, elle donne congé à toutes les vanitez du siecle, & chasse le monde hors de son cœur, auec toutes ses passions, mauuaises inclinations & imperfections qui la pourroient esloigner du pur amour de son divin Espoux : Et d'autant que le peché & les passions desreiglées font en l'ame vne guerre intestine, qui l'empesche de iouyr auec son Dieu d'vne grande paix & tranquillité interieure ; celle qui a quitté le monde & soy-mesme pour demeurer en Dieu, n'est plus appellée la Sulamite, qui veut dire la perduë & l'abandonnée, mais la Sunamite, c'est à dire, la paisible, elle est la fille, l'amante & l'Espouse du vray Salomon, qui est IESVS-CHRIST Roy pacifique, lequel accompagne luy-mesme & assiste par tout ceste beniste ame, & luy donne vn corps de garde pour la proteger durant les nuicts effroyables de ceste vie humaine : & ce sont les Anges de lumiere, ces armées du Tres-haut, qui combattent en sa faueur & en la vertu du beny sang de IESVS, contre les puissances des tenebres, afin que s'estant mise en la protectió du Dieu de Iacob, elle y trouue lieu d'asseurance, de salut & de vie, & que cét oracle prophetique soit accomply en elle ; il a donné charge à ses Anges de te garder en toutes tes voyes, ils te porteront en leurs mains, de peur que tu ne blesse ton pied, c'est à dire, ton cœur ou tes affectiós,

du Cantique des Cantiques.

contre la pierre ; pierre de scandale & de peché. C'est pourquoy les filles & compagnes de l'Espouse s'escrient, *Que verrez vous en la Sunamite sinon compagnies & armées ?* O qu'vne ame est heureuse qui a quitté le peché, & les occasions du peché, puis qu'elle est faite & nommée la colombe, la paisible, & l'Espouse de Dieu, & sa bien-aymée Sunamite ! O qu'heureuse est celle qui fait vne perpetuelle grace à ses sens, pour establir en l'estat spirituel la paix & le royaume de Dieu ! heureuse, dis-je, si elle combat sans cesse contre le monde, la chair, & le diable, pour auoir la paix auec son Dieu, & le faire regner en sa conscience tranquille, qui est le siege de la Sapience, & le throsne de ce Roy de gloire : & à laquelle il peut dire, *Pulchra es, amica mea, suauis & decora sicut Hierusalem, terribilis vt castrorum acies ordinata.*

Quàm pulchri sunt gressus tui in calceamentis, filia Principis.

Que tes pas sont beaux en leurs chaussures, ô fille du Prince !

LES PAS DE L'AME sont ses affections qui plaisent à Dieu. 2. Les pas de l'ame sont les pas qu'elle fait par ses œuures dans le chemin de sa diuine loy. 3. L'Espoux dit à l'ame que ses pas sont beaux, par lesquelles paroles nous voyós que Dieu compte tous les pas que l ame deuote fait pour son diuin seruice. Ce sont aussi les deux pas admirables qu'a fait la Vierge, assauoir, celuy de sa tres-pure Conception, & celuy de sa tres-saincte Natiuité. *O que tes pas sont beaux, &c.* Ceste parole est addressée à l'ame vnie auec son corps ia glorifié & faite Espouse & fille de Dieu, Prince supreme. L'ame saincte, en la personne de l'Espouse, est nommée fille de Prince ; ô qu'elle est excellente ! puis que les pas de ses affections sont si beaux, qu'ils rauissent les

du Cantique des Cantiques. 333

yeux de tout le monde, & particulierement de ses filles & compagnes vierges, si bien qu'elles font esclatter ceste voix d'admiration, *ô que tes pas sont beaux, fille de Prince* ! A la verité l'ame est fille du Roy, ie dy du Roy des Anges, & partant elle est parfaicte en beauté, sœur du Roy à cause de la saincte humanité de IESVS-CHRIST, Espouse de Roy, lequel l'a espousée par sa mort en l'arbre de la Croix; C'est pourquoy elle dit ailleurs, *Le Roy m'a menee dans ses celiers à vin*, qui sont les playes & le costé de IESVS-CHRIST, où s'est passé le contract de mariage entre luy & elle, signé de son propre sang, scellé du cachet de sa mort, & ratifié par son saint amour.

Or le Prophete Royal dit que toute la gloire de la fille du Roy, c'est à dire, toute sa beauté est cachée au dedans : ô Dieu que de richesses sont cachées soubs ces paroles! *fille de Prince, ô que tes pas sont beaux en leurs chaussures!* car outre qu'elles signifient que l'Espouse est belle, de bonne grace, & de riche stature selon le corps, son ame est beaucoup plus excellente & loüable. Et possible que c'est l'Espoux qui dit, *ô fille de Prince que tes pas sont beaux!*

en eschange de ce qu'elle l'auoit ailleurs appellé son Roy : ô *fille de Prince!* belle ame saincte & Religieuse, ma princesse & ma Royne, les pas de tes pieds corporels plaisent fort à tes chastes cōpagnes & tes pas spirituels me delectēt merueilleusement, tes pas sōt beaux, pource qu'ils me plaisēt, & ils me plaisent, pource qu'ils suiuent les droicts sentiers de ma saincte loy : les pas de tes affections, & de tes actions me plaisent à voir dans tes escarpins, au moyen desquels tes pieds sont defendus & gardez, de peur qu'ils ne choppent à la mauuaise pierre, pierre de scandale, & de peché : mais n'aye point de crainte (ma belle) sinon de m'offenser, ie prendray vn soin particulier de ta vie, ie feray naistre insensiblement sous tes pas vn Printemps de fleurs, de lys, & de roses, & tu ne tomberas iamais *tant que tu seras apuyee sur ton bien-aymé*. On dit qu'anciennement aux souliers des Empereurs de Constantinople estoit attaché vn aigle d'or. Les beaux pas de l'Espouse foulans toutes les choses terriennes, representent l'humilité, laquelle auec l'amour de son Espoux, luy seruira d'aisles pour la porter aux Cieux, & à la contemplation du Soleil de gloire.

Iunctura femorum tuorum sicut monilia
quæ fabricata sunt manu
artificis.

Les iointures de tes cuisses sont comme ioyaux mis en œuure de
la main d'vn bon
ouurier.

LA VIRGINITE' est sœur des Anges, & la chasteté est sœur de la
virginité, & l'vne & l'autre est fort a-
greable à Dieu, qui est la pureté mesme:
c'est pourquoy le diuin Espoux, amoureux de ces beaux lys mysterieux, louë
icy son Espouse en ces termes, *Iunctura
femorum tuorum sicut monilia quæ fabricata
sunt manu artificis*. Il est vray que la virginité, chasteté, modestie, & autres vertus interieures sont les perles & les pierres precieuses qui embellissent l'ame, &
la rendent agreable à Dieu : Mais il faut
que ces ioyaux soient mis en œuure de la
main d'vn bon ouurier, notamment en
ce qui est du diamant de la virginité, c'est

à dire, il faut que le vœu ou le sainct desir de conseruer son ame vierge, pure & nette, soit inspiré de l'esprit de Dieu, qui non seulement est l'vnique Operateur de toutes nos bonnes œuures, mais aussi de toutes nos sainctes paroles & celestes pensées, suiuant ce diuin oracle, *qui potest capere capiat.*

Vmbilicus tuus crater tornatilis nunquam indigens poculis.

Ton nombril est comme vn hanap rond qui n'est iamais sans breuuage.

LE NOMBRIL est comme la bouche, & le centre du corps humain, ie dy du corps & non du visage, & disent les Medecins que c'est par ceste bouche naturelle que l'enfant reçoit la nourriture au ventre de sa mere; & nous pourrions dire à ce propos, que la diuine prouidence prend vn si grand soin des iustes qu'ils ne manquent iamais de ce qui leur est propre & necessaire, & pour l'ame, & pour

pour le corps, voire en prend vn soin fort particulier, comme les bontes meres font de leurs petits enfans, soit qu'ils soient encor en leur ventre ou nouuellement venus au monde.

Disons mieux, *que le nombril de l'Espouse est vn hanap rond, qui n'est iamais sans breuuage*, non seulement à raison du vœu de pauureté qu'a faict l'ame Religieuse & deuote, ou du peu d'affection qu'elle porte aux richesses du monde, mais à cause que son cœur (qui est situé au milieu du corps) reçoit sans cesse les diuines influences de la sapience & bonté souueraine, & ne manque iamais du doux & amoureux breuuage de la grace & suauité diuine, qui est le tres-doux aliment de l'ame en ceste vie.

Venter tuus sicut acervus tritici, vallatus lilys.

Ton ventre est comme vn monceau de froment enuironné de lys.

O BELLE ET ADMIRABLE DESCRIPTION du ieusne & continence de l'ame deuote & Religieuse, laquelle se contente de pain pour substanter son pauure corps, afin de le rendre suiet à l'ame, & l'ame à son diuin Espoux. *Ton ventre est comme vn monceau de froment*, ô saincte Espouse digne de l'eslection de celuy qui est appellé froment des esleuz! ô Espouse plus Angelique qu'humaine! ô tres-cher Espoux, le tres-doux & tres pur froment de l'ame au tres-sainct Sacrement de l'Autel! ô pain des Anges! ô viande sacrée! ô repas admirable! mais suspendāt pour quelque temps ces paroles d'admiration, pour vn si grand mystere, disons que ce monceau de froment est enuironné de lys, pour nous monstrer que ceste saincte continence de l'Espouse est la mere, ou du moins la nourrice de la virginité, chasteté, modestie, & autres belles fleurs qui croissent au iardin de l'ame, auquel se repose amoureusemét celuy *lequel se plaist & se repaist entre les lys.* C'est aussi au sainct Sacrement de l'Autel où l'ame religieuse reçoit le don precieux de la virginité, receuant celuy qui est le pur froment des esleus, & le vin qui engendre les vierges, & qui luy peut dire iustement, *duo vbera tua sicut duo hinnuli capreæ gemelli qui pascuntur inter lilia.*

Venter tuus sicut aceruus tritici vallatus lilys. Ces paroles demonstrent clairement la maternité & fecondité de la Vierge; le ventre de laquelle est entouré de lys, à cause de sa virginité perpetuelle, estant vierge auāt l'enfantement, vierge en l'enfantement, & vierge apres l'enfantement.

P ij

*Duo vbera tua sicut duo hinnuli ge-
melli capreæ.*

Tes deux mammelles sont comme les faons iumeaux d'vne cheure.

NOVS AVONS dit ailleurs que les deux mammelles de l'Espouse estoient les deux actes de la concupiscible; l'vn de suiure le bien, & l'autre de fuir le mal, mais entendós les icy pour les deux testamens de l'Escriture saincte, dót elle succe la doctrine & les mysteres, cóme les douces & precieuses mammelles de la Sapience diuine; ce sont là ces deux faons iumeaux de la Cheure mystique, ayans esté tous deux engendrez par vn mesme Esprit, & tout à la fois, au regard de la pensée eternelle (à laquelle il ne faut aucun temps pour faire son œuure:) mais ces deux testamens n'ont pas esté mis en lumiere tous deux ensemble, d'autant que ç'a esté par l'entremise des hommes, qui ne peuuent iamais aconsuiure les admirables desseins de Dieu tout-puissant

& incomprehensible : Et succant ces deux mammelles sacrées auec les levres de l'intelligence & de la sapience, il s'en forme deux autres mystiques dans le sein de l'espouse, qui sont la foy & la charité, par le moyen desquelles elle inspire suauement dans la bouche des ames fidelles, le laict tres-pur de la doctrine du fils de Dieu, auec vne saueur de la sapience, & vne ferueur de charité parfaicte.

※※※※※※※※※※

Collum tuum sicut turris eburnea.

Ton col est comme vne tour
d'yuoire.

LE COL DE L'ESPOVSE se peut icy prendre pour deux choses, pour le sens commun, & pour l'intention ; pour le sens commun, car ainsi que le col est l'organe par lequel les viandes entrent dans l'estomach pour y estre cuittes & digerées ; de mesmes le sens commun est l'organe par lequel toutes les especes des choses entrent chez l'ame raisonnable, pour y estre estimées & iugées selon leur valeur & merites; & ce sens doit estre en l'homme comme vne tour d'yuoire, c'est à dire, blanc, simple & vny à son obiet, qui est Dieu, & non preocuppé d'aucune vaine image des choses creées, afin de plaire au diuin Espoux. Ou plustost le col de l'ame est l'intention, laquelle comme vne tour d'yuoire, estant toute pure & sincere doit tousiours estre esleuée au Ciel, qui est le palais glorieux auquel elle sera quelque iour plantée comme vne belle & mystique tour de la saincte Hierusalem.

Oculi tui sicut piscinæ in Hesebon quæ sunt in porta filiæ multitudinis.

Tes yeux sont comme les piscines d'Hesebon, qui sont à la porte de la fille de la multitude.

HESEBO EN HEBREV veut dire cogitation ou solicitude. Et l'Espouse disant que les yeux de son Espoux sont les fontaines & piscines de Hesebon, des fontaines de solicitude, cela signifie que le regard de la misericorde n'est autre chose que le soin qu'il a de nous secourir en nos miseres, suiuant ce mot de Dauid: *aspice in me & miserere mei*. Or le regard de Dieu est non seulement l'effect de sa grace, mais aussi l'œil de Dieu est sa pensée, c'est pourquoy ce diuin Espoux disoit vn iour à saincte Catherine de Sienne, pense en moy, & ie penseray en toy; laquelle luy pouuoit respondre: *Dilectus meus mihi & ego illi, qui pascitur inter lilia. Oculi tui sicut piscinæ in Hesebon*. Ces paroles mystiques me font souuenir de la Piscine de l'Euangile où les malades estoient gueris par le mouuement de l'eau, fait par l'Ange: car l'Ange du grand Conseil, touchant les cœurs penités, leur fait verser des larmes, lesquelles teintes au merite de son sang, seruent de guerison à leurs maladies spirituelles. Et tres iustement l'Espoux accōpare les yeux de l'Espouse aux piscines d'Hesebon, où l'on dit que l'eau ne manquoit iamais, non plus que les larmes amoureuses & souëfues ne tarissent iamais en ses yeux, pource que son cœur (qui en est la viue source) est veritablemēt touché de l'amour diuin: belles & sainctes larmes, les perles Orientales de l’ame, sainctes & diuines larmes, le plus bel ornement de l’Espouse, ie dy larmes d’amour, & non pas de simple douleur, ie dy larmes de feu & non d’eau, procedantes du plus intime du cœur. Or ces piscines mysterieuses sont à la porte de la fille de la multitude, pour deux principales raisons. La premiere, pource que plusieurs ames passent iusqu’à la porte de la penitence, & ne peuuent, ou ne veulent entrer en effet dās la piscine de la penitence, pour estre purgées de leurs pechez. La seconde raison est, pourceque ces larmes sont les filles de plusieurs personnes, qui en effet pleurent leurs offenses des yeux du corps, mais non pas de ceux de l’ame, auec vne parfaicte contrition de cœur, & haine du peché, c’est pourquoy elles demeurent à la porte de la piscine sans entrer dedans, & s’en retournent tousiours remplies de vices, & vuides de la grace de Dieu, par leur pure faute & negligence, d’autant que depuis que Dieu s’est fait homme elles ne peuuent pas dire, *Non habeo hominem*.

Nasus tuus sicut turris Libani quæ respicit contra Damascum.

Ton nez est comme la tour du Liban, qui regarde vers Damas.

LE NEZ OV L'ODORAT represente le iugement ou la iustice de l'ame, laquelle regarde tousiours de ceste haute tour ou parquet deuers Damas, qui signifie ius de sang, pource que la iustification de l'ame prouient des merites du precieux sang de IESVS-CHRIST, l'obiet (comme homme) de la iustice du Pere eternel: Et comme l'odorat iuge & discerne iustement la qualité des odeurs, bonnes & mauuaises: ainsi l'ame par le iugement faict election du bien, & laisse le mal. Or ceste belle tour est scituée au Liban, qui signifie reluisant ou blanchissement, pour marquer que l'ame ne doit eslire, ny faire estime que des bonnes odeurs de la vertu & du souuerain bien. *Le nez de l'Espouse est comme la tour du Liban qui regarde vers Damas,*

P y

(qui est vne ville d'Orient où estoit scitué le Paradis terrestre:) Pour nous faire entendre que l'ame doit tousiours auoir les yeux de son entendement, & ses pensées, & ses affections esleuées, & renduës au Paradis des delices, qui est le vray Liban de l'Eternité, au respect duquel toutes les odeurs & senteurs aromatiques de Damas, du Liban & de l'Arabie heureuse, sont infiniment moindres en merite & valeur, (voire semblent n'estre rien) comme l'odeur de la renommée du grãd Roy Salomon sembla peu de chose au iugement de la Royne de Saba, au prix de l'excez des richesses & des grandes magnificences qu'il luy fit voir en sa Cour & maison Royalle.

Caput tuum vt Carmelus, & coma capitis tui sicut pupura regis vinĉta canalibus.

Ton chef est comme le mont Carmel, & tes tresses comme la pourpre Royalle laquelle est coniointe aux canaux.

LE CHEF DE L'ESPOVSE est son intelligence par laquelle elle reçoit de son Roy les plus excellentes reuelations, car celles qui se conçoiuent par l'oüie exterieure, ou par l'imagination, sont plus basses & plus subiettes aux illusions que celle de l'intelligence, qui est l'oüie interieure de l'ame, car si c'est vn obieĉt veritable & diuin, elle le voit & l'entend veritablement, & si elle ne voit ou n'entend rien, ce n'est pas vne aĉte de l'intelligence, ny vne reuelation reelle, ains fausse, sensible ou imaginaire. Or le chef de l'Epouse doit estre comme le Mont-Carmel, c'est à dire tousiours esleué au ciel, & en

P vj

Dieu, pour receuoir de luy, selon sa volóté, les inspirations, illuminations & reuelations de sa bouche sacrée, comme Moyse & les autres Prophetes alloient cōtempler sur les montagnes, fort propres à ce diuin exercice: *Et tes tresses sont cōme pourpre royalle non encore tirée de la teinture.* Ces paroles demonstrent que les affections de l'ame doiuent estre teintes de la couleur de la diuine charité, qui est la couleur & la liurée des enfans de Dieu; & mesmes toutes ses pensées & paroles, cōme de belles tresses de fin or, doiuét estre empourprées du sang précieux de IESVS CHRIST, son vray Roy, lequel a voulu estre couronné d'espines en ce monde, afin de les couronner en l'autre de roses & de lys, non pas de simples fleurs, mais de fruicts du sang precieux de l'Agneau sans macule, qui seruiront d'ornement & de couronne immortelle au chef & au col de l'Espouse, comme son manteau de pourpre a merité à nos ames les manteau royal de l'immortalité glorieuse.

*Quàm pulchra es, & quàm decora, charissi-
ma in delicijs !*

Que tu es belle, que tu es de bonne grace,
tres-chere en delices !

IL SEMBLE ICY que l'Espoux, ayant
acheué traict à traict le tableau de la
beauté de son Espouse, il le contemple
auec plaisir, & l'admire tout ensemble en
disant ces paroles, *Que tu es belle, que tu
es de bonne grace, tres-chere en delices !* Que
tu es belle (ma chere Espouse) pour la
beauté du corps ! que tu es de bonne grace pour la beauté de l'ame ! que tu es belle par ta nature en la creation ! que tu es
de bonne grace par ma grace en la redemption ! que tu es belle par la foy ! que
tu es de bonne grace par la charité ! que tu
es belle par l'amour que ie te porte ! que
tu es de bonne grace par l'amour que
tu as pour moy ! que tu es belle par la
puissance de ma grace ! mais tu seras bien
plus belle & de meilleure grace par la possession de ma gloire. Tu peux donc main-

Exposition mystique & morale tenant dire ces paroles auec confiance, *Mon bien aymé est à moy, & ie suis à mon bien aymé*: profere-les de bouche & de cœur, *ma tres-chere en delices*; mon amye par ta nature en la creation, ma plus chere en la grace par ta redemption, & *ma tres-chere en delices*, par ma gloire, laquelle ie te dois, non par tes merites, mais par mes promesses, gloire qui te sera donnée par les mains de ma grace, comme ceste grace t'a esté donnée par l'efficace de mon amour eternel.

※※※※※※※※※※※※※※

Statura tua assimilata est palmæ, & vbera tua botris.

Ta stature & ton port est comme d'vne palme, & tes mammelles sont pleines comme grappes de raisins.

IL SEMBLOIT que l'Espoux eust acheué le tableau des beautez de son Espouse, mais il y met la derniere main auec ces deux traicts admirables, *Ta stature & ton port est comme d'vne palme, & tes mammelles sont pleines comme grappes de rai-*

du Cantique des Cantiques. 351

fin. A la verité vne ame est belle, qui a les cheueux beaux; c'est à dire, les pensées & les affections bonnes: qui a les yeux beaux, c'est à dire, ses intentions pures; de qui les levres distilent le miel de la deuotion & charité; qui a les pieds ou les pas beaux en chaussure, comme l'Espoux appelle la fille de Prince, c'est à dire, l'ame qui perseuere de cheminer en la loy de Dieu, & s'aduance de iour en iour en la vie spirituelle; & ainsi des autres parties du visage & du corps de l'Espouse: *Mais sa stature & son port doit estre comme d'vne palme, & ses mammelles pleines comme grappes de raisin.* La stature ou port de l'ame est la raison ou l'intelligence, qui la rend superieure aux bestes, & semblable aux Anges: l'ame a le port comme vne palme, lors qu'ayant la science & cognoissance des diuins mysteres, elle communique ces beaux fruicts aux ames qui en ont besoin. Les mammelles de l'ame sont l'irascible & la concupiscible; par l'vne elle se courrouce seulement contre le peché, ou pour la perte des ames: par l'autre elle desire ardamment leur salut, & le procure auec vn zele plein d'amour, & alors elle est faite par grace, *vne grap-*

pe de raisin, ie dy par grace, & non par nature: car l'Espoux influant ces fruicts de charité en elle, lors elle peut dire, *Mon bien-aymé est pour moy vne grappe de raisin cueilly aux vignes d'Engaddy.* Ou bien si vous voulez, les deux mammelles de l'ame sont l'entendement & la volonté: l'entendement est ceste stature & port de l'ame qui se doit esleuer comme vne palme vers le ciel des diuins mysteres, mais en ayant conceu les fruicts par les diuines influences, elle les doit communiquer aux ames simples: Et la volonté est ceste belle grappe de raisin, laquelle doit estre tousiours pleine de l'amour de Dieu & du prochain, pour faire rayonner suauement & amoureusement le laict de la charité dans la bouche des ames qui ont besoin de son aide & assistance.

Dixi ascendam in palmam, & apprehendam fructus eius, & vbera tua sicut botri vineæ.

I'ay dit, Ie monteray sur le palmier & prendray de ses fruicts, & tes mammelles seront comme grappes de raisins.

I'AY DIT (dit le Seigneur) c'est à dire, i'ay disposé de toute eternité par vn excez d'amour que ie monteray, en la personne de mon fils, à l'arbre de la Croix (faite en partie de bois de palme) estant esleué en haut comme vne palme, afin que mon cher fils estant esleué sur icelle il tirast à luy toutes choses, comme il a promis, & que par ceste palme il remportast la victoire sur le diable, ennemy capital du genre humain : *& ie prendray de ses fruicts*, dit le Seigneur IESVS, mes Sacremens, pour les communiquer aux ames fidelles, & tous les mysteres de ma vie & de ma mort, comme aussi ma Resurrection, Ascension, & glorification, pour les donner aux ames, & leur faire gouster les fruicts de mon Paradis eternel.

Or non seulement l'Espoux promet de monter sur le palmier, & cueillir de ses fruicts, & les donner aux ames par le merite de son sang respandu pour elles à l'autel de la Croix : Mais il adiouste, *& tes mammelles seront comme grappes de raisin*, voulant dire que les ames seront non seulement pleines du merite de ce sang, qui est le vray vin de la vigne celeste & divine, mais aussi remplies d'vne ardante charité, & d'vn grand zele de communiquer aux ames fidelles ce vin d'amour. Ou bien, pour faire vn rapport au trait precedent : le laict de leurs mammelles sont comme grappes de raisin, lors que les hommes estans persecutez & souffrans les tribulations, les tourmens & le martyre, pour le sainct nom de Iesvs, sous le pressoir de la Croix mystique, ils rendent à Dieu la bonne & souëfue odeur des fruicts de sa vigne ; & peuuent dire auec l'Espouse, Mon bien-aymé, tous les fruicts de ma vigne sont à vous, aussi les vien-je offrir aux pieds de vos autels, & vous en fais vn tres humble hommage.

Et odor oris tui sicut malorum, guttur tuum sicut vinum optimum, dignum dilecto meo ad potandum, labijsque & dentibus illius ad ruminandum.

L'odeur de ta bouche est comme des pommes, & ta gorge est comme vn vin tres-bon à boire, digne de l'Espoux, & digne d'estre sauouré de ses levres & de ses dents.

IL SEMBLE que l'Espoux die icy à l'Espouse, *l'odeur de ta bouche est comme des pommes*, en suitte de la promesse qu'il luy vient de faire, disant, *Ie monteray sur le palmier & prendray de ses fruicts*, c'est à dire, sur l'arbre de la Croix pour y prendre les fruicts de sa mort & passion, & non ailleurs qu'en luy-mesme, pour les donner à manger aux ames Chrestiennes: lequel arbre est proprement figuré par le pommier, d'autant que ce fut vn pommier auquel le premier homme opera la mort, laquelle a esté tuée & mise à mort sur le pommier de la Croix par IESVS-

CHRIST, lequel dit à l'ame, en la personne de l'Espouse, *L'odeur de ta bouche est comme des pommes.* Non seulement pource que toutes les paroles de l'ame deuote & religieuse, doiuent estre embaumées de l'odeur de la mort & passion de IESVS, parlant sans cesse de ce tres-doux & amoureux mystere: mais aussi pour marquer que ceste passion mysterieuse doit estre mangée & meditée auec la bouche de l'ame, voire appliquée au cœur par le moyen des Sacremens ordonnez & instituez pour cét effet salutaire: *Et ta gorge est comme vn vin tres-bon à boire, digne de l'Espoux, & digne d'estre sauouré de ses leures & de ses dents:* Comme s'il disoit, O mon Espouse! ô ame deuote! toutes les fois que tu medites en ma passion, au fiel & au vinaigre que i'ay beu pour toy en l'arbre de la Croix, tu me donnes à boire du vin excellent, & du nectar delicieux, mesmes quand tu sauoures les excez de mes douleurs sanglantes, assaisonnées d'humilité, de patience, & d'vn amour parfaict, le vin de ceste contemplation salutaire est digne de ton Espoux,

du Cantique des Cantiques. 357

& t'asseure (chere ame) que 'iy prens vn singulier plaisir, & le sauoure comme vn vin aromatique & rauissant. Et ce vin est digne d'estre sauouré des levres de tes pensées, & des dents de tes sentimens, afin d'appliquer fidellement à ton cœur le fruict du tressainct mystere de ma mort & passion, laquelle est bien salutaire pour tout le monde, mais seulement efficace pour les ames qui sont disposées à receuoir ceste amoureuse medecine.

Ego dilecto meo, & ad me conuersio eius.

Ie suis à mon bien-aymé, & son regard est dessus moy.

L'ESPOVSE ne voulant estre vaincuë par les amoureuses loüanges qu'elle vient de receuoir de son Espoux, voyant qu'il s'est donné tant de fois à elle, proteste icy qu'elle est toute à luy, & qu'elle le veut aymer de tout son cœur; *Ie suis à mon bien-aymé, & son regard est dessus moy.* Ie suis à mon Espoux, de corps & d'ame, par pensée, par promesse & par effet, ie suis à luy par nature, par grace & par amour; ie suis à luy seul par la creation, par la redemption, & par la iustification. Ie ne regarde, & ne puis, & ne veux regarder autre obiect que mon Espoux; *mais aussi son regard est dessus moy:* il semble qu'il n'ait autre obiect digne de son amour que moy, il semble qu'il m'ayme vniquement comme ie l'ayme, il semble qu'il n'ait des yeux que pour me voir, des oreilles que pour entendre ma voix, & vn cœur que pour m'aymer toute seule. Remarquez aussi (cheres ames) que Dieu ayme autant chacune de vous, que s'il n'auoit creé qu'vne seule ame pour l'aymer, comme le Soleil esclaire autant à vn seul homme, qu'à tous ensemble, encore n'y a-il nulle comparaison, à raison que Dieu est infiny, infiny d'essence, infiny de puissance, infiny en sapience, amour & bonté.

Veni, dilecte mihi, egrediamur in agrum, commoremur in villis, Mane surgamus ad vineas, videamus si floruit vinea, si flores fructus parturiunt, si floruerunt mala punica: Ibi dabo tibi vbera mea. Mandragoræ dederunt odorem. In portis nostris omnia poma noua & vetera, dilecte mi, seruaui tibi.

Venez, mon bien-aymé, sortons aux champs, demeurons aux villages, leuons-nous du matin pour aller aux vignes, voyons si la vigne est fleurie, si les fleurs porteront le fruict, si les grenades sont fleuries. Là ie vous donneray mes mammelles. Les Mandragores ont donné leur odeur, en nos portes il y a des pommes vieilles & nouuelles, Mon bien aymé, ie les ay gardées pour vous.

L'AME Religieuse proteste icy en la personne de l'Espouse, qu'elle est toute à son bien-aymé, parce que son regard est dessus elle; car le regard de Dieu est

est la cause essentielle de nostre amour, amour qui ne peut tirer son estre de soy-mesme, mais des attraits & inspirations du sainct Esprit: La charité (dit S. Paul) est respanduë en nos cœurs par le sainct Esprit qui nous a esté donné. Et pource qu'elle voit que Dieu la regarde sans cesse auec les yeux de sa grace, & de sa bonté, elle desire aussi le contempler incessamment; & sçachant que le monde la pourroit diuertir ou priuer de ce souuerain bon heur, elle desire s'esloigner de la ville de Hierusalem, & des compagnies mondaines, & se retirer dans vn hermitage, ou se cacher dans vn Cloistre solitaire, où personne ne soit auec elle que son Espoux, auquel pour ce subiet elle dit: *Venez, mon bien-aymé, sortons aux champs, demeurons aux villages.* Il est veritable que Dieu se trouue seulement ou particulierement en la solitude; c'est pourquoy le Prophete (qui l'aymoit si parfaictemét, & le cherchoit sans cesse) se compare au passereau solitaire. Ce fut au desert du Iordain que la parole de Dieu fut faicte à S. Iean Baptiste: En la solitude Moyse parle à Dieu; Agar y fut consolée de l'Ange: Abraham y vid Dieu, Helye y fut enleué

Q

dans le ciel, son disciple Helisée comblé d'vn double esprit, qui est la prophetie, & le zele; & là sainct Iean l'Euangeliste eut toutes ses reuelations admirables. C'est pourquoy l'Espouse enseignée par la sapience aux diuins mysteres, veut quitter la ville pour aller au desert auec son Epoux afin de s'entretenir seule auec luy seul des doux rauissemens de la gloire celeste, & ne se pouuant persuader qu'elle laisse dans le monde aucun obiect digne de sa cognoissance, & de son amour (toute pleine d'ardeur & de zele) elle court apres les parfums de son Espoux, & ne peut abandonner celuy qui emporte son cœur & sa vie. L'Apostre dit que la femme mariée laissera son pere & sa mere pour suiure son mary : Et le Prophete Royal dit à l'ame deuote & Religieuse, Escoute, ma fille, & quoy ? (grand Prophete) quel grand mystere me veux-tu anoncer? Oublie ton peuple, & la maison de ton Pere, & le Roy sera amoureux de ta beauté: Ce qui enseigne à l'ame de quiter tous les obiects mondains & terrestres, les quitter, dis-ie, par la souuenance & par l'affection, afin de se rendre digne de l'amour du souuerain; & ainsi elle doit rechercher la solitude pour vacquer aux exercices spirituels, qui entretiennent dans le cœur le feu du S. amour, disant à son Espoux: *sortons aux champs, demeurons aux villages*; car Dieu se trouue seulemét en la solitude. Ainsi l'ame mondaine (en la personne de l'Espouse cherchoit l'Espoux *en son lict* (qui signifie les delices du siecle, & ne le trouua point: *Par la ville & par les ruës* (qui signifie le bruit & la rumeur faicte pour amasser des richesses) & ne le trouuât point, *Elle le cherchoit par les places de la Cité*, où se font les bruits des trafics & vanitez du monde, & ne le trouua point: Mais elle le trouue icy dans la solitude, & mesme en parlant d'y aller auec son Espoux, auquel elle dit: *venez mon bien-aymé, venez*, car ie ne puis aller sans vous, & ne puis courir apres vous si vous ne me tirez: Sortons aux champs pour aller voir nos vignes, & nous retirer ensemble soubs l'ombre d'vn bel arbre pour y parler de nos amours, afin que ie vous donne mes mammelles. Ou bien, *sortons aux champs*, voila la vie actiue, *Demeurons au village*, voila la vie contemplatiue; belle vie mixte & parfaicte, & la plus salutaire de toutes. *Sortons aux champs* (mes filles) pour aller trauailler en la vigne du Seigneur, & demeurons aux vilages auec nostre Espoux, pour le contempler auec la Magdelaine, qui demeuroit assise à ses pieds, rauie en l'intelligence de ses sainctes paroles, & n'estoit pas troublée comme Marthe sa sœur, pour le tracas de son mesnage. Toutesfois la vie contemplatiue & l'actiue doiuent estre tousiours ensemble comme sœurs, ou bien succeder l'vne à l'autre : Car tandis que Marie contemple son Espoux, il faut que Marthe appreste à manger à son doux Maistre : Maistre qui nous est représenté par ces paroles : *Allons aux champs, demeurons aux villages*, car aux champs la vie contemplatiue s'exerce heureusement, & la vie actiue dans les labeurs de la charité. L'Espouse adiouste : *Leuons-nous du matin pour aller aux vignes*, Voila le doux trauail que veut & doit faire l'ame saincte & Religieuse à l'aduantage du salut des ames ses filles, signifiées par la vigne. *Voyons si la vigne est fleurie* Voyons (dit l'Espouse) si les ames nos sœurs & nos compagnes par nature & par grace, fleurissent en bonmes pensées, en bons desirs & affections spirituelles & diuines, *si les fleurs porteront le fruict*, voyons si ces pensées sont conceuës en vn bon terroir, au iardin d'vne ame bonne & fertile, d'vne intention pure & sincere, & si elles se disposent de rapporter des fruicts de paix, de iustice & d'Amour. *si les grenades sont fleuries*, & si les œuures de charité commencent à naistre dans le champ des ames deuotes.

Allons (dit-elle) mon bien-aymé, allons aux champs, en la solitude, où ie vous trouue seul, & que ie vous baise sans que personne nous voye; là ie vous donneray mes mammelles: là ie vous feray present de mon entendement, & de ma volonté; ie vous donneray les fruicts de mon corps & de mon ame, de l'irascible & concupiscible. Rachel sterile disoit vn iour à Iacob, donne moy des enfans, autrement ie mourray, Et l'Espouse dit, *Que les Mandragores ont donné leur odeur*, lesquelles Mandragores sont propres à faire acoucher; & c'est comme si l'Espouse disoit : Ie veux que toutes mes pensées, actions, & paroles vous donnent vne bonne odeur

Q iij

de moy, ie veux que mes affections vous plaisent, que mes bons exemples vous delectent, que mes Stes. resolutiõs vous rauissent le cœur, passionné d'amour pour moy, qui veux mourir pour vous, ou bien ne viure que pour vous aymer, puis que vostre amour est la vie de ma vie : Aussi vous ay-ie dedié (mon cher Espoux) toutes mes œuures, toutes mes pensées & paroles, tous les fruicts de la nature & de la grace, qui est l'ame de tous mes merites. *Venez donc, mon bien-aymé, venez en vostre iardin, manger du fruict de vos pommiers.* Venez vous-en dans mon cœur, vous y trouuerez vn amour entier & parfaict; venez vous-en dans ma memoire vous y trouuerez la belle idée de vos perfections, venez en mon intelligence, vous y verrez cet œil tousiours ouuert à la contemplation de vostre beauté, venez en ma volonté, vous la trouuerez toute rauie en vostre sainct amour. Quelquesfois il vous a pleu (mon cher Espoux) me nommer, *vn iardin clos, vne fontaine scelée* ; venez vous-en dans ce iardin fermé, où estant seule auec vous, ie vous feray present de tous les fruicts de mon amour, que le Soleil de voſtre grace a faict eſclorre, croiſtre & meurir pour vous ſeul. *I'ay ſerré pour vous (mon bien-aymé) au dedans de nos portes toutes ſortes de fruicts vieux & nouueaux*; Mais à qui les donneray-ie qu'à celuy qui les a ſemez & plantez en mon ame ? qui en a apporté les greffes du ciel, & qui les a arroſez de la roſée de ſon propre ſang, pour conuertir ces fruicts de nature, en fruicts de grace, & vn iour de fruicts de grace, en fruicts de gloire ? Venez donc manger de ces fruicts delectables (mon Seigneur) puiſque c'eſt pour vous ſeul que ie les ay ſerrez au celier de mon cœur : Et puiſque vous m'auez autresfois menée en voſtre celier à vin, permettez que ie vous meine par la main de l'amour dans le celier de mon ame : *Là vous mangerez du fruict de vos pommiers, & du mouſt de vos grenades*; là vous boirez le laict ſauoureux de mes mammelles ; là vous repaiſtrez entre les lys, & repoſerez dans vn lict de roſes ; ou pluſtoſt (mon Sauueur) vous ferez repaiſtre mon ame entre les roſes de voſtre ſaincte humanité, & la ferez repoſer entre les lys de voſtre

368 *Expofition myftique & morale* diuinité, afin que mon ame ne viue qu'en vous, & que mon cœur ne repofe qu'en vous, lequel ne fçauroit plus refpirer que le feul defir de vous baifer & embraffer, pour eftre vny heureufement auec vous, icy par grace & là haut en gloire.

du Cantique des Cantiques. 369

CHAPITRE HVICTIESME.

QVIS MIHI DET TE FRATREM meum sugentem vbera matris meæ, vt inueniam te foris & deosculer te, & iam me nemo despiciat?

Qui vous donnera à moy (mon frere) succant les mammelles de ma mere, & que ie vous trouue dehors tout seul, afin que ie vous baise sans que personne nous voye?

LES ARDANS SOVHAITS de l'Espouse, que ie descouure en ce huictiesme Chapitre, sont les mesmes qu'elle auoit faits tout au commencement de ce Cantique, lors qu'elle disoit, *Qu'il me baise du baiser de sa bouche*: comme si elle eust

Q v

voulu dire par la bouche de la saincte Vierge: Que mon Dieu s'vnisse à la nature humaine, & qu'il la baise en moy du baiser de sa bouche, & ainsi que le sainct Esprit accomplisse en moy l'Incarnation du Verbe eternel en mon ventre virginal. Et l'Espouse dit icy, *Qui vous donnera à moy (mon frere) sucçant les mammelles de ma mere, & que ie vous trouve dehors tout seul, afin que ie vous baise sans que personne nous voye?* Toute la difference que ie remarque en ces deux souhaits de l'Espouse, c'est qu'au premier elle dit, *qu'il me baise*, & dit icy, *que ie le baise*: N'est-ce point pour confirmer la promesse de mariage, & le contract passé entr'eux deux, en ces termes, *Ie suis à mon bien-aymé, & mon bien-aymé est à moy?* sans doute: Mais sans nous arrester à ces paroles mysterieuses, disons que le premier baiser demonstre la tres-saincte operation de Dieu accomplie en elle par le sainct Esprit: le second baiser marque le sacré consentement de la Vierge, qui veut baiser son Espoux, c'est à dire, s'vnir à sa diuine volonté par ces paroles, *Voicy la seruante du Seigneur, me soit fait selon ta parole*: car faire la volonté de Dieu, c'est le baiser &

l'embrasser amoureusement & intimement.

L'Espouse demande, *Qui vous donnera à moy (mon frere) succant les mammelles de ma mere?* C'est l'amour (respond le sainct Espoux) qui m'a desia fait tien par les promesses eternelles de mon Pere, escrites de la main de sa prescience, signées par celle de la Sapience & scellées du grand sceau de la charité. Mais que veut elle dire, *Qui vous donnera à moy (mon frere?)* c'est vn souhait qu'elle fait d'auoir Iesvs-Christ pour frere, & l'appelle frere auant l'Incarnation du Verbe; c'est la façon de parler de Dieu & des Prophetes, lesquels vsurpent le temps passé pour l'aduenir, pource que les paroles de Dieu sont sainctes & solemnelles, & ses promesses des effets tres-veritables; comme lors que le Prophete Royal dit du Fils de Dieu, *Il a beu du torrent en la voye*, & il n'auoit pas encor souffert mort & passion. Ou bien comme parle le Prophete Isaye, *Vrayement il a porté nos langueurs, & luy-mesme a porté nos douleurs.*

Quant à ce beau souhait que fait l'Espouse de trouuer son Espoux dehors & seul, afin qu'elle le baise sans que personne

Q vj

ne les voye. Ces deux mots (dehors, & seul) pourroient representer la solitude où l'ame deuote est bien aise de trouuer son Espoux seul, esloignée de la conuersation, & dehors, parce qu'il faut sortir de soy-mesme pour estre vny auec Dieu, & iouyr du doux baiser de ses consolations sans distraction. Mais pour continuer nostre premier sujet, disons que le desir qu'elle a de voir *l'Espoux seul & dehors*, est de le voir vny auec elle, c'est à dire incarné au ventre de la Vierge, hors de toutes les choses creées, & comme solitaire & esloigné en quelque façon de luy mesme.

Qui vous donnera à moy, mon frere, &c. C'est l'ame qui desire estre veritablement & ineffablement vnie auec Dieu en la personne de Iesvs-Christ son Espoux, non seulement sur terre par foy & charité, mais au ciel par vne saincte & veritable vnion, en la vision de sa face, lors qu'elle sera conioincte ineffablement auec son Dieu, comme l'enfant suçant les mammelles de sa mere, est comme vny & conioint à sa propre substance: alors personne ne mesprisera l'ame, ains les Saincts la loüeront en Dieu, & Dieu en elle ; au lieu que l'ame deuote, religieuse & saincte, est mesprisée & faicte malediction & opprobre à tout le monde, principalement aux meschans; & c'est icy le principal signe de son salut, eslection & predestination.

Et d'autant qu'au lieu de dire, *sans que personne nous voye*, quelques-vns traduisent, *sans que personne me mesprise*, disons ainsi, Qui me donnera quelqu'vn duquel ie ne sois oublieuse, pour la grāde proximité de nature que i'auray auec luy par amour? Sans doute la charité diuine a seule accomply ce grand mystere, à laquelle nous deuons rendre la pareille d'amour, afin de n'estre ingrats enuers nostre Dieu. *Qui me donnera, mon frere*, c'est à dire, que vous soyez mon frere selon la chair? *qui succez les mamelles de ma mere*, de la Vierge Marie, qui est nostre mere spirituelle, *afin que ie vous trouue dehors*, afin que ie vous cognoisse en la nature de l'humanité, parce que le cognoistre au dedans il est impossible à l'homme; pource qu'au dedans il estoit aymé, *lors qu'au commencement estoit le Verbe*: mais il a esté aymé au dehors, *lors que le Verbe a esté fait chair: Et que ie vous baise*, c'est à dire, que vous voyant face à face, & vous parlant bouche à bouche, ie vous sois vnie par vne charité parfaite, sans que personne me mesprise. Les Docteurs remarquent, que c'est icy la prophetie du peuple Iuif, qui ne voulut receuoir IESVS CHRIST pour le vray Messie, ains l'a mesprisé le faisant mourir en l'arbre de la Croix.

Apprehendam te, & ducam in domum matris meæ, & in cubiculum genitricis meæ.

Ie vous prendray, & ie vous meneray en la maison de ma mere, & en la chambre de celle qui m'a engendrée.

L'ESPOVSE DISOIT AILLEVRS, se trouuant vnie auec son bien-aymé, *I'ay trouué celuy que mon ame ayme, ie le tiendray bien estroitement, & ne le laisseray point aller.* Et elle luy dit icy, *Ie vous prendray*, non plus auec les mains de l'esperance & du seul desir, mais auec les bras d'vne iouyssance parfaicte, non seulement auec les bras des affections, mais aussi auec les chastes entrailles de mon cœur & de mon ame toute fonduë & liquefiée d'amour & de ioye entre les bras delicieux de mon diuin Espoux. *Ie vous prendray, & ie vous verray face à face*, non plus par enigme, non plus par la foy obscure, non plus dans vne nuée, comme Moyse, mais face à face, comme les Anges, & ie vous parleray bouche à bouche, vnissant le plus intime de mon ame auec les mammelles de vostre saincte gloire, pour en succer le laict sauoureux, delicieux, & rauissant : comme disoit Dauid, *Adhesit anima mea post te, me suscepit dextera tua.*

Ainsi ceste saincte Espouse rauie & pasmée dans l'excez de ses desirs aussi charitables que fidelles, ayant n'agueres souhaitté de trouuer son Espoux *dehors & seul*, pour le baiser sans que personne la voye : elle adjouste icy, *Ie le prendray & le verray face à face, iusqu'à ce que ie l'aye mené en la maison de ma mere, & en la chambre de celle qui m'a engendrée*, qui est la celeste Hierusalem vraye maison de la nature humaine, où ie dormiray en repos entre les bras de mon bien-aymé, lequel m'appuyant le chef auec le bras gauche de son amour, & m'embrassant auec la dextre de son amoureuse sapience, me fera gouster ce doux sommeil de l'ame saincte, auquel elle est rauie par dessus toutes les choses du monde, dans le sein de Dieu, & lors il dira ces paroles en faueur de mon ame, *Ie vous adiure, filles de Hierusalem, que vous ne faisiez esueiller ma bienaymée iusqu'à tant qu'elle vueille.* Et quand le voudra elle ? iamais, car elle dit par la bouche du Prophete Royal, *En paix ie dormiray & me reposeray* : Et l'Espoux luy respond par le mesme oracle, *I'habiteray icy, car ie l'ay esleuë*, à sçauoir pour l'eternité.

Ibi me docebis, & dabo tibi poculum ex vino condito, & mustum malorum granatarum mearum.

Là vous m'enseignerez, & ie vous donneray d'vn breuuage de vin composé, & du moust de mes grenades.

L'ESPOVSE vient de protester qu'elle ne quittera point son Espoux iusqu'à ce qu'elle l'ait mené en la maison de sa mere. Et quoy, le voudroit-elle quitter alors? nullement, ains demeurer eternellement auec luy: mais c'est vne façon de parler de l'Escriture saincte. Comme il se manifeste par les paroles de Iacob luictant auec l'Ange toute la nuict iusqu'à l'aube du iour, lequel protestoit qu'il ne le quitteroit iamais iusqu'à ce qu'il l'eust beny. Quant à ce qu'elle dit qu'elle le veut mener en la maison de sa mere, c'est à dire, qu'elle sera menée par l'Espoux au Ciel, vray sejour de la gloire, comme il est dit en ce Cantique, repaistre entre les lys & les roses, mais c'est qu'il fait luy-mesme repaistre les ames du lys de sa diuinité, & de la rose de son humanité. Or l'Espouse adjouste, *estant en la maison de ma mere, là vous m'enseignerez,* c'est à dire, vous me donnerez vne cognoissance tres-claire & manifeste de vostre sapience & de vostre gloire, afin de m'enflammer en vostre sainct amour, & ainsi, selon vostre Prophete Royal, *En la clarté de la lumiere, ie verray la lumiere*, & puis elle poursuit sa façon de parler ordinaire, *Et ie vous donneray vn breuuage de vin composé, & du moust de mes grenades*, c'est à dire, vous me donnerez à gouster les rauissemens de vostre amour & de vostre gloire, la gloire substantielle, la gloire accidentelle, la vision de vostre diuine face, la vision de vostre saincte humanité, la lumiere de gloire à mon ame, la gloire propre à mon corps glorifié par vostre humanité sacrée : & lors (dit-elle) mon cher Espoux, ie ne seray pas ingrate de tant de biens incomprehensibles, car *ie vous donneray d'vn breuuage de vin composé, & du moust de mes grenades*, alors ie vous rendray tout l'honneur & toute la gloire de tant de cheres faueurs acquises & non meritées, acquises pas vous, &

meritées pour moy, ou meritées par vous & acquises par vostre sang precieux, en faueur de mon ame, qui chantera vos loüanges à iamais auec les Anges, & les Saincts & Sainctes de Paradis.

※※※※※※※※※※※※※※※

Laeua eius sub capite meo, & dextera eius amplexabitur me.

Qu'il mette sa main gauche sous ma teste, & qu'il m'embrasse de sa main droite.

L'ESPOVSE estant rauie & transportée dans les gousts excellens de la vision de Dieu, ou dans les fleuues & torrens de ses voluptez souueraines, est tellement languissante, ou plustost morte en soy-mesme, qu'il ne luy reste plus aucune force ne vigueur, l'ayant laissé toute fondre, liquefier & escouler dans le cœur de son bien-aymé, de sorte que ne pouuant plus viure sans dormir, ny dormir sans auoir des oreillers sous son chef languissant, elle dit, *Qu'il mette sa main gauche dessous ma teste, & qu'il m'embrasse de sa main droite.* La main gauche est la benediction temporelle, & la main droicte la benediction eternelle & spirituelle. Ces mains ou bras de Dieu qui embrassent l'ame, c'est son amour & sa sapience, ou bien sa paix & sa misericorde, qui s'entrebaisent mutuellement, comme parle le Prophete, l'amour est la main gauche, & la sapience la droicte; la paix est la main droicte, & la misericorde est la gauche: celle-cy soustient l'ame laquelle ne peut monter au ciel si elle n'est appuyée sur son bien-aymé: la paix embrasse l'ame & luy fait iouyr de ce repos qui surpasse tout sentiment & toute intelligence, duquel le Prophete dit, lors qu'il aura donné le repos à ses bien-aymez, voicy l'heritage du Seigneur. Mais tandis que ceste Espouse dort ainsi bien-heureuse entre les bras du diuin Espoux, il a vn soin merueilleux d'elle, & de peur qu'on ne s'esueille, il profere ces paroles suiuantes aussi pleines d'efficace que de zele & d'amour:

Adiuro vos, filiæ Hierusalem, ne suscitetis neque euigilare faciatis dilectam donec ipsa uelit.

Ie vous adiure, filles de Hierusalem, que vous n'esueilliez ny faisiez esueiller ma bien-aymée iusqu'à ce qu'elle le vueille.

ET D'AVTANT QVE L'AME est icy plongée dans vn sommeil extatique, qui est le rauissement & le dernier excez de la contemplation de l'ame en Dieu; Traittons en passant ce suiet, & disons qu'il y a plusieurs & differends excez de contemplation, mais l'extase est le plus excellent de tous, & se peut appeler excez par excellence. Sainct Bernard dit qu'vn tel excez est appellé seulement ou souuerainement contemplation: Et peut estre que l'Espouse le vouloit signifier par ces paroles, *Ie dors, & mon cœur veille*; il est vray que c'est icy proprement le repos, & la quietude des ames, laquelle est moins parfaicte que le dormir ou la mort de l'extaze, exprimée en ces paroles: *Ie vous adiure, filles de Hierusalem, de laisser reposer ma bien-aymée tant qu'elle voudra*: l'ame qui a fait la volonté de Dieu en ce monde, Dieu fera la sienne au ciel, voire de ceste vie, comme dit Dauid, il fera la volonté de ceux qui le craignent: ô doux repos des sens & saincte action de l'ame en Dieu! ô dormir des sens, & doux veiller de l'ame! ô saincte mort des sentimens & puissances & chere vie de l'ame en son espoux! N'est-ce pas vous de qui le Prophete dit, lors qu'il dônera le repos à ses bien-aimez: voicy l'heritage du Seigneur? n'est-ce pas vous dont l'Apostre dit, vous estes morts, & vostre vie est cachée auec Iesvs-Christ en Dieu? ô mort spirituelle! ô vie toute diuine! ô mort toute mystique! ô vie réelle & veritable! ô sommeil delicieux! ô veiller souuerain! qui faictes mourir l'ame à soy-mesme pour viure heureusement au Dieu de la vie. Non, non (cheres ames) ne craignons pas que ceste mort soit pour l'esprit, mais pour la chair, n'ayez crainte que ce sommeil ressemble à celuy du Lazare, mais à celuy de S. Iean qui dormoit sur la poitrine de son Maistre, ceste mystique mort, & ce

du Cantique des Cantiques. 383

viuât sommeil illumine le sens interieur, & ayant chassé la mort, il donne à l'ame vne vie immortelle : c'est vn dormir qui n'endort point les sens & puissances, mais les retire en l'ame : ainsi l'excez de l'Espouse ou de l'ame rauie en Dieu, est vne mort viuante, & animante qui la deliure des lacs de ceste vie, afin qu'elle puisse dire auec le Prophete. Nostre ame a esté deliurée comme le passereau des filets des chasseurs. Finalement ceste mort amoureuse est celle, dont ce mesme Prophete souhaittoit de mourir, quand il disoit. O Seigneur! faictes que mon ame meure de la mort des Iustes! Car la mort des saincts est precieuse deuant Dieu! mais que sera-ce dóc de leur vie, voire de la vie de Dieu en laquelle leur vie est si doucement rauie?

*Quæ est ista quæ ascendit de deserto deli-
cijs affluens, innixa super
dilectum suum?*

Qui est celle qui monte du desert
affluente en delices, appuyée
sur son bien-aymé?

IL SEMBLE QVE CES PAROLES remplies d'admiration, viennent des sœurs & compagnes de l'Espouse, qui s'émerueillent de la voir tant fauorisée de son Espoux, si continuellement rauie en son amour, & dormant si delicieusement en son sein precieux, & mesmes s'éleuant sur elle mesme, par la force & vertu des merites de son bienaymé: mais pour moy i'ayme mieux croire que ce sont les Anges qui la voyans môter du desert de ce monde, ou bien du desert d'vn monastere dâs le ciel empyrée sur les aisles de la grace & de l'amour diuin, la regardent auec admiration, la voyant si pleine de ioye, & si chargée & comblée de faueurs & consolations diuines, qu'elle est contraincte de
s'appuyer

s'appuyer sur son bien-aymé, & disent, *qui est celle-cy qui monte du desert affluente en delices?* qui est ceste saincte ame, laquelle estant si fort mesprisée dans le monde & comme morte aux choses vaines & perissables, va montant de lumiere en lumiere, de vertu en vertu & de ciel en ciel, iusqu'au au ciel de la grace, & de la grace au ciel de la gloire? qui est celle-là, qui n'estoit que playes & douleurs sur la terre, & se faict voir maintenant si comblée de ioyes & de douceurs spirituelles, & si abondante en delices celestes? qui est celle là laquelle sembloit estre comme morte au desert du monde par la rigueur de ses penitences, & maintenant est ressuscitée à vne nouuelle vie? qui est celle-là qui n'estoit que honte, ignominie & mespris sur la terre, & se fait voir dans le ciel si chargée de perles, de diamans & de toutes sortes de pierreries, qu'il semble qu'elle ne pourra suporter vne telle abondance de thresors & de delices? Non, non belles filles de Hierusalé, Non, non beaux Anges du souuerain, n'ayez pas peur que ceste Espouse tombe du ciel en la terre, comme le premier Ange, Non, non, car elle n'est pas appuyée sur vne simple fille,

R

comme la Royne Hester, mais sur celuy qui porte en ses trois doigts, le ciel & la terre: car elle a vne tres-grande deffiance de soy-mesme, ce qui fait qu'elle est *appuyée sur son bien-aymé*. Et si vous entrez en admiration de la voir si belle, si agreable & si affluente en delices diuines; c'est auec vne iuste cause, mais sçachez que ces grands thresors & ces plaisirs extremes ne viennent pas d'elle; regardez comme elle monte legerement au ciel, pource qu'elle est appuyée sur IESVS-CHRIST; sans cela le cœur luy faudroit en ce sainct voyage, elle est appuiée sur les merites de son sang precieux, sur les merites de sa mort & de sa resurrection glorieuse; c'est de ce thresor de sapience & d'amour qu'elle tire toutes ses richesses, toutes ses forces & ses delices, c'est de luy seul qu'elle est tirée du desert au ciel, c'est de luy seul qu'elle est tirée pour courir esperduë d'amour, apres les parfums de l'Espoux, non seulement apres les doux onguens de ses misericordes, mais apres les odeurs aromatiques du Liban celeste, pour auoir apres le goust & la iouyssance des doux fruicts de l'Eternité.

Sub arbore malo suscitaui te, ibi corrupta est mater tua, ibi violata est genitrix tua.

Ie t'ay esueillée sous vn pommier, là ta mere a esté corrompuë, là celle-là qui t'a engendrée a esté violée.

LES ANGES ou les ames spirituelles s'esmerueillans du souuerain bon-heur de l'Espouse, ayans appris de la Sapience qu'elle estoit appuyée sur son Espoux, ie veux dire sur les merites de sa mort, ont moderé l'excez de leur rauissement; mais il y a bien icy dequoy sortir de soy mesme en l'oyant parler en faueur de l'Espouse; *ie t'ay resueillée sous vn pommier*; Ie t'ay resueillée par ma mort du sommeil du peché, & de la mort eternelle, parce que tu auois cueilly la pomme deffenduë, *là ta mere a esté corrompuë*, car nostre mere Eue fut corrompuë par l'instigation du mauuais ange en la forme de serpent, & prit de sa main la pomme fa-

R ij

tale, & ayant violé l'innocence d'Adam, luy en fit gouster pour le priuer de sa vie spirituelle, qui est la grace de Dieu. Là celle-là *qui t'a engendrée a esté violée*; En ce lieu du Paradis terrestre, Eue nostre mere commune perdit sa virginité, son innocence & sa iustice, & toutes les vertus (qui luy estoient naturelles) en offensant Dieu, & en violant le commandement du Souuerain, elle viola toute la nature humaine, & la rendit serue de peché.

Ie t'ay resueillée sous vn pommier, comme s'il disoit, ô pauure Adam! ô pauure Eue! ô pauure ame abandonnée, tu dormois le sommeil du peché, & de la mort soubs le pommier, qui estoit vn arbre dont le fruict t'estoit rendu mortel à cause de ma deffense; & ie t'ay resueillée de ce sōmeil infernal soubs l'arbre, ou plustost estant sur l'arbre de la Croix estant obeïssant à mon pere, attaché auec des cloux de fer, & beaucoup plus auec l'aymant de mon amour: *là ie t'ay resueillée*, vien donc (chere ame) soubs cet arbre de vie y cueillir les doux fruicts de ton salut eternel; & dis auec ma chere Espouse: *Ie me suis assise à l'ombre d'vn pommier, & son* fruict a esté fort doux à mon palais. Mais sçache aussi (chere ame) qu'estant ressuscité le troisiéme iour apres ma mort, ie t'ay resueillée du sommeil du peché, & de la mort de l'enfer (qui t'alloit sillant les yeux de l'ame) pour te donner vne nouuelle vie par ma grace, & te iustifier par la vertu de ma saincte resurrectiõ. L'Ange de la part de Dieu resueilla le Prophete Helie pour luy donner à manger, & luy donner la force de s'acheminer iusqu'à la mõtagne où Dieu se vouloit reueler à son ame, & l'Ange du grand Conseil a resueillé nos ames du sommeil de la mort eternelle; sous le pommier de la Croix, afin de luy faire gouster le fruict de sa grace pour la faire arriuer à la montagne de la gloire.

Pone me ut signaculum super cor tuum, ut signaculum super brachium tuum: quia fortis est ut mors dilectio, dura sicut infernus æmulatio.

Mets moy comme un cachet sur ton cœur, comme une marque sur ton bras : car l'amour est fort comme la mort, l'enfer ne le peut espouuanter, la jalousie est dure comme l'enfer mesme.

L'ESPOVX ayant fait voir à l'Espouse les diuins mysteres de sa mort & resurrection par luy accomplis en sa faueur, luy demande deux choses en recompense de son amour infiny, lesquelles neantmoins sont plus aduantageuses pour elle, que glorieuses pour l'Espoux. *Mets moy* (dit il) *comme un cachet sur ton cœur, comme une marque sur ton bras.* Ie suis mort pour toy (ma bien-aymée) imprime le cachet de ma mort sur ton cœur, & ie suis content ; imprime le cachet de ma mort en ta memoire, pour te souuenir de son salutaire effet, & dans ton cœur pour en aymer la cause: Dis & redis sans cesse en mon nom, *Mon bien-aymé est pour moy vn bouquet de myrrhe, il demeurera entre mes mammelles*: Porte ma couronne d'espines, mes clouds, ma lance, & les autres instrumens de ma passion, comme vn cachet graué dans ton cœur, à l'imitation de ma bien-aymée Claire de Monte-falco; ou bien tien les tousiours grauez par vn excez d'amour au plus intime de ton ame. Mais ce n'est pas assez (chere Espouse) *si tu ne me tiens cachetté sur ton bras*: car ie veux que tu sçaches que non seulemét par desir, pensée & affection, i'ay souffert la mort pour toy, & suis ressuscité pour toy, mais en effet i'ay accomply ces grands mysteres en ta faueur par vn excez d'amour: Ainsi ie veux que tu medites en ma passion, & contemple ma saincte resurrection, & mes autres mysteres: mais aussi ie veux estre comme vne marque cachettée sur ton bras; ie veux que les viues resolutions suiuent tes feruentes affections, & tes bonnes actions ces sainctes resolutions: ie veux que tu demonstres par tes œuures la croyance que tu as au cœur, ie veux que tu fasses paroistre que tu m'ay-

R iiij

mes, non par les seules paroles & promesses, mais par les effets, voire par le martyre & la mort mesme : *car la dilection est forte comme la mort, & la ialousie est forte comme l'Enfer.* Ainsi l'amour diuin est fort comme la mort en l'ame fidelle, car il fait que l'homme veut bien mourir au monde & à sa volonté propre, & trouue le martyre doux & plaisant pour son Dieu; il est vray que l'amour tire l'ame dans vne saincte extase, & ainsi les tourmens des martyrs (vrays amants de IESVS) sont faciles à supporter, pource que l'homme est rauy hors de luy-mesme. Mais entends (chere ame) *que la dilection est forte comme la mort, & la ialousie si forte que l'enfer* ne la peut espouuenter, lequel zele m'a transporté iusques dans les enfers pour en retirer les ames, par vn excez d'amour que i'auois pour elles. Il semble que IESVS-CHRIST vueille icy dire à l'ame, Comme la mort separe l'ame du corps, ainsi l'amour que ie te porte a fait que ie me suis exposé à la mort pour toy. *La ialousie est forte comme l'enfer*, & ma dilection parfaite a esté dure comme l'enfer, car comme la peine de l'enfer ne s'amoindrit iamais en ardeur, ainsi mon amour & dilection ne fut amoindrie en sa ferueur pour l'extreme malice des Iuifs, ny des ames que ie preuoyois ne deuoir tenir compte des excez de ma passion. Sainct Gregoire dit que la dilection de IESVS-CHRIST a esté forte en entreprenant, mais sa jalousie a esté dure en souftenant les iniures des reproches, plus dure en souffrant les immondices des crachats, & tres-dure en endurant la cruauté des tourmens. Souffrons à l'exemple de IESVS-CHRIST (cheres ames) & ne perdons iamais courage dans les afflictions & tribulations; tesmoignons par les effets de nostre valeur spirituelle, que nostre amour est plus fort que la mort, & que l'enfer mesme: disans auec l'Apostre, Qui nous separera de la charité de IESVS-CHRIST? sera-ce la tribulation ou l'angoisse? sera-ce la faim ou la nudité? sera-ce le cousteau, les dangers, ou la persecution? Non, ie suis asseuré que ny la mort, ny la vie, ny les forces, ny les tourmens, ny la hauteur des consolations, ny la profondeur des tribulations, ne nous pourra iamais separer de la charité de Dieu, qui est IESVS-CHRIST.

Lampades eius lampades ignis, atque flammarum, aquæ multæ non potuerunt extinguere charitatem, nec flumina obruent illam.

Ses lampes sont lampes de feu & de flammes, toutes les eaux ne sçauroiët esteindre la charité, & tous les fleuuues ne la feront pas noyer.

ET CONTINVANT à parler de la dilection parfaicte, l'Espoux dit, *que ses lampes sont de feu*, & de feu tres-pur & tres ardant, ceste charité brusle continuellement dans son cœur, mais elle doit aussi brusler perpetuellement sur l'autel des ames ses Espouses, qui sont les ames sainctes, religieuses & deuotes, lesquelles ne doiuent pas seulement auoir du feu pour allumer les lampes de leurs cœurs, mais estre elles mesmes tout feu, toute ferueur, tout amour pour leur Espoux, lequel a esté tout feu en sa passion pour les enflammer d'amour, & tout amour en sa mort pour leur donner la vie. Or ceste charité estant ainsi enflammée d'vn pur amour en l'ame, *toutes les eaux ne la sçauroient esteindre, ny tous les fleuues la faire noyer.* A la verité toutes les eaux des tribulations & persecutions, n'ont peu faire esteindre ny refroidir l'excez d'amour allumé dans le cœur du bon IESVS, & tous les fleuues de la passion & de la mort de la Croix, n'ont peu faire noyer ce feu diuin, lequel est beaucoup plus parfait que le feu Gregeois, ny tous les autres feux artificiels, pource que ce feu est non seulement perpetuel, mais eternel, & l'amour qui regnoit en la saincte poictrine de IESVS a tousiours bruslé sur l'autel du cœur tres-amoureux de ce parfait amant, & de cét Espoux de nos ames. C'est pourquoy à son imitation, nous deuons tellement aymer nostre Dieu, que ny les tourmens, ny la mort mesme (comme dit sainct Paul) ne nous puisse iamais separer de son sainct amour. Quant à vous (ames spirituelles) qui dans les douces langueurs de la deuotion, goustez & voyez combien le Seigneur est doux & suaue à ceux qui l'ayment : il est veritable que vous le trouuez tres-doux, ains la mesme douceur & suauité sans les sentimens de sa bonté, dans les douceurs immenses de son amour, dans les recueillemens de la meditation, & dans les rauissemens de la contemplation: Mais croyez-moy (cheres ames) que IESVS-CHRIST est aussi tres-doux & suaue en la bouche & au cœur des ames parfaictement vnies à son pur amour, dans les abandonnemens & delaissemens spirituels, dans les solitudes purgatiues, où demeure quelquesfois ce pauure passereau esloigné de la conuersation des Anges & de Dieu: c'est en ce mystique desert où se pratiquent les resignations amoureuses, les indifferences admirables, les abandonnemens de l'ame entre les mains de Dieu, & le desespoir spirituel & fidelle des ames, qui estans mortes en elles, & seulement viuantes en Dieu, Sainct Paul disoit d'elles, *Vous estes morts, & vostre vie est cachée auec Iesus Christ en Dieu.*

C'est donc en ce desert espineux & spirituel auquel l'ame reçoit de plus merueilleux sentimens du diuin amour, dans le plus intime de son essence, de sorte que si Dieu permet que le corps endure quelque peine; il veut que l'ame iouysse de luy, ou bien si les puissances de l'ame sont en guerre, le superieur d'icelle iouyt d'vne profonde paix; alors on peut dire que le corps est vne image de l'enfer, l'inferieure partie de l'ame l'image du Purgatoire, & la superieure vn petit Paradis. Hé! qu'a affaire l'homme de son corps que pour son ame, & son ame que pour son Dieu? Dieu qui est le vray objet de l'ame, son amour & son Paradis, & qui luy faict chanter auec le Cygne Royal & diuin, Qu'ay-je maintenant au Ciel, & qu'ay-je voulu sur la terre autre chose que mon Dieu?

Courage donc (cheres ames) prenez en gré de la main de Dieu cet abandonnement spirituel, auquel il semble que vous soyez mises comme en vn desert effroyable, ou plustost comme en vne Croix spirituelle; prenez-la en gré de la part de Dieu, à l'imitation de sainct André qui disoit, O bonne Croix! & de l'Eglise qui chante au temps de la Passion, Ie te saluë, ô Croix, mon vnique esperance. Ceste Croix spirituelle est le Purgatoire du corps & de l'ame en ce monde, c'est le gage du Paradis pour l'autre vie qui est eternelle. Aymez tousiours Dieu fidellement, aymez-le purement, aymez-le parfaitement, c'est à dire, de toutes vos forces & puissances, & que toutes les eaux des tribulations n'ayent le pouuoir d'esteindre en vous les flammes du sainct amour, vous conformant à ces paroles sacrées, *Beaucoup d'eaux n'ont peu esteindre le feu de la charité, & les fleuues aussi ne la pourront noyer.* O Seigneur, soufflez donc sans cesse ce feu sacré dans nos ames, afin qu'il brusle eternellement sur l'autel de vostre sainct amour.

Si dederit homo omnem substantiam domus suæ pro dilectione, quasi nihil despiciet eam.

Si vn homme vouloit donner toute la cheuance de sa maison pour la dilection, il n'en feroit cas non plus que de rien.

SI VOVS DESIREZ AVOIR (cheres ames) la vraye exposition de ces paroles, demandez la aux sentimens des ames deuotes, religieuses & sainctes, demandez-la aux martyrs, vrais amans de IESVS; demandez leur s'ils ont beaucoup souffert en leurs tourmens, ils vous respondront que leurs espines estoient des roses, leurs feux des licts de rafraischissemét, & de consolation, leurs supplices des delices, leurs martyres des rauissemens, & leur mort vne vie admirable. Et qui faisoit en eux ces merueilles ? la dilection: qui operoit ces miracles ? l'amour, est ce diuin excez qui les rendoit insensibles aux tourmens, & seulement sensibles aux desirs de souffrir : c'est la parfaicte dilection du fils de Dieu, laquelle transportât l'ame dans la chose aymée, rend le corps non du tout insensible, mais en quelque maniere indolent pour les tourmens, car & l'ame & le corps sont embausmez de l'huile du saint Esprit, comme anciennement les Athletes estoient frottez d'huile materielle afin d'estre plus robustes, & plus forts en la luitte corporelle. O belle dilection sans prix! ô dilection de Dieu infinie, ô dilection qui mesprise toutes sortes de tourmens & de morts pour l'amour de l'Amour : *si un homme donnoit toute sa substance pour la dilection*, non seulement de ses biens, mais aussi de son corps & de son ame, ie dy de son corps qui est la maison de l'ame & de son ame, qui est la maison de Dieu, *il n'en feroit cas non plus que de rien*. C'est pourquoy vn S. personnage disoit, ô Charité, si ie sçauois combien tu vaux, ie payerois vn prix pour toy, mais possible tu excedes mes petits moyens, & ne pourrois trouuer ton prix chez moy, ie donneray neantmoins ce que i'ay, voire tout ce que i'ay, & changeray contre toy toute la cheuance de ma maison, & quand i'auray tout donné, ie reputeray cela comme rien: l'employeray volótiers pour toy toutes les delectations de ma chair, & toutes les ioyes de mon cœur, afin que ie te puisse posseder seule, toy seule, m'es tres-chere, toy seule tres-vtile, toy seule tres-suaue, toy seule tres-agreable, qui delectes tres-amplement, qui rassasies tres-abondamment, qui sauues tres asseurement, & qui conserues tres-heureusement. Or desirez-vous sçauoir (cheres ames) quel est le prix de la dilection? aymez Dieu de tout vostre cœur, l'amour est sa mesure, son poids & son prix: la penitence, les trauaux, les larmes, c'est quelque monnoye pour ayder à payer le prix de la dilection: mais la seule charité accomplit & parfait le payement de la dilection: ainsi la Magdelaine fut iustifiée par le Sauueur du monde, non pour auoir beaucoup pleuré, mais pour auoir parfaictement aymé.

Soror nostra parua est & vbera non habet. Quid faciemus sorori nostræ in die quando alloquenda est? Si murus est ædificemus super eum propugnacula argentea, si ostium est, compingamus illud tabulis Cedrinis.

Nous auons vne petite sœur, laquelle n'a point de mammelles. Que ferons nous à nostre sœur au iour qu'il faudra parler à elle? Si c'est vn mur, bastissons dessus des bouleuards d'argent, si c'est vn huis rassemblons-le d'aiz de Cedre.

C'EST LA DIVINE TRINITÉ qui parle icy en la personne de IESVS-CHRIST Espoux des ames sainctes. *Nous auons vne petite sœur*: Elle parle de la tres-saincte Vierge qui deuoit estre la sœur de IESVS-CHRIST, selon la chair, ayant pris la nature humaine en son sacré ventre, lequel mystere est diuinement exprimé dans ces paroles, *Nous auons vne petite sœur laquelle n'a point de mammelles*; Elle est petite par son humilité, elle est nostre sœur par grace, & sœur des Anges par la virginité & integrité de sa nature: *Elle n'a point de mammelles*, selon le sens litteral, auant l'Incarnation du Verbe, car elle est vierge: mais, ô merueille! elle a du laict en ses mammelles apres l'Incarnation, & neantmoins demeure tousiours Vierge par l'arrest du conseil eternel, & par l'operation du sainct Esprit. Or comme l'entendement & la volonté sont les deux mammelles de l'ame, la Vierge (à parler mystiquement) n'en deuoit point auoir, & n'en auoit point aussi, pour accomplir dignement le mystere de l'Incarnation: elle n'auoit point d'entendement (qui est la premiere mammelle) car lors que l'Ange luy parloit de ce diuin mystere, elle respondit: *Comment se fera cecy, puisque ie ne cognois point d'homme*? Elle n'auoit point dis-ie cognoissance d'homme, ny d'intelligence humaine, mais diuine, car le S. Esprit operoit en elle: Elle n'auoit point aussi l'autre mammelle, qui est la volonté propre, car pour l'accomplissement du mystere, elle dit à l'Ange: *Voicy la seruante du Seigneur, me soit faict selon ta parole, & sa volonté.* Et se disant ainsi seruante de Dieu, elle fût faicte au mesme instant fille du Pere, mere du Fils, Espouse du sainct

Esprit, & en effect la mere de son Createur.

Que ferons-nous à nostre sœur (dit la saincte Trinité par la bouche de l'Espoux) *au iour qu'il faudra parler à elle?* Elle le declare en vn autre lieu de ce Cantique: *Nous luy ferons des pendans d'oreilles d'or, esmaillez d'argent.* C'est à dire, nous luy donnerons vne foy merueilleusement belle, & riche, ornée de charité, qui est l'or des vertus, *esmaillez d'argent*, afin que sa parole resioüisse tout le monde: Ce qui nous est representé dans ce mystere, où la Vierge croyant aux paroles de l'Ange, luy dit en fin, *soit fait en moy selon ta parole*: O parole de grace! ô parole d'amour! ô parole de vie eternelle! *Que ferons-nous à nostre sœur au iour qu'il faudra parler à elle?* Que ferons-nous (dit la saincte Trinité) à la vierge, nostre sœur par grace & par amour? quelles graces & faueurs luy donnerons nous, au iour beny que nous parlerons à elle par nostre Archange? Nous luy donnerons non seulement des graces, mais vne plenitude de grace; nous luy donnerons toutes les qualitez merueilleuses des Saincts & des Anges: & quoy plus? l'excellente qualité de mere de Dieu;

& nous donnans nous-mesmes à elle, elle sera faite la mere de son Pere (car le Verbe diuin entant que Dieu est Pere de l'ame) la fille de son Fils, & l'Espouse du sainct Esprit. *Que ferons nous à nostre sœur au iour qu'il faudra parler à elle?* la mesme saincte Trinité respond en la personne du Verbe, *si c'est vn mur bastissons dessus des boulevards d'argent, si c'est vn huys rassemblons le d'aiz de cedre.* La Vierge est icy appellée muraille par mystere, d'autant qu'elle deuoit seruir de colomne à bastir la celeste Hierusalem, qui est l'Eglise : & la saincte Trinité dit, *Bastissons dessus des boulevards d'argent*, c'est à dire, mettons de telles gardes & de tels remparts aux enuirons de ceste tour & forteresse, qu'aucun ennemy n'en puisse approcher pour la prendre & la ruiner, afin qu'elle demeure tousiours vierge, tousiours pure, & tousiours exempte du peché originel & actuel. *Si c'est vn huys, rassemblons-le d'aiz de cedre.* La Vierge est nommée ailleurs, vn iardin clos, vne fontaine scellée ; & c'est icy vne porte mystique & fermée : belle porte orientale, par laquelle le Verbe eternel est entré au monde, sans ouuerture ny lesion de sa nature, vierge par vne merueilleuſe operation du ſainct Eſprit: C'eſt vn huys faict & raſſemblé d'aiz de Cedre, qui eſt vn bois incorruptible, pour demonſtrer la pureté & l'integrité de celle qui deuoit ſeruir de lict Royal au vray Salomon. *Voicy* (dit l'Eſpouſe) *le lict de Salomon enuironné de ſoixante forts hommes des plus forts d'Iſraël.* Ce lict eſt le corps ſacré de la Vierge, Salomon eſt le Verbe diuin, ces hómes forts & puiſſans ſont les Anges les plus releuez du Ciel, qui ſont deſtinez & cómis à la garde de l'Eſpouſe, afin que perſonne n'interrompe le ſommeil de ſa paix interieure, le repos de ſes affections & vertus, la paix admirable de ſa virginité, humilité, patience, charité, & les autres dont elle eſtoit ornée comme la mere de IESVS-CHRIST & l'Eſpouſe de Dieu.

NOVS AVONS VNE PETITE SOEVR LAQVELLE N'A POINT DE MAMMELLES. Cecy ſe peut expoſer en faueur de l'ame ſaincte, religieuſe & deuote, laquelle eſt petite par humilité, & qui n'a point de mammelles, qui ſont l'entendement & la volonté. Elle n'a point d'entendement, ie veux dire de propre iugement en ce qui eſt des choſes de la foy, le captiuant à la croyance de l'Egliſe, ſpecialement en ce qui regarde le mystere de la saincte Trinité, & celuy de l'Incarnation: Elle n'a point de volonté propre, l'ayant entierement resignée à celle de Dieu, voire sa volonté est morte entre les bras de IESVS-CHRIST par vne amoureuse indifference, ne desirant que d'accomplir en elle la sainte volonté de Dieu. Or la tres-saincte Trinité la voyant en estat de perfection, & bien disposée au mariage spirituel, elle dit en faueur de ceste ame saincte, *Que ferons nous à nostre sœur?* mais que ne ferons nous point pour elle? quelles graces & benedictions luy donnerons nous, *au iour qu'il faudra parler à elle* du mariage d'elle auec nous? quels ornemens nuptiaux luy ferós nous? quelles inspirations & illuminations luy influërons nous, quand nous parlerons à elle par nos Anges? Ha! certes nous ne luy donnerons pas seulement *des pendans d'oreille d'or esmaillez d'argent*, c'est beaucoup pour elle, à raison de ses merites; mais c'est trop peu pour nous au respect de ses affections, & de nostre amour. *Si c'est vn mur*, si elle est ferme, constante & immuable au desir de se marier auec nous, *Nous bastirons dessus des boulenards d'ar-*

gent, nous ferons nostre demeure chez elle, & luy donnerons nos Anges pour sa garde, afin qu'elle perseuere à iamais en estat de grace & de perfection. *Si c'est vn huys*, qui nous vueille receuoir amoureusement en son cœur chaste, humble, & deuot, *Nous le fortifierons de cedre*, nous la confirmerons en grace, nous luy donnerons le cedre de l'incorruption & de l'immortalité, elle demeurera à iamais vnie auec nous par vn amour parfait, côme nostre sœur, nostre fille, & nostre chere Espouse par grace, par charité & par gloire.

ET PVIS QVE ce sujet nous inuite à parler des espousailles spirituelles de l'ame auec Dieu, disons qu'apres que l'ame a long temps desiré, aspiré, haletté apres l'vnion de son Dieu, ie dy ceste vnion où les espousailles d'elle & de luy, doiuent estre faites, & les nopces celebrées par les Anges, & qu'elle a pris la hardiesse amoureuse de souhaitter auec l'Espouse, d'estre baisée du baiser de sa bouche : Dieu qui se veut tout donner à celle qui s'est donnée toute à luy seul, la tire dans vn grand rauissement, où estant esleuée comme dans vne nuée, & illuminee de la sapience, elle a vne vision intellectuelle

de

de la tres-sainéte Trinité; Alors le mariage s'accomplit entre Dieu & l'homme: le Pere la donne au Fils, & le Fils la donne au sainct Esprit : Elle reçoit la puissance du Pere d'estre faicte la fille & l'Espouse du Fils, & reçoit de ces deux la puissance d'estre conioincte par amour au sainct Esprit, lequel l'vnit ineffablement auec le Pere & le Fils. Alors ceste ame reçoit de Dieu de si merueilleuses consolations que ie me côtenteray de dire qu'elles sont indicibles, admirables, incomparables. Et au lieu que dans l'vnion & simple rauissement, les graces & faueurs de Dieu semblent passer par le milieu des sens & puissances de l'ame, ceste vnion du mariage spirituel passe iusqu'au centre & plus intime de l'ame, où le Seigneur apparoist par visiô intellectuelle ou imaginaire. Ce mariage mysterieux a esté fait (par exemple) auec S. Catherine de sienne & autres Espouses de IESVS-CHRIST, comme il apparoist en leurs vies.

O mô Dieu! quel excez d'amour auez vo' conceu pour l'ame, que vous la daignez & voulez bien espouser, non seulement par vn acte de foy, mais par vn acte réel de charité vrayement admirable. O Sci-

S

gneur! que vous estes grand en vos grandeurs & magnificences! mais que vous estes grand en vostre bonté, amour & misericorde! ô Seigneur que vous faictes voir de merueilles en ceste action mysterieuse! marier le rien auec le tout, la terre auec le Ciel, le finy auec l'infiny, le temps auec l'eternité, & la creature auec le Createur. O mon Dieu, pour l'excellence de l'action, ie n'ay qu'à dire que vous estes le tout-puissant, mais pour l'excellence de l'amour, il faut que i'aduoüe que vous estes tout-bon, & que vostre saincte & diuine essence est vne bonté tres pure, vn amour parfaict, & vne misericorde infinie.

Or d'autant que le mariage essentiel de l'ame auec Dieu est bien commencé sur la terre, mais ne peut estre consommé que dans le Ciel en la vision de sa face, ainsi l'ame, espouse de Dieu, dit auec celle du Cantique : *I'ay en fin trouué celuy que mon ame ayme, ie le tiens, & ne le quitteray point, iusqu'à ce que ie l'introduise, ou qu'il m'introduise en la maison de ma mere, & dans la chambre de celle qui m'a engendrée.* L'ame deuote & religieuse ayant trouué par amour & par foy le bien-aymé de son cœur, elle l'embrasse des bras de ses puissances dans les sentimens de l'vnion, & du rauissement: toutesfois n'espere point iouïr de son vnion parfaicte, & du sainct baiser nuptial, iusqu'à tant qu'elle soit auec luy, en la maison de sa mere, qui est la Hierusalem celeste, où se fera le festin des nopces de l'Agneau.

❦❦❦❦❦❦❦❦❦❦❦❦❦❦❦

Ego murus, & vbera mea sicut turris, ex qua facta sum coram eo quasi pacem reperiens.

Ie suis vn mur, & mes mammelles comme vne tour dont ie suis faicte, trouuant paix & repos deuant luy.

L'ESPOVX VIENT DE DIRE en faueur de l'Espouse, *que si elle estoit vn mur qu'il y falloit bastir dessus des bouleuards d'argent*; Et l'Espouse dit icy *qu'elle est vne muraille* : C'est à dire, qu'elle est fidele, constante & immuable en l'amour de son Espoux, pource que la perseuerance est celle qui bastist des murs d'argent, qui

S ij

bastit vn edifice eternel pour l'ame, laquelle en fin reçoit la couronne de gloire & d'immortalité: *Elle dit que ses mammelles sont faictes comme vne tour:* C'est que son entendement & sa volonté ne regardent que le Ciel & la maison eternelle du souuerain; son intelligence ne contemple que le celeste Espoux, sa volonté n'ayme & ne regarde que luy seul, & proteste qu'elle veut demeurer immuable comme vne tour, en ceste resolution de le seruir & l'aymer icy bas, pour le posseder vn iour en la haute Hierusalem, *ainsi elle trouue paix & repos deuant luy:* car en ces sainctes pensées, desirs & resolutions, consiste la paix & le repos de l'ame, laquelle n'en peut iamais trouuer qu'en Dieu seul, qui est la paix eternelle de l'entendement & le repos ineffable de la volonté.

*vinea fuit pacifico in ea quæ habet populos:
tradidit eam custodibus, vir affert pro fru-
ctu eius mille argenteos; vinea mea
coram me est mille tui pacifici, &
ducenti his qui custodiunt
fructus eius.*

L'homme qui a la paix en soy, a vne vigne
en laquelle sont des peuples : il l'a donnée aux gardes, l'homme apporte
mille pieces d'argent pour ses fruicts;
ma vigne est deuant moy comme mille
pacifiques, & deux cens à ceux qui gardent ses fruicts.

L'AME SAINCTE qui iouyt de la
paix & grace de Dieu, fait vn grand
profit en la vigne du Seigneur, par
ses paroles, par ses exemples, & par ses
œuures charitables. *Il l'a baillée à des
gardes, on luy rend pour les fruicts d'icelle mille pieces d'argent*, c'est à dire, elle n'a pas
caché le talent dans la terre, ains l'a fait
profiter à l'aduantage des ames & de son
salut propre, & Dieu luy en rend non seu-

lement le centuple, mais aussi mille pieces d'argent, à sçauoir le centuple de sa grace & benediction en ce monde, & en l'autre le nombre de mille, qui est l'infinité de sa gloire & beatitude eternelle. *Et moy* (dit ceste ame) *ie n'ay point affaire de tant*, c'est à dire, ie ne demande à Dieu que l'accomplissement de sa saincte volonté, & non pas les loüanges des hommes ny les recompenses temporelles, ny mesmes les spirituelles, mais seulement la grace de luy complaire & le seruir en la personne des creatures ses filles & ses Espouses. *Ma vigne est deuant moy, autant que mille pacifiques*, c'est à dire, la vigne de l'Eglise ou des ames Chrestiennes & deuotes que ie cultiue charitablement par ma doctrine & pieté, me plaist & me console dauantage en y trauaillant nuict & iour, & par exemples & par paroles, que si ie iouïssois de la paix interieure des consolations de Dieu, de ses doux recueillemens, vnions, & rauissemens amoureux & sensibles, qu'il communique aux ames religieuses & pacifiques. *Deux cens à ceux qui gardent les fruicts d'icelle.* Et non seulement (dit ceste ame saincte) ie ne pretends receuoir aucune loüange ny salaire temporel des ames que i'ay en ma charge, qui sont en la vigne du Seigneur, qui est l'Eglise; au contraire ie veux donner l'aumosne selon mon petit pouuoir, à ceux qui m'ayderont à garder ceste vigne mystique, afin que les fruicts d'icelles ne soient desrobez ou gastez par les bestes sauuages & cruelles, ou mesmes par les petits Renards qui gastent les vignes spirituelles, notamment alors qu'elles sont en fleur.

Qui habitas in hortis, amici auscultant, fac me audire vocem tuam.

Vous qui habitez les iardins, les amis escoutent vostre voix, faites que ie l'entende.

L'ESPOVSE est appellée ailleurs le Iardin clos, & la fontaine scellée; & c'est ce beau iardin des delices où l'Espoux se plaist à faire sa demeure: ainsi l'ame qui est toute recueillie en son cœur, & non diuertie aux soins du monde, & aux choses exterieures, est fort agreable à son Dieu, comme vne saincte Catherine de Sienne, qui auoit fait de son cœur vn deuot oratoire pour y seruir Dieu, & s'entretenoit secretement & familierement auec luy, c'estoit vn iardin clos & vne fontaine scellée, où elle s'enfermoit auec son celeste Espoux pour y receuoir les eaux de ses graces & benedictions, & les fruicts de iustice, de paix & ioye au sainct Esprit. L'Espouse dit, *Les amys escoutent vostre voix, faictes que ie l'entende*; parce que l'ame bien recueillie en Dieu, est l'amye & l'aymée de l'Espoux, & dans sa conscience tranquille elle entend la voix des diuines inspirations & iouyt des consolations des Anges.

Vous qui habitez les iardins, les amys escoutent, faictes moy ouyr vostre voix. Il semble que l'Espouse face vne allusion au iardin d'Eden ou paradis terrestre, auquel Dieu se pourmenoit à midy, par vn excez d'amour qu'il portoit à Adam & Eue, lesquels estoient amys & aymez de l'Espoux auant le peché, & lors ils entendoient la voix de ses graces & benedictions, & reuelations Angeliques & diuines: Et l'Espouse desire icy d'ouyr la voix de Dieu, non celle qui disoit,

du Cantique des Cantiques. 417

Adam, où es tu ? apres qu'il eut offensé son createur : mais ceste voix tres-douce & rauissante qu'il faisoit entendre à ces deux amys en l'estat d'innocence, auquel ils voyoient Dieu face à face, selon la capacité de leur nature excellente : Ainsi l'Espouse dit, *O mon bien-aymé, monstrez-moy vostre face, & que vostre voix sonne en mes oreilles* : Et lors que dans l'excez de mon amour ie diray de la bouche du cœur, *Que mon bien-aymé vienne en son iardin, & mange du fruict de ses pommiers:* Respondez aussi tost à mon ame, *Ie suis venu en mon iardin, ma sœur, mon Espouse, i'ay recueilly ma myrrhe auec mes liqueurs odorantes, i'ay mangé mon gasteau de miel, i'ay beu mon vin auec mon laict. Mangez, ma mie, beuuez, ma bien-aymée & vous enyurez, ma tres-chere.*

Vous qui habitez les iardins, les amys escoutent, faictes moy entendre vostre voix; comme si elle disoit, O mon cher Espoux, qui habitez les iardins de l'eternité, qui regnez és siecles des siecles, & qui estes le Paradis de vous mesmes ; puisque vos amys entendent vostre douce & diuine voix (qui sont les Saincts & les Anges) parfaite voix qui les rauit dans

S v

vn extase remply de douceurs, & de gloire incomprehensible: de grace faictes moy vn iour entendre la voix de ceste glorieuse beatitude; & lors que ie feray resonner du profond de mon ame, ce doux Epithalame des Nopces spirituelles, *Ie suis à mon bien-aymé, & mon bien-aymé est à moy, lequel paist entre les lys.* Faites de grace ouyr à mes oreilles ceste voix de resiouyssance & de gloire, *Vien du Liban, mon Espouse, vien du Liban, vien & tu seras couronnée.*

✽✽✽✽✽✽✽✽✽✽✽✽✽

Fuge, dilecte mi, & assimilare caprea, hinnuloque ceruorum super montes aromatum.

Fuyez, mon bien-aymé, & soyez semblable à vn cheureuil, ou à vn faon de cerf sur les montagnes aromatiques.

FVyez, mon bien-aymé (dit l'Espouse par vn excez d'humilité) comme si elle disoit auec sainct Pierre, Retirez-vous de moy (Seigneurs) car ie suis vne grande pecherefse: ie vous defire tres-ardemment pour voftre beauté, & pour mon amour, mais i'appreh ende la grandeur & Maiefté de voftre prefence admirable, à caufe de l'indignité de ma nature: Fuyez donc bien loin de moy, non par la priuation de voftre fainte grace, mais de vos fentimens amoureux, dót ie fuis indigne de ioüir; deftournez voftre face de mes pechez, mais non pas de mon effence; regardez moy comme voftre creature, & non pas comme pecherefse: *Fuyez, mon bien-aymé fur les montagnes des bonnes fenteurs*; allez-vous en dans les ames des grands faincts qui font plus pures, & plus dignes de vous que la mienne, & qui vous pourront côtenter dauantage par la bonne odeur de leur vertu parfaicte. Alors le S. Efprit refpond à cefte ame, qu'il fe plaift entre les lys & les rofes des vallées fpirituelles, auffi bien qu'aux montagnes aromatiques, telle qu'eft la faincte Vierge, S. Iean, S. Paul, & quelques autres ames eminentes en faincteté. Alors l'Efpoufe luy repart, fi ie vous dis, pour la cognoiffance de mon indignité: *Fuyez, mon bien-aymé, fur les montagnes des bonnes fenteurs*, i'adioufte auffi toft à ces

S vi

paroles, par vn excez d'amour : *soyez semblable à vn Cheureuil, ou à vn faon de Cerf sur les montagnes aromatiques.* Reuenez bien tost en moy, mon bien-aymé, en moy qui ne suis rien sans vous, en moy qui ne puis estre, sentir, entendre, ny viure sans vous ; Reuenez-donc comme vn Cheureuil, reuenez vistement en mon ame, de qui vous estes l'ame & la vie, reuenez comme vn faon de serf qui court & saute legerement de coline en coline, reuenez en la petite coline ou vallée de mon cœur, où croist le lys de la chasteté & la rose de la charité, puisque vous vous plaisez en ce bas seiour, & que vos delices sont d'estre auec les enfans des hommes : reuenez en moy par les sentimens de vostre amour, venez ranimer ma pauure ame, qui languist heureusement pour vous, mais qui mourroit miserablement sans vous.

Venez encor en moy (mon bien-aymé) *come vn faon de cerf sur les montagnes aromatiques.* Et puisque vous estes ressuscité des morts & estes môté au ciel, ayant maintenât vn corps glorieux, & plus leger mille fois qu'vn faon de biche, reuenez bié tost en mô ame, afin de la ressusciter spirituellement, & luy donner par vostre saincte presence vn doux ressentiment de vostre resurrection, & vne esperance de la sienne par l'odeur de la vostre : Faictes que vos sainctes consolations viennent adoucir l'amertume de vostre trop longue absence, en ceste vie où ie languis sans vous, & mourrois infailliblement en langueur, si ie n'estois consolée des fleurs odorantes de mon cher Espoux, *& appuyée sur mon bien-aymé*, de qui la mort est ma vie, sa resurrection toute mon esperance, & son vnion saincte, la paix, la ioye & la gloire de mon corps & de mon ame.

F I N.

EPITHALAME DES NOPCES SPIRITVELLES de Iesvs-Christ, & de l'ame son Espouse.

1.

Tandis qu'au lict du Roy ceste Espouse sommeille,
Les braues Cherubins sont veillans à l'entour
Auec glaiues trenchans de peur qu'on ne l'esueille
Des doux rauissemens du souuerain Amour.

2.

Tous les Anges du Ciel, en la chãbre diuine
Chantent du S. Espoux, les beautez & l'amour.
Ne crain que ton repos (Espouse) se termine,
Puisque l'eternité mesure ce beau iour.

3.

C'est la nuict de repos, c'est le iour de la ioye,
Ou l'ame se marie auec le Tout-puissant,
Sortez (beaux Seraphins) sortez tous, qu'on vous voye
De ce vray Salomon, les amours benissant.

4.

Sus, que de tous les Saincts, la bien heureuse bande
Raconte les bontez de ce divin Espoux ;
Que s'approchant du lict chacun donne vne offrande
En l'honneur de celuy qui les bien-heure tous.

5.

Qu'on espanche des lys sur ce lict venerable,
Des roses, des parfums, iusqu'à l'infinité,
Adorant sainctement ce mystere admirable,
Par qui l'ame est vnie à la diuinité.

du Cantique des Cantiques. 425

CANTIQUE DE L'EXTASE.

1.

JE ne fay resonner en ce divin Cantique
Vn feint Endymion qui dormoit extatique
Dans le sein de la Lune, & ie ne veux chanter
Le larcin fabuleux d'vn certain Promethée,
Ny Ganimede encor, ravy par Iupiter,
Mais l'extase de l'ame en son Dieu trãsportée.

2.

Par fois en cõtemplant les œuures de nature
Et l'ordre & la beauté dedans la creature,
L'esprit à son principe est soudain transporté,
Si qu'au dessus de luy confus il extasie,
Des beautez de l'effet en la cause emporté
Le sens humain se trouble, & nostre ame est rauie.

3

Ceux qui n'auoient de Dieu que la simple
    lumiere
De nature & raison, vers la cause premiere
Esleuans leurs esprits vn peu violemment
Ils tomboient en extase (extase delectable)
Socrates & Platon tesmoignent clairement
De ces conceptions la verité notable.

4

Voyez l'ambre & l'aymant, l'vn d'eux la
    paille accolle,
L'autre attire le fer, voyez la girasolle
Qui ne suit le Soleil auec tant de ferueur,
Que l'ame (qui de Dieu biē heureuse est sortie)
Aspire à son obiect, mais sa grace & faueur
L'attire à luy pour estre en luy seul conuertie.

5

L'ame sentant le traict de la bonté diuine,
(Son attraict amoureux) comme à son origine
Elle aspire, elle hallette apres Dieu seulement,
Et ressentant accroistre en son cœur la lumiere
De ce Soleil d'amour, par vn saint mouuement
Elle tasche à se ioindre à sa cause premiere.

6

Elle s'efforce ainsi de s'vnir à sa cause
De soy-mesme sortant, mais le corps s'y oppose,
Et voyant vn rayon de la beauté de Dieu
Elle languit en elle, & Dieu qui la deuore

du Cantique des Cantiques. 427

Esleuant son esprit dans le celeste lieu
Elle tombe en extase & son Seigneur adore.

7

L'extase n'est aussi qu'une saincte volée
De l'ame sur soy-mesme, estant toute collée
A son object aymé qui la pasme & rauit,
C'est la mort de l'Esprit, non c'est sa douce vie,
C'est ceste mort des saincts dōt parle tāt Dauid
Où sa belle ame estoit souuent en Dieu rauie.

8

Dans ceste douce mort, belle extase parfaite,
Fut rauy Zacharie & Daniel Prophete,
Abram, Isaac, Iacob quād une eschelle il vid,
Sainct Estienne qui vid ouuert le Ciel encore
S. Paul dans le tiers Ciel, S. Iean qui se rauit
(Mystique Beniamin) en Iesus qu'il adore.

9

Le sein de ce bon Dieu, c'est la terre coulante,
Laict & miel aux esleus, poictrine rauissante,
Où le grand Moyse fut doucement allaicté,
Les Iosephs, Beniamins y dorment extatiques,
Là l'Esprit de la Vierge est tousiours transporté
Goustant ce doux baiser de l'Espouse aux Cantiques.

10

Dās ce beau sein d'amour une ame trāsportée,
Sept fois par chacun iour par les Anges portée

Chante à son cher Espoux des Cantiques d'a-
    mour;
S. François tout rauy vole dedans la nuë,
L'esprit de Sainct Thomas en Dieu faict son
    seiour,
Et mile dont l'extase est à nous incognuë.

11

Là l'esprit dort en Dieu, mais Iesus (son cœur)
    veille,
Et de ce doux sommeil la plus grande mer-
    ueille
C'est que par fois l'esprit est suiui de son corps:
O miracle d'amour! car sa diuine flamme
Touche si bien l'esprit, que par secrets res-
    sorts
L'ame enleue le corps, ainsi que Dieu faict
    l'ame.

12

S. Paul estant rauy dans le Paradis mesme,
Gouste au troisième ciel vn plaisir tant extreme
Qu'il ne sçait si l'esprit est dans ou hors du
    corps:
Ne croyons toutesfois que selon la nature,
L'esprit quitte le corps, qu'au point que ses
    ressorts
Laissent prendre le vol à ceste essence pure.

13

L'ame ne sort du corps que selon la puissance,
Par desir, par amour, & non selon l'essence,

du Cantique des Cantiques. 429

Dieu luy fait voir alors de belles visions,
Mais toutes ces faueurs sont pourtant peu de chose
Au prix des grands excez & sainctes vnions
De l'Ange en Dieu rauy qui voit sa belle cause.

14

Voyez-vous le Soleil, de ce monde la ioye?
Dans son Ciel demeurant, ses rayons il enuoye
Afin d'illuminer les membres de son corps:
L'ame ne sort du corps en extase portée,
Mais la main du Seigneur en touchant ses ressorts
Elle est par ses rayons dans le ciel transportée.

15

Ha qu'heureuse seroit une ame qui rauie
De la gloire de Dieu, comme Enoc ou Helie
Seroit tirée en Dieu son vray contentement,
Afin d'estre renduë, en son sein impeccable
Et de peur que son cœur & son entendement
Ne fussent peruertis dans ce monde miserable.

16

Heureux qui de Dieu seul a son ame rauie,
Comme un Prophete aymé qui laissant ceste vie,
Mourut (comme l'on dit) dans le baiser de Dieu!
O Marie, ô ma Royne! ô saincte Colombelle,

Exposition mystique & morale
Par vn baiser d'amour, de ce terrestre lieu,
Le Seigneur vous rauit à la gloire eternelle.

CANTIQVE DES FAVEVRS
du sainct Amour.

1.

Amour, parlez pour moy, d'vne voix deï-
fique,
Anoncez les faueurs de vostre saincte Cour,
Mon bel Ange, chantez pour moy ce doux
Cantique
Des charmantes faueurs de mon Royal amour.

2

Chantez extasié, comme c'est l'ordinaire
Des esprits bien-heureux d'estre rauis en Dieu,
Chantez du saint amour le rauissant mystere,
Les doux vols de mon ame en son celeste lieu.

3

Chantez comme priant dedans vne oratoire,
Vn doux recueillement m'a bien souuent sur-
pris,
Ayant l'entendement, le cœur & la memoire
Tous retirez en Dieu, l'aymant de nos esprits.

4

Chantez, qu'en meditant aux divines merueilles
Cet amour endormoit si bien mes sentimens

du Cantique des Cantiques. 387
Que lors i'eusse bien dit, ie dors, & mon cœur
veille:
Car ie voyois sans voir ce grand Roy des amas.

5

Chantez combien de feux, de desirs, d'estin-
celles
Il me tiroit du ciel, comme des traits bruslans,
Pour mon cœur esleuer aux choses eternelles,
Ces feux estoient ensemble, & doux, & violes.

6

Chantez, que du plus pur de mes propres
antrailles
I'ay pleuré bien souuent d'amour & de douleur,
Les larmes de mes yeux faisoient les funerailles
De Christ qui tant de fois estoit mort dans mon
cœur.

7

Chantez, quels grands desirs i'auois dedans
mon ame
(Lors que ie ressentois vn doux recueillement)
De sortir hors du corps comme vne viue flame,
Qui veut s'en reuoler en son haut element.

8

Chantez les vnions qu'en moy l'amour a faictes
Entrant dans son beau sein, & sortant hors de
moy,

Vnions toutesfois qui sont fort imparfaictes.
Au prix d'autres faueurs que me donna mon
    Roy.

9

Lors i'estois fiancée auec l'Espoux celeste,
Mais vn beau mariage entre nous deux fut
    faict
Alors qu'il me donna son amour manifeste
Dans le rauissement, d'amour l'extresme effet.

10

Chantez, qu'vn temps apres le baiser de sa
    bouche
Souuent me fut donné, mais la nuict notam-
    ment,
L'Espoux tiroit mon ame aux plaisirs de sa
    couche
Au secret du silence agreable à l'amant.

11

Chantez les vols d'esprit les doux vols de
    mon ame
Qui s'esloignant du corps s'enuoloit dans les
    Cieux,
Ie ne sçay pas au vray, si ceste viue flamme
Se retiroit du corps, car ie n'auois point d'yeux,

12

Mais i'estois esleué par dessus la nature,
Par dessus tous les Cieux, par dessus mō esprit,

du Cantique des Cantiques. 433

Au delà de l'Idée, vne essence plus pure
(Sans le voir toutesfois) me pâme, & me rauit.

13

Chantez comme l'amour me donna mile alarmes,
Mile amoureux assauts tres-doux & violens,
Contre vn si grand guerrier ie n'auois autres armes
Que mes pleurs & souspirs, & mes feux se meslans.

14

Chantez comme l'amour souuent blessoit mon ame
Des playes qu'on ne peut guerir en ce seiour,
Ie voulois bien languir dans ceste viue flame,
Qui deliure l'esprit de la mort par l'amour.

15

Chantez comme mon cœur & mon ame pasmée
De ioye en son Sauueur, côme vn autre Dauid
Deuant l'Arche de Dieu iubilant enflammée
Ne pensant plus au môde en son Dieu se rauit.

16

Ange ne chantez plus, le suiet magnifique
De ces sainctes faueurs ne se pourroit borner
Par des vers mesurez, ny par vn seul Cãtique,
Vous pouuez en ce lieu cestuy-cy terminer.

T.

17

Mais auant que finir, admirez (mon bel
 Ange)
Et la bonté parfaicte, & l'amour infiny
De nostre Createur, sa diuine loüange
Ne peut estre conceuë en mon esprit finy.

18

Ie l'admire & l'adore, & mon cœur sa-
 crifie
A l'autel odorant de la diuinité,
Offrant de Iesus-Christ la loüange infinie
Par les mains de Marie à sa Trin'vnité.

Cantique mysterieux du sainct baiser.

I

O Grand Moyse pasmé sur les montagnes
 belles,
Grand Apostre rauy sur les sainctes mam-
 melles,
O sainct Iean reposant sur le sein de Iesus,
Parlez, parlez pour may de ce baiser my-
 stique,
Du rauissant baiser diuin & deifique
Que Dieu donne à son fils, & puis à ses es-
 leus,

2.

Mon Ange gardien tout ravy dans l'ex-
tase
De ce divin baiser qui tous les saints embraze,
Dit que le Pere saint baise eternellement
Son fils, & le baisant, l'esprit saint en procede
(Cet amour & baiser qui tout esprit excede)
Adorons le secret de ce grand Sacrement.

3.

Le S. Esprit est donc le baiser de la bouche,
Dont l'Espouse qui meurt souhaitte qu'il la
touche,
Pour recevoir la vie au sein de son Espoux;
Dedans ce pur extase elle le baise encore,
Adherant à celuy qu'elle ayme, & qu'elle
adore,
Dans ce baiser mystique, & ravissant, &
doux.

4.

Autant de sentimens que Dieu donne à no-
stre ame,
Sont autant de baisers, dans lesquels il la
pasme
Au sein de son amour son paradis tres-doux,
Autant d'actes d'amour que l'ame fait encore
Et de vœux, par desquels son Seigneur elle
adore
Sont autant de baisers qu'elle dône à l'Espoux.

5

Mais vn diuin baiser rend toute ame rauie,
Quand le Verbe est faict chair au ventre de Marie,
Le S. Esprit venant ceste vierge espouser,
Elle prist ce baiser de la cause premiere,
A l'ombre du Tres-haut, non pas dans sa lumiere,
Car pour le Paradis Dieu garde ce baiser.

6

Iesus-Christ donne en Croix vn baiser salutaire,
Baiser viuifiant, & remply de mystere,
Lors que baissant la teste, il rẽd à Dieu l'esprit:
Dans ce baiser de mort, l'ame reçoit la vie,
Estant au Paradis de sa grace rauie,
Comme vn autre Sainct Iean au sein de Iesus-Christ.

7

I'oublois vn baiser, qu'à nos esprits fidelles
Donne le Saint Espoux, attachez aux mammelles
De sa douce bonté, dans le S. Sacrement,
C'est alors qu'il nous baise, & nous embrasse & touche
Des suaues baisers de sa viuante bouche
Nous faisant esprouuer vn pur rauissement.

du Cantique des Cantiques.

8
Diray-ie qu'il nous baise, & (bening) nous embrasse
Des leures de l'amour & des bras de sa grace,
Qui nous font ressentir vn amoureux trespas?
Que ce baiser est doux à celuy qui sommeille
Dans le lict de l'Espoux, tandis que son cœur veille,
L'Espoux deffend aussi qu'on ne l'esueille plus.

9
Mais ce sommeil d'amour, & ce baiser my-
stique
Ne se peut comparer au baiser deifique
Que reçoit l'ame saincte à la gloire des Cieux,
Là le Pere & le Fils, le S. Esprit encore
Luy donnent vn baiser qui son esprit deuore,
Baiser deifiant, rauissant, glorieux.

10
Les Anges sont rauis au baiser de la bouche
De ce diuin Espoux, qui penetre, & qui tou-
che
Iusqu'au cœur des amans, les fait mourir d'a-
mour:
Dieu seul se peut respandre au plus secret de
l'ame,
Le seul baiser de Dieu la transporte, & la
pasme,
La fait viure en son sein, des Anges le seiour.

Exposition mystique & morale

11

Dieu baise tous les saincts, les Anges, &
    Marie,
Dans le sein de son Verbe ils ont l'ame
    rauie,
Ils baisent tous le Pere, en adorant le Fils,
Le saint baiser de Dieu trespur & Deifique,
C'est le rauissement de l'essence Angelique,
Et leur gloire & leur vie, & leur doux Pa-
    radis.

12

En respirant sur eux, en soufflant de sa
    bouche
Sur eux, il les fait viure, & dans l'ame les
    touche
Par la mystique main de l'esprit du seigneur,
Tous, tous ils baisent Dieu, vn chacun d'eux
    l'adore,
Et l'admire en extase, en respirant encore
A iamais à ton nom soit la gloire & l'hon-
    neur.

Cantique mysterieux des parfums.

1.

Tirez, tirez (mon Dieu) ma pauure ame
    apres vous.
Nous courrons à l'odeur de vos parfums tres-
    doux;

Par dessus tous onguens sont douces vos mam-
  melles,
I'en ressens les odeurs en ce sacré paruis,
Dans vos diuins parfums, les Anges sont rauis
Là se pasment d'amour, des Saincts les ames
  belles.

2

L'Espouse de l'Espoux exprime les grãdeurs
Et les perfections par les sainctes odeurs,
Ce n'est qu'ambre, & que fleurs que les diuins
  Cantiques,
L'Espoux n'est rien que baume, & parfum
  odorant,
De ses roses & lys l'Espouse enamourant,
Ils ne font leur seiour qu'aux monts aroma-
  tiques.

3

L'encens & le benioin l'on presentoit iadis
Dans le temple au Seigneur, au Roy de Pa-
  radis,
Et l'Autel des parfums on y voyoit encore
Sur lequel on alloit le thymiame offrant
Par dessus les parfums tres-odoriferant,
A ce grand Dieu des Dieux, que tout le Ciel
  adore.

4.

Il sort des corps des saincts des suaues odeurs
Qui nous font admirer les diuines grãdeurs,

Aussi de tous les dons, Dieu seul est l'origine,
Les parfums de ces corps prouiennēt de l'esprit,
Mais ils vont decoulans du corps de Iesus-
 Christ,
De ce suaue onguent, est la source diuine.

§

Iesus se transfigure au S. mont de Thabor,
Ses vestemens sont blancs plus que la neige
 encor,
Son visage est couuert d'vne belle lumiere:
D'où procedoit cela? la blancheur des habits
Prouenoit de son corps pl⁹ pur que n'est vn lys,
Mais Dieu de ce mystere est la cause premiere.

6

Iesus est Dieu & homme, & luisant en ce
 lieu
Dessus l'humanité (vray Soleil) comme Dieu,
Il rendoit sa belle ame, & blāche & glorieuse,
La gloire de son ame il communique au corps,
Le corps aux vestemens, comme à tous les res-
 sorts
De ceste humanité si saincte & precieuse.

7

A l'air de ce discours, vos ames ont cōpris
Que le corps de Iesus embausme les esprits
Et tous les corps des saincts par son parfum ce-
 leste,
Cōme l'onguent d'Aaron se répand doucemēt

Sur sa barbe, & de là dessus son vestement.
Mais icy ce bon Dieu sa vertu manifeste:

8

Ouy, car du sein de Dieu, la boite des odeurs,
Cabinet des parfums & thresor des grandeurs
Sort un tres-doux onguent, un parfaict thy-
 miame,
Embaumant son cher fils, de luy tousiours
 naissant,
Lequel a tous les saincts embaumez de son sang
Des merites parfaits de son corps, & son ame.

9

Qu'est-ce que Paradis? un lieu remply d'a-
 mour,
Des doux parfums de Dieu le rauissant seiour,
Où toute ame est pasmée à l'odeur de ses roses,
De ses œillets & lys, mais les doux aromats
Que Iesus fait sentir à l'ame entre ses bras
La font pasmer d'amour dans la cause des
 causes.

10

Les Anges parfumez en ce lieu sur tout lieu
De ce doux nard qui sort du sainct throsne de
 Dieu,
Crient rauis d'amour, Sainct le Dieu des ar-
 mées:
Ils courent dans le Ciel, ils y courront tous-
 iours

T v

Apres le Roy Iesus l'obiect de leurs amours,
Ayans de son odeur leurs ames embaumées.

11

La Vierge y court auſſi, la premiere ſuiuant
Ce pur Agneau de Dieu, lequel marche deuãt
Epanchant ſes parfums dans la Cité celeſte,
Les vierges vont apres, & tous les ſaincts encor
Chantans, & iubilans deuant ſon throſne d'or
Saint autel des parfums où Dieu ſe manifeſte.

12

O Ieſus! parfumez de vos perfections
Mon eſprit, & mon corps, mon cœur, mes actions,
Mes penſers, mes deſirs, mes vœux, & ma parole,
Afin qu'ayant veſcu quelque temps en ce lieu
A l'odeur des parfums du Paradis de Dieu,
Au ſein de ſon Eſpoux, ma pauure ame s'enuole.

Cantique des Montagnes.

I.

M'Abaiſſant, ie m'eſleue aux montagnes hautaines,
Aux montagnes de Dieu, montagnes ſouueraines,
Aux montagnes de gloire, & montagnes d'odeurs,

du Cantique des Cantiques. 443

Aux montagnes des Cerfs, aux monts aromatiques
Qui rendent les esprits ou Dieux ou deifiques
En contēplant de Dieu les parfaictes grādeurs.

2

C'est par l'humilité que l'ame s'achemine
Par l'eschelle d'amour a sa haute origine,
On monte en descendant, on descend en montanr:
A mesure que l'ame en son rien s'humilie
Dieu la rauit au Ciel, où son amour la lie
Auec luy (seul obiect qui rend l'esprit content.)

3

Que pensez-vous que soient ces montagnes diuines
Qui font fructifier les petites colines?
C'est le grand Dieu *Trin'vn*, c'est la diuinité,
Les diuerses odeurs, douces, aromatiques,
Sont les perfections & grandeurs magnifiques
Qui parfument les cieux de leur suauité.

4

Ces cerfs, & ces cheureux qui sur les monts repaissent
Entre les lys du Ciel, sõt les Anges qui paissēt
Et les Saincts qui de Dieu voyent la vision,
Grand Dieu qui les nourrit, non d'vn mortel herbage,

T vj

Mais du Verbe incarné, le viuant heritage,
La ioye & l'aliment des filles de Syon.

5

Mon ame esleue toy vers la montagne sainte,
Demeure en son paruis, seiourne en son enceinte
Si tu ne peux entrer en ce mont des odeurs,
Ou bien tien toy (fidelle) au pied de la montagne,
Tu ne peux estre encor des Anges la compagne,
Adore en ton neant, les diuines grandeurs.

6

Par fois (comme vn Cheureuil) cours, sautelle & chemine
(Broutant l'herbe & les fleurs) de coline en coline,
Cheureuil du sainct Espoux, paissant entre les lys,
Volette en meditant de mystere en mysteres,
En parcourant des cieux les plantes salutaires.
Pour gouster en esprit l'odeur du Paradis.

7

Les monts sont pour les Cerfs, dit le Royal Prophete,
Pour croupir icy bas nostre ame n'est pas faicte,
Mais pour chercher au Ciel les doux mets de l'esprit,
La terre est pour le corps, le Ciel est pour nostre ame,

du Cantique des Cantiques. 445

Et l'ame est pour Iesus, en luy seul elle pasme,
Elle languit au corps, sa vie est Iesus-Christ.

8

Que fusse-ie semblable à la Colombe pure,
Qui de l'arche sortant sur nulle pourriture,
Ne s'alloit reposer comme fit le Corbeau:
L'homme est creé pour Dieu, l'ame du corps sortie,
En Dieu seul se repose, est en luy conuertie
Estant en ceste vie amoureuse du beau.

9

Iesus seul est tres-beau, toutes les creatures
Ne sont à son respect que bouë & pourritures,
Luy seul peut contenter l'homme parfaictemẽt,
C'est le centre de l'ame, heureux qui ne repose
En ce monde son cœur dessus nulle autre chose,
Qui ne luy peut donner vn vray contentement.

10

Fusse-ie aussi semblable ô l'oiseau qu'on appelle
L'oiseau de Paradis, qui tousiours bat de l'aile
Volant à tire-d'aile, aux monts se reposant:
L'esprit ne peut trouuer repos en ceste vie,
Ie veux voler en Dieu, qui rend l'ame rauie,
Du baiser de sa bouche en son sein la baisant.

Cantique mysterieux des Montagnes.

Leuons, leuons nos yeux aux montagnes de Dieu,
Ne croupissons (mon ame) au centre de ce lieu
Qui n'est pas le seiour de nos celestes ames:
Mais en montant en haut par de certains degrez,
Implorons de Iesus les merites sacrez,
Qui nous feront voler comme des pures flames.

2

Iadis le Dieu tres-haut ses grãdeurs reueloit
Souuent sur la montagne, où Moyse il appelloit
Pour luy cõmuniquer ses plus secrets mysteres,
Esaye le vid sur vn siege tres-haut
Tout defaut deuant Dieu, mais quand l'homme defaut
C'est lors qu'il graue en luy ses diuins caracteres.

3

C'est sur les mõts sacrez, où Dieu souuẽt parla
A ses Propheres saincts, Abraham immola
Son Isaac bien-aymé sur la montagne encore,
Tousiours prioit Helie aux monts les plus hautains,
Là Dauid éleuoit & ses yeux & ses mains,
Là souuent en esprit humble, mon Dieu i'adore.

4

Les montagnes estoient de Iesus le seiour,

du Cantique des Cantiques.   447

C'estoit son oratoire, il prioit nuict & iour
Dessus les môts deserts, plus eloignez du môde,
Il y fit le Sermon de l'heureux Paradis,
Y fut transfiguré deuant ses trois amis,
Y sua sang & eau, manne en salut feconde.

5

Iesus fit sur un mont le miracle des pains
Lesquels multipliant de ses benistes mains,
Cinq pains, & deux poissons, cinq mille hom-
  mes nourrirent,
Au Caluaire souffrit ce Seigneur glorieux,
Du mont des oliuiers il monta dans les cieux,
Où les siens transportez en esprit le suiuirent.

6

Mon ame, veux-tu pas suiure ton cher Espoux
Et courir à l'odeur de ses parfums si doux,
Comme un viste Cheureuil, par montagne &
  vallée?
C'est ce diuin Espoux qui paist entre les lys,
C'est ton pur aliment, c'est ton vray Paradis,
Sus, prens doncques vers luy ta mystique volée.

7

Si tu le veux trouuer, vole au môt des odeurs
C'est là qu'il se reuele, & faict voir ses grandeurs,
C'est le mont où les cerfs font leur giste & retraicte:
En ces lieux, nuit & iour l'Epouse alloit cherchant

Celuy qui parfois d'elle exprès s'alloit cachãt,
Pour rendre son amour plus feruente & parfaicte.

8.

Pour te monstrer qu'aux monts ce puissant
    Roy d'amour
Fait ordinairement son aymable seiour,
L'Epouse alloit chantãt sur la montagne belle,
Voicy, i'entens la voix de mon Espoux aymé,
De venir sur les monts ayant accoustumé,
Semblable à un Cheureuil qui court, & qui
    sautelle.

9

Ie le veux donc chercher dés la pointe du
    iour
En la Saincte montagne où il fait son seiour,
Là les contemplatifs le trouuent dés l'Aurore;
Depuis le poinct du iour, iusqu'aux raiz fi-
    nissans,
I'iray dessus les mõts de la myrrhe & d'encens
Contempler les beautez de celuy que i'adore.

10

Et s'il vient dans mon cœur par un excez
    d'amour
Pour s'y manifestant y faire son seiour :
Alors ie luy diray comme l'Espouse belle,
Fuyez (mon bien-aymé) sur les monts des
    odeurs,

du Cantique des Cantiques.

Ie ne merite pas d'adorer vos grandeurs
Comme ceux où de Dieu la gloire se reuele.

II.

Reuenez toutesfois dans mon ame loger,
Ainsi soyez semblable à vn Cheureuil leger
Ou bien au faon des Cerfs aux monts aromatiques;
Venez par sentiment, mais demeurez tousiours
Au secret de mon cœur par vos saintes amours
Comme vous coniuroit l'Espouse des Cātiques.

Cantique de l'Oraison.

1.

INfluez en mon ame vn rayon de lumiere
Pour luy faire chanter l'hymne de la priere
Qui la tire de terre, & la rauit aux cieux,
O Seigneur, attachez en mon esprit des aisles,
Afin que s'enuolant aux voûtes eternelles,
Il apprenne à chanter ce suiet glorieux.

2.

Es-tu (Saincte Oraison) la colombe mystique
Dont le Prophete parle, ou celle du Cantique
Qui cherche le costé de Iesus pour son lieu?
Le propre de l'effect est de chercher la cause,
Et l'ame par ses vols ne desire autre chose
(Oyseau de Paradis) que se nicher en Dieu.

3

Ceste oraison mentale est donc vne volée
Du cœur deuot en Dieu, faisant en la valée
De larmes & souspirs vn escallier nouueau:
C'est vn mystique encens que la sainte priere,
Leuant le cœur à Dieu, moyennant sa lumiere
L'holocauste fumant monte au Ciel de l'Aigneau.

4

C'est de l'esprit deuot la verge de fumée
Qui monte doucement (de Iesus parfumée)
Du desert de ce monde au paruis du S. lieu;
Ce sont les doux parfums que le Seigneur embraze,
Qui par les saincts offerts à Dieu mesme (en extase)
Sont par les Anges mis dessus l'autel de Dieu.

5

Qui pourroit (Oraison) bien chanter tes loüanges
Puisque tousiours prier, c'est l'office des Anges,
Lesquels vaquent sans cesse aux adorations?
Moyse venant du Mont à la face cornuë,
Pour demonstrer sa force, & sa gloire incognuë,
Sa vertu, sa lumiere, & ses perfections.

6

Par la priere il tiẽt Dieu mesme en sa puissãce,
Et par elle Iacob eust quelque precellence

du Cantique des Cantiques. 451
sur l'Ange qu'il vainquist deuers l'aube du iour:
Par elle trois enfans sont deliurez des flammes,
Par elle les martyrs surmontent feux & lames,
L'ame s'unit par elle auec Dieu par amour.

7

Par sa vertu diuine, obtient de luy lignée,
Le pere des croyans, & par elle est donnée
A l'une & à l'autre Anne, à chacune un enfant,
La mere de Samuel elle rendit feconde,
L'autre enfante (ô bon-heur) la vierge qui du monde
Enfanta le Sauueur, Iesus Roy triomphant.

8

Moyse & Iosué ont eu mainte victoire
Des ennemis de Dieu, tres-digne de memoire,
Par l'oraison puissante, & mille autres iadis:
De sainct Pierre priant, un Ange rompt les chaisnes,
S. Estienne au milieu de ses sanglantes gesnes,
Le Ciel s'ouure, un larron obtient le Paradis.

9

Que diray-ie (Oraison) de ton diuin mystere?
Las! ie n'en puis parler, & si ne m'en puis taire
Estant par toy souuent porté dãs le saint lieu:
Douce manne cachée où nostre ame est rauie,
N'es-tu pas le doux fruict de cet arbre de vie,
Plantée au Paradis de l'Eglise de Dieu?

10

C'est là que se rauit l'Espouse du Cantique,
Thresor au champ caché, la perle Euange-
lique,
Pour laquelle acheter, faut mespriser tout bien:
C'est la douce ambrosie, & le nectar fidelle,
C'est du celeste Espoux la diuine mammelle,
Qui transporte l'esprit dans son souuerain bien.

11

Elle rend en priant les hommes Angeliques
Les esprits sont portez sur ses aisles mystiques,
(Et quelquesfois les corps) dãs le diuin paruis,
Vn saint Paul, vn saint Iean que Iesus Christ
  embraze,
Saint François, saint Thomas esprouuoient ce-
ste extase,
Helie & Helisée y sont souuent rauis.

12

Priant, la Magdelaine est d'amour trans-
portée
Par les Anges sept fois par iour au ciel portée,
Saincte Claire est trois iours rauie en l'oraison,
Et sainte Catherine & Therese en la sorte,
Leurs ames s'ennuyans de ne trouuer la porte,
Pour heureuses voler à leur sainte maison.

13

C'est le bãquet sacré des sainctes espousailles
C'est ce feu consõmãt qui iusques aux entrailles

Penetre pour vnir nostre ame auec Iesus:
C'est du grand Salomon, la beniste couchette,
C'est le lict de l'Espoux, la demeure secrette
Où seul il se reuele au cœur de ses esleus,

14

C'est le verger enclos, la fontaine scellée,
Où ceste espouse prend sa legere volée,
Pour s'aller recréer auecques son Espoux:
C'est ce lict florissant des celestes Cantiques,
Tout parfumé d'odeurs vrayement aromatiques,
Dans lequel il luy donne vn baiser pur & doux.

15

O beniste oraison, ie ne puis plus que dire,
Ta puissance est diuine, en mon Dieu ie t'admire,
Par ta vertu la terre est iointe auec les Cieux,
Le rien auec le tout, & l'homme auec Dieu mesme,
Par toy l'ame est rauie en extase supréme
Pour aller banqueter à la table des dieux.

16

Pour obtenir de Dieu ces graces nompareilles,
Il faut estre amoureux de ces saintes merueilles
Oublier tout le monde, & ne vouloir rien plus,
Sinon qu'en pure foy adherer à sa cause
Vne ame qui pour Dieu mesprise toute chose
Elle vit bien contente au sein du doux Iesus.

Cantique mysterieux de la lumiere.

1

Ouure donc (ma chere ame) ouure tost la fenestre
De ton cœur amoureux, car ie vois aparoistre
Vn beau rayon du Ciel influé de ton Dieu:
Vole sur ceste flamme à ta cause premiere
Pour aller contempler ceste saincte lumiere
Qui luit incessamment dās le lieu sur tout lieu.

2

Que pensez-vous que soit ceste cause par-faicte
Que nous appellons Dieu? c'est la lumiere abstraicte,
Plus claire infiniment, plus belle que le iour,
Que le Ciel, le Soleil, & la Lune, & l'Aurore,
Plus que les Cherubins elle reluit encore,
Rauit les saincts de ioye, & les Anges d'amour.

3

Du Soleil radieux, pure n'est la substance
Deuant les yeux de Dieu, ny ceste intelligence
Qu'icy nous entendons au nom des Seraphins:
L'esprit n'est que tenebre au prix de sa lumiere,
Elle reluit à tous, l'Ange est vne verriere
De cristal, receuant les purs rayons diuins.

4

Lucifer fut iadis de ce bien-heureux nombre
Des enfans de lumiere, estant faict fils de l'ombre,
Pour s'estre sur soy-mesme esleué par orgueil:
Les Anges sont les fils de la lumiere belle,
Ils luisent dans le Ciel comme vne Aube nouuelle,
Et les saincts sont aussi les enfans du Soleil.

5

Voyez-vous les rayons de ce grand œil du monde?
Sont les fils naturels de sa flamme feconde:
Les Anges, tous les saincts, & nos ames encor
Sont les rayons dorez du Soleil de Iustice,
Ile luisent tous en Dieu, si ce n'est que le vice,
N'eclypse (nuageux) ceste lumiere d'or.

6

Dieu Pere de lumiere illumine les ames
Par son Fils Iesus Christ, de salutaires flames,
Qui leur font respirer l'eternel orient,
Le monde est vne nuict, & qui suit ce vain monde
En tenebres d'erreur, & de vice il abonde,
L'esprit qui suit Iesus, il est tousiours riant.

7

Le propre du Soleil est de remplir de ioye,
Toute chose creée, à l'ame qui larmoye,

Iesus est vn Soleil qui va seichant ses pleurs:
Toute plante icy bas, le Soleil fait produire,
Soudain que dans vn cœur Iesus commence à luire
La Iustice y fleurit, & mile belles fleurs.

8

Aussi tost que Dieu dist, soit faicte la lumiere,
A l'instant, & de rien ceste cause premiere,
Crea les astres beaux au diuin firmament,
Les Anges sont les fils du grand Soleil supresme,
Ils viuent dans le Ciel de la lumiere mesme,
Lumiere qui les porte au pur rauissement.

9

Ces beaux rayons de Dieu, les ames immortelles
Sont filles de lumiere, & ces estoilles belles
Viuent en la lumiere & de lumiere encor:
Qu'est-ce que Paradis, sinon voir le visage
De Dieu, de qui la grace est le precieux gage
De ce grand Roy, seant dans vn beau throsne d'or.

10

Mais si l'on ne peut pas voir du Soleil la face,
Helas! qui de voir Dieu nous fera dõc la grace:
Dieu plus clair mile fois que le Soleil des cieux
(O chere ame!) le verbe est la claire verriere,

Qui

Qui fait voir la lumiere en sa propre lumiere,
On voit le Dieu de gloire au Verbe glorieux.

11

Cherubins esclairez de ceste sapience,
Seraphins embrasez de ceste pure essence
Qui vous tient en l'extase, où vous serez tous-
 iours,
Que vous estes heureux devoir le Soleil mesme,
Ne voyant que l'Aurore, vne extase supréme
Faict sentir en mon cœur mille saintes amours.

12

Monstrez-moy quelque iour (ô vous qu'ay-
 ment les ames)
Où vous faites seiour au midy de vos flames,
Afin que mon esprit heureux vous puisse voir,
Des enfans du Soleil, qu'il accroisse le nombre,
Attendant ce beau iour, ie respire à vostre
 ombre
Contemplant vos beautez dans le mondain mi-
 roir.

Cantique du Cantique du Paradis.

1

Sus mon Ange, chantez sur vn ton magni-
 fique
Le Cantique eternel du triomphant Cantique,
Qu'on chãte en Paradis au grãd Roy glorieux,

Chantez le, Mon esprit ouurira ses oreilles
Pour dans l'extase ouyr ces chansons nompareilles
Qui remplissent le Ciel de sons melodieux.

2

Les Anges dessus l'orgue & cornet & viole,
Chãtent le Dieu des Dieux, lequel d'vne parole
Crea tout l'vniuers, disans Dieu soit beny:
Les Archanges sans fin annoncent sa sagesse
Et les Principautez son Empire & hautesse
Sur vn air rauissant, en douceur infiny.

3

Les Puissances du Ciel exaltent son essence,
Sur la harpe chantans ceste toute-puissance
Qui pourroit bien créer mile mondes d'vn rien,
Les Vertus vont chantans ses vertus ineffables,
Les Dominations les grandeurs admirables
Et les perfections de leur souuerain bien.

4.

Les Throsnes sur leurs luths celebrent ses louanges,
En chantant par trois fois sainct est le Roy des Anges
Et benissent ainsi la saincte Trinité,
Les sçauans Cherubins chantent sa sapience,
Les ardens Seraphins son amour, sa clemence,
Sa iustice & sa gloire en toute eternité.

5

Les Anges sont rauis & trãsportez eux mesme,

du Cantique des Cantiques.

En chantant ce Cātique au monarque supréme
Dont ils voyent sans fin la face dans les Cieux,
Ils disent l'vn à l'autre ayans l'ame rauie
Que grand est nostre Dieu, qu'il est bon! c'est la vie
Des esprits de chanter son saint nom glorieux.

6

Voicy d'autres concerts, voicy d'autres mer-
          veilles,
(Chere ame) preparez le cœur & les oreilles
Pour les bien escouter, & les admirer mieux,
Tous les SS. vont chātans la sainēteté tres-pure
De Dieu le Saint des Saints, car toute creature
N'est rien qu'impureté deuāt le Roy des cieux.

7

Les Vierges vont chātans la pureté supréme
De Dieu l'acte tres-pur, dont le clair diadême
Excelle infiniment le Soleil radieux,
Les sacrez Confesseurs admirent son essence,
Son estre, ses grandeurs, & sa magnificence,
Son pouuoir, sa iustice, & regne glorieux,

8

Les Martyrs couronnez, & de lys & de roses
Benissent en leurs chants ceste cause des causes,
Et donnēt gloire à Dieu le Pere, & à l'agneau,
Les Apostres heureux triomphans de victoire
Chantent sur vn beau ton de ce grand Dieu la
          gloire,
Exaltans ses bontez d'vn Cātique nouueau,

V ii

Exposition mystique & morale

Les Prophetes rauis chantent sa prouidence,
Son amour eternel auec sa sapience;
Les Patriarches font resonner dans les Cieux
De ses diuins secrets, les rauissans mysteres,
Les graces, les faueurs, les amours salutaires
En Iesus accomplis par ce grand Dieu des
Dieux.

10

Dans vn throsne d'yuoire, vne Vierge i'ad-
mire,
Chantant diuinement au doux son de sa lyre
Le Cantique de gloire, & d'amour au Tres-
haut:
I'oy resonner encor vn plus diuin Cantique,
Chanté par Iesus Christ d'vne voix magnifi-
que,
A cet air triomphant tout Cantique defaut.

11

La grād' voute des cieux retentit de loüäges,
Le firmament, les saincts, la Vierge, & tous les
Anges
Chantent Alleluya, d'vn air doux & char-
mant,
Disans, viue Iesus, viue le Roy supréme,
Nous auons vn grand Dieu, qui est Dieu que
luy-mesme?
Luy seul comme seul Dieu regne eternellement.

12

La S. Trinité chante vn diuin Cantique,

du Cantique des Cantiques.

Vn Cantique eternel, rauissant, deifique,
Où defaut tout Cãtique, & mesme tout esprit:
Mais n'ayant point d'esprit pour le pouuoir
  comprendre,
Il faut adorer Dieu, pour dans l'extase enten-
  dre
Cet hymne glorieux au sein de Iesus-Christ.

Cantique des Montagnes, & des Cerfs.

1

I'Esleue en haut les yeux vers les Monts odo-
  rans,
Où les beaux Anges vont mon Espoux ado-
  rans,
Aux montagnes d'encens, aux collines de
  myrrhe,
En ces mystiques monts, i'adore les grandeurs
De mon Roy Iesus-Christ, tout parfumé d'o-
  deurs,
Et son humanité dans l'extase i'admire.

2

Bien-heureux sont les Cerfs, & Cheurueils
  animez,
Qui vont broutans les lys sur ces monts par-
  fumez,
Courant apres l'Espoux, leur ioye souueraine,
Apres auoir vaincu les serpens vicieux

V iiij

Dreſſans leur vol leger aux colines des cieux,
Ils ſe vont rafreſchir dans la viue fontaine.

3.

Ce ſont là de ces cerfs dont parle celuy là
Qui comme vn cerf eſlé bien ſouuent s'enuola
Dans la voute des Cieux, aux monts aromati-
 ques:
Les monts ſont pour les Cerfs (dit ce chantre
 Royal,
Pour les eſprits vainqueurs du ſerpent infer-
 nal,
Qui deſirent de boire aux fontaines myſtiques.

4

On voit ſur ces beaux monts les Cheureux &
 leurs faons
Qui de leurs paſſions bien-heureux triōphans
Courent inceſſamment apres l'Eſpoux celeſte:
Qui ſont ces faons legers, ayans de ſi bons yeux:
Sont les contemplatifs, ou les Anges des cieux:
Paiſſans entre les lys que Dieu leur mani-
 feſte.

5

Ces aiglons du tres-haut, contemplent le
 Soleil
Dans le miroir diuin, ſans ſiller leur bel œil,
Le Verbe eſt leur miroir, & leur viue lumiere:
Quant aux Cerfs animez paiſſans entre les lys
Des myſteres tres-doux du diuin Paradis,
Sont les contemplatifs de la cauſe premiere.

6

Les monts sont peur les Cerfs qui volent dans les cieux,
La pierre aux herissons, aux hommes vicieux
Comme moy pour sauuer leurs ames criminelles;
Quelle pierre est-cecy ? la sainte humanité
Du Sauueur Iesus-Christ dont le sacré costé
Est le refuge heureux de nos ames fidelles.

7

Quand ie serois vn Cerf ou Cheureuil haletant
Apres ce cher espoux que mon cœur ayme tant,
Voudrois-ie vn plus beau mont, que la grandeur diuine
De mon tres-doux Sauueur, dont la diuinité
Est le mont des odeurs & de l'eternité,
Et son humanité, des Anges la colline ?

8

Ce verbe humanisé infiniment passant
Les Anges, & les Saincts, les va tous rauissant
De son diuin aspect qui les ames substante,
C'est ce mont des parfums où l'Espouse couroit,
C'est à ce mont tres-haut où Dauid aspiroit
Chantant ceste chanson tres-douce & rauissante

9

Ie tiens mes yeux leuez aux montagnes tous-
iours,
Montagnes du Tres-haut, d'où me vient tout
secours,
Mon ayde est du Seigneur, qui crea toute chose:
Tirez-moy donc chez vous, ô vray Dieu de la
paix,
Helas! ie meurs sans vous, & ne vivray ia-
mais
Contens, que ie ne sois conioint auec ma cause.

10

Tirez-moy sur les Monts (vostre odorant se-
iour)
Las ma pauure ame meurt du traict de vostre
amour,
Arrestez, & blessez ceste biche courante :
On dit que le Cerf pleure, estant pris des chas-
seurs,
Pris, & blessé de vous, ie verseray des pleurs,
Mais des larmes de ioye & d'amour rauissäte.

11

Seruir Dieu, c'est regner, estre esclaue de
vous,
C'est estre mis au ioug d'un empire si doux,
Qu'on quitteroit pour luy la conqueste d'vn
monde,
Mon cœur creé pour vous, ne voudroit triom-
pher

du Cantique des Cantiques.

Du Ciel mesme sans vous, sans qui tout m'est
enfer,
Et vous mon Paradis, qui de tous biens aböde.

12

Volons à ce beau Mont, comme un Cheurueil
leger,
Ou comme un Cerf eslé, pour aller s'heberger
Dans le sein de l'Espoux plein d'œillets, & de
roses,
C'est le mont des parfums, c'est le iardin des
lys,
C'est le diuin Eden, c'est le vray Paradis
Qui de l'eternité contient toutes les choses.

Cantique du Paradis.

1

Mon ame leue toy, sors, sors de ceste masse,
Et te va promener aux champs d'eternité,
De ton Seigneur aymé tu ne verras la face
Mais tu visiteras sa royalle Cité.

2

Des vers, & des serpens, la terre est la demeure,
Les monts sont pour les Cerfs, pour ces Cerfs
animez

Qui ceste eternité respirent à toute heure
Et du celeste Espoux, les regards enflam-
mez.

3

Tout n'est que vanité dans ce monde, & le
monde
N'est rien, ou peu de chose, est vain, & n'est pas
beau,
Au prix du Paradis, l'eternité feconde,
Pour les divins esprits, est vn monde nouueau.

4

C'est ce beau ciel nouueau, ceste terre nouuelle,
Qu'en vne isle deserte, vn grand sainct vit vn
iour;
C'est le ciel des benis, la terre qui ruisselle,
Au lieu d'eau laict & miel aux enfans de
l'amour.

5

Que vois-tu sur la terre (ô mon ame amou-
reuse)
Que tu n'ayes ia veu ? que l'on n'ait veu
tousiours?
Qu'y voit-on de nouueau dont tu sois desireuse,
Ny qui puisse accomplir les vœux de tes amours.

6

Contemple de tes yeux & le ciel, & la terre,
C'est ceste mesme terre, & c'est les mesmes cieux

du Cantique des Cantiques.

Que l'on voioit iadis, icy ce n'est que guerre
Et tu n'auras repos qu'en ton Dieu glorieux.

7
Au matin te leuant, tu vois leuer l'Aurore,
Puis deuers l'orient paroistre le Soleil,
Regarde tous les iours, tu le verras encore,
Le môde est tousiours môde, à luy mesme pareil.

8
Mais esleuant les yeux de ton esprit fidele
Deuers le Ciel de Dieu, deuers l'eternité,
Deuers cet Orient, ceste terre nouuelle
Qui rauit tous les cœurs de sa sainte beauté.

9
Mon ame, tu seras en extase rauie,
Tu verras d'autres cieux, vn plus bel vniuers,
Autre Soleil & Lune, autre Aurore, autre vie,
Autres airs, autres feux, autre terre, autres mers.

10
Que ne verras-tu point (ma chere Sulamite)
Dans ce beau Paradis, dans ce lieu sur tout lieu
Là tu verras que Dieu en Dieu tousiours habite,
Des Anges à miliers, les osts de ce grād Dieu.

11
Vn fleuue de cristal s'escoulant de sa face
Resiouït la cité, ô que ce fleuue est beau!
Vn milion de saincts, vn chacun dans sa place,
En extase luy chante vn Cantique nouueau.

V vi

12

Vn grand torrent de feu, doucemēt espouuāte
Les Anges, & les Saincts, & les rauit d'a-
 mour,
Tous benissent l'Aigneau, chacun des Saints
 luy chante
Vn Cantique parfait, & la nuict, & le iour.

13

On ne voit en ce lieu, ny iour, ny nuict encore,
(Le iour de l'ame c'est la vision de Dieu)
Sa nuict c'est le repos de l'esprit qui l'adore
Pasmé dedans son sein, en ce lieu sur tout lieu.

14

Et comme vous verrez vne terre nouuelle,
Vn monde, vn Ciel nouueau dedans l'eternité,
Aussi vous y verrez vne Aurore tres-belle,
Des Astres, vn Soleil en la sainte Cité.

15

Le Soleil c'est l'Agneau qui tousiours l'illumine,
Ceste aurore est la Vierge, & les diuins flam-
 beaux
Sont les Anges de Dieu, de la cité diuine
Les saincts sont les beaux Cieux, & les astres
 nouueaux.

16

Tous ces obiects en Dieu, voyant l'ame elle
 admire,
Elle adore, & se pâme au sein de Dieu tousiours

du Cantique des Cantiques.

Elle admire tousiours, & tousiours elle expire
En soy pour viure en Dieu, ses parfaictes
amours.

17

Là tout esprit defaut, toute ame fait silence
Dans les rauissemens de ce bien heureux lieu,
Bien-heureux expirer! car ceste defaillance
Est le salut de l'ame, & la gloire de Dieu.

Cantique de l'éternité.

1.

AVx cachots eternels, mon ame estant
    pasmée
Adoroit les secrets de la diuinité,
Son Dieu magnifiant, voyant qu'elle est aymee
Dans le Verbe tres-beau, de toute eternité.

2.

Dans la profonde mer, vn flot sur l'autre
    passe,
Et l'abisme eternel, vn abisme appellant,
Tire le rien à l'estre, & de l'estre à la grace,
Et de la grace au Ciel, sa gloire y reuelant.

3.

Cet abysme de gloire vn autre abisme ap-
    pelle
C'est l'abysme eternel, qui rauit les esprits;

Vn autre abysme encor à l'ame se reuelle,
Mais en se reuellant il demeure incompris:

4

C'est que dãs les extrez de la gloire admirable
L'esprit voit absorbé dans le celeste lieu,
Que l'esprit ne peut voir le secret venerable
Du thresor infiny de la gloire de Dieu.

5

Adorons ce secret & ce thresor immense,
Car le seul infiny comprend l'infinité:
Admire ce grand Dieu (mon ame ne t'eslance
Dans l'oculte cachot de son eternité.

6

Si fais, eslance toy, c'est ta fin infinie,
Non, ne t'eslance pas, tu ne la sçaurois voir,
Si fais, eslance toy, c'est ta ioye & ta vie,
Non ne t'eslance pas, qui la peut conceuoir?

7

Afin de te tirer de ceste inquietude,
C'est qu'à l'eternité souuent penser il faut,
Y penser par amour, & non point par estude,
Admirant ce grand estre où tout esprit defaut.

8

O belle eternité de mon esprit la ioye,
L'extase de mon ame est l'amour de mon cœur,
N'estes-vous pas mon Dieu, sans lequel ie larmoye,
Et dans lequel ie vis en tres douce langueurs?

9

O langueur angelique, où mon ame est rauie,
Certes, ie vous croirois estre le Paradis
N'estoit qu'en Paradis (où tres-pure est la vie,
L'ame voit son Espoux paissant entre les lys.

10

Hé! qui sont ces beaux lys, si ce n'est les Ar-
changes,
Les vierges, tous les saincts qui suiuent Iesus-
Christ?
A l'odeur de ces lys ie chante ses loüanges,
A l'odeur de ces lys icy vit mon esprit.

11

O saincte Eternité, Paradis delectable
Dont le iardin d'Eden n'auoit que les odeurs:
Paradis de mon Dieu, que vous estes aymable!
I'ayme vos doux paruis, i'adore vos gran-
deurs.

12

De ce pur orient, vn air tout Angelique
Fait respirer mon cœur d'vn serafique amour,
De ce mont des parfums l'odeur aromatique
Tire, attire mon ame en son diuin seiour.

13

Dans ce ciel gracieux, angelizez ma vie,
(ô Iesus, mon amour! ô puissant Roy des cieux)
Dans ce sacré paruis, que mon ame rauie
Heureuse s'éternise en son Roy glorieux.

14

Non, non (mon doux Iesus) ce monde trop fu-
neste
N'est le pur element de mon esprit diuin,
Voir Dieu c'est l'aliment de mon ame celeste
Au Ciel il se reuele à l'ame, au Seraphin.

15

Seigneur, tirez-moy donc de la masse mor-
telle,
Dans le sein rauissant de vostre diuin fils,
Sur les aisles d'amour, vole (mon ame belle)
Deuers l'eternité ton tres-doux Paradis.

Que le Paradis n'est qu'Amour,
Cantique.

1

Mon ame, meditons en ceste solitude,
Que c'est que Paradis & la beatitude,
Au principe eternel, c'est vn heureux retour,
Vne conuersion de nostre ame fidelle
A Dieu souuerain bien qui la haut se reuele
A tous les bien-heureux par vn excez d'a-
mour.

2

Qu'est-ce que Paradis, qu'vn changement
supréme
Qui se faict par amour de nostre ame en Dieu
mesmes?

Qu'est-ce que Paradis, qu'vn eternel amour?
Car cet amour est Dieu, & ceste heureuse cause
Est ce beau Paradis qui contient toute chose,
C'est le ciel des benists, leur royaume & seiour.

3

L'amour crea nostre ame, & la nourrit encore.
L'amour la tire au Ciel, & l'amour la deuore,
Pour la changer en Dieu, feu doux & consommant:
L'amour est nostre ioye, & nostre heureuse vie,
Dans le sein de l'amour, au ciel elle est rauie
Estant la transformée en son diuin amant.

4

Amour tous ses amans en sa gloire eternise,
Amour les viuifie, amour les diuinise,
Amour les glorifie au royaume des cieux,
Amour parfaict en eux, ses changemens estranges,
Amour dedans son sein ne nous transforme en Anges:
Mais par sa vision nous fait des petits Dieux.

5

L'effect heureusement ainsi passe en sa cause,
Paradis n'est qu'amour, ce n'est rien autre chose
Qu'vne conuersion de l'ame en son suiet;

L'esprit n'est rien en soy, mais viuant en Dieu mesme
Est fait Dieu par amour, ô changement supresme
De la dextre de Dieu, des biē-heureux l'obiect!

6

Quãd le Soleil paroist, lors toutes les estoiles
Disparoissent soudain, cõme si quelques voiles
On auoit mis expres dessus le firmament:
Ces astres sont-ils donc priuez de leur lumiere,
Sont-ils donc retournez dedans leur nuict premiere:
Non, mais dans le Soleil ils se vont abysmant.

7

Ainsi nostre ame en Dieu (grand abisme de gloire)
Estant toute engloutie, elle n'a plus memoire,
Esprit ny sentiment que pour adorer Dieu,
Elle ne meurt pourtant, mais son estre & sa vie
Sont absorbez en Dieu, auquel elle est rauie
Dans l'estre sur tout estre, en ce lieu sur tout lieu.

8

Le lieu du Paradis est le ciel empirée,
D'autant que ce Palais d'eternelle durée
N'est rien que feu, qu'amour, & que dilection:
Les esprits transformez au Soleil de iustice

du Cantique des Cantiques. 475

sont alors esleuez en leur plus haut sol-
   stice
Ayans du Dieu des Dieux la claire vision.

9

Les enfans de l'amour, Seraphins on appelle,
Ausquels le souuerain (comme amour) se re-
   uele,
Par des embrazemens qu'on ne peut expri-
   mer:
Mais tous les Saincts du ciel, les Throsnes, les
   Archanges
Goustent du sainct Amour les merueilles
   estranges,
Qu'est-ce que Paradis, sinon Dieu bien-aymer?

10

Si cet amour regnoit dans la chartre infer-
   nale
Au beau ciel empirée elle seroit esgale,
L'enfer n'est pas enfer où l'on ayme, & ie
   dis,
Que si l'enfer auoit d'amour vne estincelle
Seroit vn Paradis, & la vie eternelle
Sans luy seroit enfer, & non le Paradis.

11

Les Anges & les Saincts d'vne veuë eter-
   nelle
Contemplans du Tres-haut la face pure & belle
Ils sont pasmez d'amour & le seront tousiours,

Voila leur Paradis dans ceste heureuse cause,
Ils voient clairemēt soy-mesme, & toute chose
Qu'ils cherissēt en Dieu leurs parfaites amours.

12.

Les Anges, & les Saincts ayment d'vne amour pure
Dieu pour l'amour de luy, puis toute creature,
En Dieu, ne pouuās rien qu'en luy seul estimer:
Les Saincts ayment en Dieu les Saincts, les Anges mesme
Ayment les Saincts en Dieu leur Paradis su-
preme,
Car Dieu seul sans erreur, se peut luy-mesme
aymer.

13

Le sage Salomon auoit raison de dire
Que toute chose est vaine en ce mōdain empire,
Tout n'est que vanité, sinon d'aymer vn Dieu;
C'est là le vray repos de l'ame bien-heureuse,
C'est le seul Paradis de nostre ame amoureuse
D'aymer Dieu sans principe, & sans fin &
milieu.

14

Heureux qui ayme Dieu, en luy seul toute chose,
Comme son Paradis, & la parfaicte cause,
Où les biens eternels sont logez & compris,
C'est ce doux Paradis auquel l'Ange se pâme,

du Cantique des Cantiques.

N'aymer point ce bon Dieu, c'est l'enfer de nostre ame,
L'aymer parfaictement, c'est son vray Paradis.

Cantique des Montagnes.

1

Ayant cherché par tout dés la naissante Aurore,
Iusqu'aux rayons couchans, celuy que i'ayme tant,
Ie l'ay trouué par tout, & ie le cherche encore,
Car ne le voyant pas, mon esprit n'est content.

2

Le trouuant ie ne laisse en ces accez estrages,
De m'aller enquerant du lieu de son seiour,
Ie le demande aux Cieux, ie le demande aux Anges,
Ie le demande à tous en cet excez d'amour.

3

Ie trauerse les bois, ie trauerse les plaines,
Les fleuues, les deserts, de son amour rauy,
Côme un Cerf alteré, qui cherche les fontaines,
Trauerse monts & vaux, du chasseur poursuiui.

4

Ie ne fui ce chasseur, qui prēd les ames belles,
Dans ses filets dorez ie voudrois estre pris:

De la haute Sion, ô tres-cheres pucelles,
Où donc est celuy là dont mon cœur est espris?

5

Voicy ceste montagne, & ces belles collines
Sur lesquelles souuent il chasse nuict & iour,
Où mesmes estant las, aux fontaines diuines
Il paist & se repose auec vous à my-iour.

6

Hé, dites-moy de grace, en quel temps, à quelle heure
Mon bien-aymé repaist entre les lys si doux?
Si ie ne puis le voir, las il faut que ie meure,
Dictes-moy promptement où est mon cher Espoux.

7

Ie ne sçay si l'amour, ou bien la ialousie
Vous retient de me dire où loge mon Amour,
Où si de sa beauté vostre ame estant saisie
Vous ne pouuez me dire où il fait son seiour:

8

Mourrez pour luy d'amour, mourrez à la bonne heure,
Tandis que par ces Monts ie cherche mon Sauueur,
Il faut que ie le trouue, ou du moins que ie meure,
Pour luy mourir d'amour ce m'est trop de faueur.

du Cantique des Cantiques.

9

Il mourut bien pour moy sur le mont de Caluaire
Montagne de la mort, des viuans le seiour,
Et pour luy languissant d'vne mort volontaire
Sur ce mont des parfums, ie veux mourir d'amour.

10

Mort trop belle pour moy, non mort, mais douce vie,
Qui n'est rien qu'vne extase, & qu'vn passer en Dieu;
Bien-heureux de qui l'ame est dans son sein rauie,
Sur ce mont des odeurs, diuin lieu sur tout lieu.

11

O fille de Sion, sa plus parfaicte amante,
Si vous voiez celuy qui regne dans les cœurs,
De grace, dites-luy que ie meurs bien contente
Dans les ressentimens de si douces langueurs.

12

Pucelles de Sion, des Anges les compagnes,
Parlez aussi pour moy, quand vous verrez l'Espoux,
Puis qu'il vient à la chasse en ces sainctes montagnes,
Il passera bien tost par ce lieu pur & doux.

13

Icy l'air est serain, tout embausmé de roses
Et d'œillets, & de lis, des Anges le seiour,

Exposition mystique & morale

L'Espoux se plaist icy : Mon Dieu les belles choses !
Mais ie ne veux auoir des yeux que pour l'Amour.

14

Ie parts donc de ce lieu, courant par les campagnes,
Les collines, les vaux, les rochers, & les bois,
Et ie le vay cherchãt sur les autres montagnes,
Faisant retentir l'air aux accents de ma voix.

15

Reuenez, cher Espoux, oyez les doux Cantiques
Que vous chante mon cœur (qui ne vit que d'amour)
Soyez semblable au Cerf des monts aromatiques,
Qui fuit legerement, & fait vn prompt retour.

FIN.

TABLE DES PRINCIPALES MATIERES CONTENVES en ce liure.

Qv'il me baise du baiser de sa bouche, page 1.

Vos mammelles sont meilleures que le vin, & mieux odorantes que les parfums. p. 10

Voſtre nom eſt vne huile repandue, pource les ieunes filles vous ont aymé. p. 13

Tirez moy apres vous, nous courrons, & vous ſuiurons à l'odeur de vos parfums. p. 8

Le Roy m'a menée en ces celiers, nous ſauterons de ioye, & nous reſiouyrons en vous, nous ſouuenans de vos mammelles qui ſont meilleures que le vin, les bons vous ayment, & vous priſent. p. 22

Ie ſuis noire, mais ie ſuis belle maintenant (filles de Hieruſalem) cõme les tabernacles de cedar, & comme les peaux de Salomon. p. 30

Ne prenez pas garde à ce que ie ſuis brune, le Soleil m'a donné le tein que i'ay. p. 34

Les fils de ma mere ont con batu contre moy: ils m'ont mis a garder les vignes, & la vigne que i'ay gardée n'eſtoit pas à moy. p. 35

O vous que mon ame ayme, enſeignez moy où vous paiſſez, & où vous couchez à midy, de

X

TABLE

peur que ie ne coure çà & là apres les trouppeaux de vos compagnons. p. 37

Si tu ne te cognois, ô la plus belle des femmes,
sors, & va suiuant les pas de tes troupeaux, &
fais paistre tes Cheureaux pres les loges des pasteurs. p. 46

Ma bien-aymée ie t'ay faict semblable à ma ie-
nisse blanche attelée au chariot de Pharaon.
pag. 50

Tes ioües sont belles comme si elles estoient parées de quelque riche ornement : Ton col est
beau comme s'il estoit paré de quelque beau
carquant. p. 52

Nous te ferons des bagues d'or, qui seront esmaillées d'argent. p. 54

Tandis que mon Roy est en sa couche, mon parfum qui est composé de Nard l'embaumera tout
de la soüëfueté de son odeur. p. 56

Mon bien-aymé m'est vn bouquet de myrrhe, il
demeurera entre mes mammelles. p. 60

Mon bien-aymé m'est vn raisin excellent, cueilly
aux vignes d'Engady. p. 64

Voicy que tu es belle, ma mie ; voicy que tu es
belle, tes yeux sont comme ceux des Colombes
pag. 66

Voicy ô mon bien-aymé ; que tu es beau & de
bonne grace. p. 70

Voyla nostre lict florissant, les cheurons de nostre
maison sont de Cedre, & nos soliues sont de
Cyprez. p. 75

DES CHAPITRES.

CHAPITRE SECOND.

IE suis la fleur du Champ, & le lys des valées.
    pag. 79

Comme le lys est entre les espines, ainsi est ma bien aymée entre les filles. p. 83

Comme vn pommier est entre les arbres des forests : ainsi est mon bien aymé entre les fils,
    pag. 86

Ie me suis reposée soubs l'ombre de celuy que ie desirois, & son fruict est doux à mon palais.
    pag. 89

Il m'a mené au celier de son vin, & a desployé sur moy l'estendart de son amour. p. 93

Entourez-moy de fleurs, & me cõfortez de pommes, car ie languis d'amour. p. 102

Que sa main gauche soit sous mon chef, & que de la droicte il m'embrasse estroittement.
    pag. 106

Ie vous adiure, filles de Hierusalẽ, par les cheures & par les Cerfs des champs, que vous n'eueillez, ny faciez eueiller ma bien-aymée, iusques à ce qu'elle le vueille. p. 108

C'est la voix de mon bien-aymé. p. 124

Le voila qui vient aux montagnes, saillant & trauersant les colines. Mon bien-aymé est semblable a vn Cheureil & a vn faon de biche.
    pag. 118

Voila mon bien-aymé qui m'appelle, & me dit, leue-toy ma mie, ma Colombe, ma belle, & t'en vien. p. 125

X ij

TABLE

Desia l'hyuer est passé, la pluye s'en est allée, desia les fleurs paroissent en nostre terre. p. 28

Le temps d'émonder les arbres est venu, on a ouy la voix de la tourterelle en ceste contrée. Desia le figuier iette son fruict, les vignes sont fleuries, & rendent leur odeur. Leue toy, ma mie, ma belle, & t'en vien. p. 130

Vien ma Colombe, dans les trous de la pierre, & au creux de la muraille ; Hé! monstre-moy ta face, que le son de ta voix vienne à més oreilles, car ta face est belle, & ta voix bien douce. pag. 132

Prenés nous ces petits renards qui gastent nos vignes, car nostre vigne est en fleur. p. 139

Mon bien aymé est a moy, & moy à luy ; lequel paist entre les lys. p. 141

Tant que le iour dure, & iusques à ce que les ombres s'abbaissent, reuenez, mon bien-aymé, & soyez semblable à vn Cheureil ou à vn faon de biche sur les montagnes de Bethel. p. 148

CHAPITRE TROISIESME.

I'ay cherché la nuit en mon petit lict celuy que mon ame ayme, & ie ne l'ay point trouué. pag. 152

Ie me leueray, & ie tournoyeray toute la cité : ie l'ay cherché, & ie ne l'ay point trouué. p. 156

Les sentinelles qui gardét la cité m'ont trouuée: N'auez-vous point veu celuy que mon cœur ayme: vn peu apres les auoir passé, ie l'ay trouué. 160

DES CHAPITRES.

Ie le tiens, & ne le laisseray point aller, iusques à tant que ie l'introduise en la maison de ma mere, & en la chambre de celle qui m'a engendrée. pag. 162

Ie vous adiure, filles de Hierusalem, par les cheures & les Cerfs des champs, que vous n'eueillez, ny faciez eueiller m'a bien-aymée, iusqu'à ce qu'elle le vueille. p. 165

Qui est celle-cy qui marche par le desert, ainsi qu'vn rayon de parfum de compositions aromatiques, de myrrhe, d'encens, & de toutes les poudres du parfumeur. p. 168

Voicy soixante forts hommes, des plus forts d'Israël entourent le lict de Salomon, tous tenans des glaiues, & bien appris à la guerre, chacun desquels tient son espée droicte sur sa cuisse pour les craintes de la nuict, p. 170

Le Roy Salomon s'est faict vne littiere de bois du Liban, il a faict les colomnes d'argent, d'or en est l'appuy où se reposoit, & le reposoir d'or, il a fait la montée ou l'escalier de pourpre, ornée de Charité au milieu pour les filles de Hierusalem pag. 173

Sortez dehors filles de Sion, & venez voir le Roy Salomon auec le diademe duquel sa mere l'a couronné le iour de ses espousailles, & le iour de la ioye de son cœur. p. 175

CHAPITRE QVATRIESME.

QVe tu es belle ma mie, que tu es belle! pag. 178

X iij

TABLE

Tes yeux font comme ceux des Colombes, fans cela qui eſt caché au dedans. p.180

Tes cheueux font comme trouppeaux de cheures qui viennent du mont Galaad. p.182

Tes dents font comme des trouppeaux de brebis nouuellement tonduës, qui retournent du lauoir, chacune auec deux iumeaux, & pas vne d'elle n'eſt ſterile. p.184

Tes leures font comme vne bande de couleur pourprine, & ton parler eſt bien doux. pag. 185

Tes ioües font comme vne pomme de grenade, ou comme vne grenade entamée, fans cela qui eſt caché au dedans. p.187

Ton col eſt comme la tour de Dauid, baſtie auec des bouleuards, mille boucliers font pendans en icelle, & toutes fortes d'armes pour hommes forts. 189

Tes deux mammelles font comme deux faons de cheure, que lon fait paiſtre entre les lys. pag. 193

Deuant que le iour faille, & que les ombres s'abaiſſent, i'iray à la montagne de myrrhe, & à la coline d'encens. p.196

Ma bien-aymée, tu es toute belle, & n'y a aucune taſche en toy. p.200

Vien du Lyban, mon Eſpouſe, vien du Liban, vien, & tu feras couronnée du haut du mont Amana, du coupeau de Sanir & Hermon, des ſieges des lyons, des montagnes des leopards. pag. 203

Ma ſœur, mon Eſpouſe, tu as nauré mon cœur auec vn de tes yeux, & auec vn des cheueux de ton col, p.208

Que tes mammelles sont belles, ma sœur mon Espouse, tes mammelles sont plus belles que le vin. p. 216

L'odeur de tes parfums est par dessus toutes odeurs & compositions aromatiques. 219

Tes leures sont vn rayon de miel qui distille, ce qui est sous ta langue est laict & miel pag. 220

L'odeur de tes vestemens est comme l'odeur de l'encens. 222

Vn iardin clos & fermé est ma sœur, mon Espouse, elle est vn iardin clos & fermé, & vne fontaine scellée. 224

Ce que tu enuoyes & mets dehors est vn Paradis, des grenades, des fruicts, des pommiers du baume, auec du nard & saffran, sucre, & canelle, auec toutes sortes de fruicts des arbres du Liban, myrrhe, & aloës, auec toutes sortes des plus excellens parfums. La fontaine des iardins, le puis des eaux viues qui fluent impetueusement du Liban. p. 230

Fuis Aquillon, & viens (Auster) souffler en mon iardin, & les odeurs d'iceluy s'espandront. pag. 233

※※※※※※※※※※

CHAPITRE CINQVIESME.

QVE mon bien-aimé vienne en son iardin, & qu'il mange du fruict de ses pommiers.

Viens en mon iardin, ma sœur, mon Espouse, i'ay cueilly & moissonné ma myrrhe auec mes

X iij

TABLE

fleurs odorantes, i'ay mangé vn rayon de miel auec du miel mefme, i'ay beu mon vin auec mon laict. Mangez, mes amis, beuuez, enyurez vous, mes tres chers. 240

Ie dors, mais mon cœur veille : C'eſt la voix de mon Eſpoux qui heurte. 246

Ouure moy, ma ſœur, ma mie, ma colombe, ma toute belle, car mon chef eſt couuert de roſée, & mes cheueux ſont plains des gouttes de la nuit. pag. 254

I'ay deſpoüillé ma robe, comme la reueſtiray ie? I'ay laué mes pieds comment les regaſteray-ie? pag. 257

Mon amy a mis ſa main par le pertuis, mon ventre a tremblé de ſon ſeul attouchement. pag. 263

Ie me ſuis leuée pour ouurir à mon amy, mes mains ont diſtillé la myrrhe, & mes doigts ſont pleins de la meilleure myrrhe. 265

I'ay ouuert le verroüil de mon huis à mon amy, mais il s'eſtoit detourné, & auoit deſia paſſé, & mon ame s'eſt toute fonduë dés que mon amy a parlé. 267

Ie l'ay cherché, & ne l'ay point trouué, ie l'ay appellé, & ne m'a point reſpondu : les gardes qui entourent la Cité m'ont trouuée, ils m'ont battuë, & m'ont naurée, les gardes des murs m'ont oſté mon manteau, 269

Ie vous adiure filles de Hieruſalem, que ſi vous trouuez mon amy, vous luy diſiez que ie languis d'amour pour luy. 272

Quel eſt ton amy venant de l'aymé, ô belle entre les femmes, quel eſt ton amy venant de l'aymé, que tu nous en as ſi fort adiurées? 276

Mon amy est blanc & rouge, il est choisi entre mille. 277

Son chef est d'or tres-pur & tres bon. 280

Sa cheuelure est comme branche de palme hautes, & touffuës, noire comme vn corbeau. 281

Ses yeux sont comme ceux des Colombes aux riuages des eaux, qu'on a lauez auec du laict, & residẽt en plein cours d'eau. 284

Ses ioüës sont comme vergers de fleurs aromatiques, que les parfumeurs ont plantées 285

Ses leures sont des lys qui distillent la myrrhe la plus singuliere. 288

Ses mains sont anneaux d'or pleins d'hyacinthe, son ventre est d'yuoire enuironné de saphirs, ses iambes sont des colomnes de marbre, fondées sur des bazes d'or : sa beauté ressemble au Liban, il est choisi comme le Cedre, sa gorge est tres-douce, & il est tres-desirable ; tel est mon bien-aymé, & iceluy est mon amy, filles de Hierusalem. 290

Où est allé ton amy ? ô la plus belle d'entre les femmes? où s'est-il destourné? & nous le chercherons auec toy. 294

CHAPITRE SIXIESME.

MON bien aymé est venu en son iardin au parterre des fleurs aromatiques, pour repaistre aux iardins, & pour y cueillir des lys. 296

Ie suis à mon amy, & mon amy est à moy, qui re-

TABLE

paist entre les lys. 298

Ma bien-aymée, tu es belle, douce, de bonne grace comme Hierusalem, forte comme vne armée bien rangée. 302

Destourne tes yeux de moy, car ils m'ont fait sortir de moy mesme 305

Tes cheueux sont comme vn trouppeau de Cheureaux, qui paroissent sur le mont Galaad. Tes dents sont comme trouppeaux de brebis, qui sortent du lauoir, tous ayans deux gemeaux, & pas vne n'est sterile 311

Tes ioües sont comme vne grenade entamée, sans cela qui est caché au dedans. 313

Il y a soixante Roynes, & quatre vingts concubines, & des ieunes filles sans nombre, mais ma Colombe est toute seule, ma parfaicte, elle est toute seule à sa mere, choisie a celle qui l'a engendrée, les filles l'ont veuë, & l'ont publiée bien-heureuse, & les Roynes & concubines l'ont loüée. 314

Qui est celle-cy qui chemine comme l'Aurore à son leuer? belle côme la Lune choisie comme le Soleil, terrible comme vne armée rangée en bataille 318

Ie suis descendu au iardin des noyers pour voir les pommiers des vallées, & regarder si la vigne estoit fleurie, & si les grenadiers auoient germé. 321

Ie n'en ay rien sceu, mon ame m'a troublée à cause des chariots d'Aminadab. 323

Reuien, reuien, ô Sulamite, reuien, reuien afin que nous te voyons. 324

DES CHAPITRES.

CHAPITRE SEPTIESME.

Que verrez-vous en la Sunamite, sinon compagnies & armées? p.362

Que tes pas sont beaux en leurs chaussures, ô fille de Prince. 334

Les iointures de tes cuisses sont comme ioyaux mis en œuures de la main d'vn bon ouurier. pag. 335

Ton nombril est comme vn hanap rond qui n'est iamais sans breuuage. 336

Ton ventre est comme vn monceau de froment enuironné de lys. 338

Tes deux mammelles sont comme les faons iumeaux d'vne cheure 340

Ton col est comme vne tour d'yuoire. 341

Tes yeux sont comme les piscines d'Esebon, qui sont à la porte de la fille de la multitude. pag. 342

Ton nez est comme la tour du Liban, qui regarde vers Damas. 345

Ton chef est comme le Mont-Carmel, & tes tresses comme la pourpre Royale, laquelle est conioincte aux canaux. 347

Que tu es belle, que tu es de bonne grace, tres-chere en delices. 349

Ta stature & ton port est comme d'vne palme, & tes mammelles sont pleines comme grappes de raisin. 350

I'ay dit, ie monteray sur le palmier, & prendray de

ses fruicts, & tes mammelles seront comme grappes de raisin. 354

L'odeur de ta bouche est comme des pommes, & ta gorge est comme vn vin tres-bon a boire, digne de l'Espouse, & digne d'estre sauouré de ses leures, & de ses dents. 355

Ie suis a mon bien-aimé; & son regard est dessus moy. 358

Venez, mon bien-aymé, sortons aux champs, demeurons aux villages, leuons nous du matin pour aller aux vignes; voyons si la vigne est fleurie, si les fleurs porteront le fruict, si les grenades sont fleuries. Là ie vous donneray mes mammelles. Les Mandragores ont donné leur odeur, en nos portes il y a des pommes vieilles, & nouuelles, mon bien-aimé, ie les ay gardées pour vous. 360

CHAPITRE HVICTIESME.

QVI vous donnera a moy (mon frere) suççãt les mammelles de ma mere, & que ie vous trouue dehors tout seul, afin que ie vous baise sans que personne nous voye? pag. 369

Ie vous prendray, & ie vous meneray en la maison de ma mere, & en la chambre de celle qui m'a engendrée. 374

Là vous m'enseignerez, & ie vous donneray d'vn breuuage de vin composé, & du moust de mes grenades. 377

DES CHAPITRES.

Qu'il mette sa main gauche sous ma teste, &
& qu'il m'embrasse de sa main droicte. 379

Ie vous adiure, filles de Hierusalem, que vous n'e-
ueilliez, ny faisiez esueiller ma bien-aymée,
iusqu'à ce qu'elle le vueille. 381

Qui est celle qui monte du desert, affluente en delices, appuyée sur son bien-aimé. 384

Ie t'ay esueillée sous vn pommier, là ta mere a
esté corrompuë, la celle-là qui t'a engendrée
a esté violée. 387

Mets moy comme vn cachet sur ton cœur comme
vne marque sur ton bras : car l'amour est fort
comme la mort, l'enfer ne le peut espouuenter : la iolousie est dure comme l'enfer mesme.
pag. 390

Ses lampes sont lampes de feu & de flammes, toutes les eaux ne sçauroient esteindre la charité,
& tous les fleuues ne la feront pas noyer.
pag. 394

Si vn homme vouloit donner toute la cheuance
de sa maison pour la dilection, il n'en feroit
cas non plus que de rien. 399

Nous auons vne petite sœur, laquelle n'a point de
mammelles. Que ferons-nous à nostre sœur
au iour qu'il faudra parler a elle ? si c'est vn
mur, bastissons dessus des bouleuards d'argent, si c'est vn huis rassemblons-le dais de
cedre. 402

Ie suis vn mur, & mes mammelles comme vne
tour dont ie suis faicte, trouuant paix & repos deuant luy 411

L'homme qui a la paix en soy, a vne vigne en laquelle sont des peuples : il l'a donnée aux
gardes, l'homme apporte mille pieces d'argent pour ses fruicts ; ma vigne est de-

TABLE.

uant moy, comme mille pacifiques, & deux cens à ceux qui gardent ses fruicts 413

Vous qui habitez les iardins, les amis escoutent vostre voix, faictes que ie l'entende. 415

Fuyés, mon bien-aymé, & soiez semblable à vn cheureil, ou à vn faon de cerf sur les montagnes aromatiques. 418

FIN.

APPROBATION.

Nous fous-signez Docteurs en la Faculté de Theologie de Paris, Certifions auoir veu & leu vn liure qui a pour titre, *Les douces extases de l'ame spirituelle, rauie en la consideration des perfections de son diuin Espoux: ou Exposition mystique & morale du Cantique des Cantiques de Salomon, vtile à toutes personnes pour la pratique de la vie Chrestienne, & qui donnent plusieurs belles & diuerses pensees aux Predicateurs pour toutes sortes de suiets*, Cõposé par CLAVDE HOPIL *Parisien*, auquel nous n'auons rien trouué contre la foy Catholique Apostolique & Romaine, au contraire vne infinité de moyens pour arriuer, tant à la pratique des vertus Chrestiennes, qu'à la contemplation sublime des perfections de Dieu. C'est pourquoy nous auons donné ce témoignage public de nos mains, & approbation. Faict à Paris, ce 16. Iuillet 1627.

I. COQVERET.

N. SANGVIN.

EXTRAICT DV PRIVILEGE du Roy.

PAr grace & priuilege du Roy, il est permis à SEBASTIEN HVRE', marchāt Libraire à Paris, d'imprimer ou faire imprimer vn liure intitulé, *Les douces extases de l'ame spirituelle rauie en la cōsideration des perfections de son diuin Espoux: ou Exposition mystique & morale du Cantique des Cātiques de Salomon, vtiles à toutes personnes pour la pratique de la vie Chrestienne*, &c. Faisant tres-expresse deffences à tous autres Imprimeurs & Libraires de nostre Royaume, & à toute autre persōne de quelque qualité & condition qu'ils soient d'imprimer ou faire imprimer, védre & distribuer ledit liure durant le temps de six ans, à cōmencer du iour que ledict liure aura esté acheué d'imprimer, sās le cōgé dudit Huré, sur peine de cōfiscation, d'amēde, & de tous despens, dōmages & interests, comme plus à plein est contenu dans ses lettres de priuilege. Donné à Paris, le 6. iour du mois d'Aoust, l'an de grace, 1627. Et de nostre regne le 18.

Par le Roy en son Conseil,

c.

Et scellee du grand sceau en cire iaune.